Regression und Individuation

Hamburger Beiträge zur Germanistik

Herausgeber:
Wiebke Freytag, Udo Köster, Hans-Harald Müller,
Jan-Dirk Müller, Jörg Schönert, Harro Segeberg

Band 24

PETER LANG
Frankfurt am Main · Berlin · Bern · New York · Paris · Wien

Ingrid Maaß

Regression und Individuation

Alfred Döblins Naturphilosophie
und späte Romane vor dem
Hintergrund einer Affinität
zu Freuds Metapsychologie

PETER LANG
Europäischer Verlag der Wissenschaften

Die Deutsche Bibliothek - CIP-Einheitsaufnahme

Maaß, Ingrid:
Regression und Individuation : Alfred Döblins Naturphilosophie und späte Romane vor dem Hintergrund einer Affinität zu Freuds Metapsychologie / Ingrid Maaß. - Frankfurt am Main ; Berlin ; Bern ; New York ; Paris ; Wien : Lang, 1997
  (Hamburger Beiträge zur Germanistik ; Bd. 24)
  Zugl.: Hamburg, Univ., Diss., 1996
  ISBN 3-631-30876-0

NE: GT

D 18
ISSN 0930-0023
ISBN 3-631-30876-0
© Peter Lang GmbH
Europäischer Verlag der Wissenschaften
Frankfurt am Main 1997
Alle Rechte vorbehalten.

Das Werk einschließlich aller seiner Teile ist urheberrechtlich geschützt. Jede Verwertung außerhalb der engen Grenzen des Urheberrechtsgesetzes ist ohne Zustimmung des Verlages unzulässig und strafbar. Das gilt insbesondere für Vervielfältigungen, Übersetzungen, Mikroverfilmungen und die Einspeicherung und Verarbeitung in elektronischen Systemen.

Printed in Germany 1 2 4 5 6 7

Inhalt

Einleitung ... 7

Döblin und Freud. Positionen in der Döblin-Forschung ... 11

I. Der Mensch als „Stück und Gegenstück" der Natur ... 21

I.1. Vorüberlegungen zu einer „selbständigen Abhängigkeit" ... 21
I.2. Arzt und Dichter ... 29
I.3. Der Mensch als „Stück der Natur". Das „Urfaktum der Leiblichkeit" ... 37
I.4. Der Mensch als „Gegenstück der Natur". Heteronomie und Autonomie ... 46
I.5. Der Mensch als „Stück und Gegenstück der Natur". Die Dichotomie der menschlichen Existenz und Döblins melancholische Grundhaltung ... 57
I.6. Exkurs 1: Naturverhältnis und Misogynie ... 64
I.7. Schuld und Schuldgefühl ... 68
I.8. Die „Erbschaft" ... 73
I.9. Exkurs 2: Döblin und C.G. Jung ... 77
I.10. Rückblick und Ausblick. Die Bedeutung der Psychologie im frühen und im späten literarischen Werk ... 79

II. Die literarische Suche nach den „Wurzeln des Übels" ... 91

II.1 Amazonas. Auf der Suche nach dem Land ohne Tod ... 91
II.1.1. Einleitung. Im Spannungsfeld zwischen Regression und Naturbeherrschung ... 91
II.1.2. Das Naturbild ... 93
II.1.2.1. Erlösungsbedürftige Natur ... 93
II.1.2.2. Natur als Projektion ... 101
II.1.3. Naturverhältnisse ... 104
II.1.3.1. Vollständige Regression - Die Amazonen ... 104

II.1.3.2.	Animismus - Die Indios	106
II.1.3.3.	Triebverfallenheit - Die Konquistadoren	112
II.1.3.4.	Gescheiterte Autonomie - Die Jesuiten	115
II.1.3.5.	Hybris - "Ich der König"	120
II.1.3.6.	Ästhetisierung - Der Bischof Felix	122
II.1.4.	Der „Neue Urwald"	125
II.1.4.1.	Perpetuierte Heteronomie	125
II.1.4.2.	Präfaschistisches Denken	132
II.1.4.3.	Die Rettung der Aufklärung	135
II.2.	„Hamlet oder Die lange Nacht nimmt ein Ende"	139
II.2.1.	Einleitung. „Man findet alles bequem zu Hause"	139
II.2.2.	Psychoanalytische Motive	140
II.2.2.1.	Das Hamlet-Motiv	140
II.2.2.2.	Edwards Kriegsneurose	145
II.2.2.3.	Die ödipale Konstellation und die mißlungene Identifizierung Edwards mit seinem Vater	150
II.2.2.4.	Rekonstruktion der Vergangenheit als Selbstanalyse	153
II.2.3.	Die Arbeit mit dem Mythos	159
II.2.4.	Die Schuldproblematik	167
II.2.4.1.	Alice - Projektion als Schuld	167
II.2.4.2.	Gordon und Mackenzie - Realitätsflucht als Schuld	173
II.2.4.3.	Zwischenresümee: Kriegsschuld und Familientragödie	180
II.2.5.	Determinismus und Autonomie	182
II.2.6.	Erinnerung und Identität	188

Schluß 197

Literatur 199

> Were it not for works like yours the language
> misused in opression would be a dying one.
> Your persistent mastery is one of the forces
> that keeps it alive for better times to come.
> Max Horkheimer[1]

Einleitung

Alfred Döblin war einer der produktivsten Literaten des Exils. Dennoch wurde sein Spätwerk von der literarischen Öffentlichkeit weitgehend ignoriert und von der Forschung lange Zeit entweder nicht zur Kenntnis genommen oder mit dem Urteil „der sprachlichen Verarmung"[2] und des „künstlerischen Abstiegs"[3] abgetan. Zu den Schwierigkeiten, die sich für Döblin nach seiner Remigration stellten - auf der einen Seite das Unverständnis angesichts seiner im Exil erfolgten Konversion zum Katholizismus, auf der anderen die Ranküne der „Besiegten" gegenüber dem in der Uniform eines französischen Besatzungsoffiziers Zurückgekehrten - kam die verweigerte literarische Anerkennung, so daß sich Döblin 1954 zu einer zweiten Emigration gezwungen sah. Schon dieses Schicksal dürfte Anlaß zu einer nachholenden Beschäftigung mit seinem literarischen Spätwerk sein. Dies wurde in den letzten Jahren insbesondere durch Helmuth Kiesels Untersuchung über Döblins literarische Trauerarbeit[4], aber auch durch zahlreiche andere Einzeluntersuchungen in Angriff genommen.

---

[1] Karte vom 10.8.1943 zu Döblins 65. Geburtstag (Literaturarchiv Marbach); Faksimile-Abdruck in: Alfred Döblin zum Beispiel - Stadt und Literatur, herausgegeben von Krista Tebbe und Harald Jähner, Berlin 1987, S. 118.
Bezeichnenderweise grüßt hier ein exilierter Deutscher einen anderen in englischer Sprache. Horkheimer war ein großer Verehrer insbesondere des Döblinschen Frühwerkes. „Die drei Sprünge des Wang-lun" empfahl er seiner Verlobten - neben „Madame Bovary" und „Candide" - als „weitaus besten Roman der Gegenwart" (vgl.: Horkheimer, Max: Briefwechsel 1913-1936, Gesammelte Schriften Bd. 15, Frankfurt/M. 1995).
[2] Vgl.: Sebald, Winfried Georg: Der Mythus der Zerstörung im Werk Döblins, Stuttgart 1980, S. 77.
[3] Vgl.: Müller-Salget, Klaus: Alfred Döblin. Werk und Entwicklung, Bonn 1972, S. 357.
Müller-Salget hat in späteren Aufsätzen (1984, 1987) sein eigenes Urteil modifiziert und insbesondere auch gegen die krassen Fehlinterpretationen von Sebald (1981) und Schröter (1978) Stellung bezogen.
[4] Kiesel, Helmuth: Literarische Trauerarbeit. Das Exil- und Spätwerk Alfred Döblins, Tübingen 1986.

Die großen Exilromane sind einerseits hinsichtlich ihrer Thematik außerordentlich heterogen und widersetzen sich einer bequemen Subsumtion unter vereinheitlichende Fragestellungen. Andererseits ist offensichtlich, daß Döblin - angesichts des Leidens an einem Zivilisationsbruch unvergleichlichen Ausmaßes - die Frage nach den „Wurzeln des Übels" ins Zentrum seines Schaffens stellt und daß er diese Wurzeln nicht auf einer politischen und gesellschaftlichen Ebene im engeren Sinn sucht, sondern auf einer anthropologischen. Er fragt vor diesem Hintergrund nach der Verantwortung jedes einzelnen Individuums und konstatiert selbst, daß diese Fragestellung eine Wende in seinem Schaffen erzwungen habe[1] - eine Abkehr von der Faszination durch Massenphänomene und Naturmächte. Gleichzeitig knüpft er an die Motive seiner frühen Romane an und nimmt insbesondere die in den naturphilosophischen Schriften aufgeworfene Frage nach der Stellung des Menschen in der Natur wieder auf. Eine zentrale Thematik des Exilwerkes ist die dichotomische Struktur menschlicher Existenz: das Verhältnis zwischen Individuation und Regression, Autonomie und Naturverfallenheit, Geist und Trieb, Ich und Es. Döblins „literarische Trauerarbeit" ringt um Grundlegendes: Wie sind die Postulate von Autonomie und Verantwortung des Einzelnen mit einem „Eingedenken der Natur im Subjekt"[2] zu vereinbaren? Sind sie angesichts der Erfahrung einer umfassenden Heteronomie und der Herrschaft des Irrationalen noch aufrechtzuerhalten?

Diese Thematik lenkt den Blick auf die Beziehung zu Sigmund Freud, der als Zeitgenosse Döblins die Frage nach der Naturabhängigkeit des Menschen in anthropologisch radikalster und zugleich wissenschaftlich konkretester Form aufgeworfen hat. Die Literatur der Moderne und die Psychoanalyse sind beide Teil eines Diskurses, der die Krise des autonomen Subjekts zum Gegenstand hat, und die wechselseitigen Beziehungen und Abgrenzungen sind hinreichend bekannt. Während Freud u.a. Schnitzler als sein „alter ego" bezeichnete, das er aus „Doppelgängerscheu" gemieden habe[3], und seine eigenen Krankengeschichten als „Novellen"[4] charakterisierte, setzten sich Autoren wie Musil, Th. Mann, Kafka, Schnitzler und Hofmannsthal intensiv mit den Schriften Freuds auseinander - eine Auseinandersetzung, die durchgehend geprägt ist durch die Ambivalenz von Faszination einerseits und Bemühen um kritische Distanz und Wahrung des Originalitätsanspruches der Kunst andererseits. Eine kritische Betrachtung der Werke der Moderne scheint ohne die Berücksichtigung des Wissens der Autoren

---

[1] „Nachdem ich den 'Massenweg' abgelaufen war, wurde ich vor den Einzelmenschen geführt." (SLW 294). „Von hier an datieren dann 'personale' Bücher, die Existenz von Einzelmenschen erfahren" (ebd. S. 295).

[2] Adorno, Theodor W. und Horkheimer, Max: Dialektik der Aufklärung, Frankfurt/M. 1972, S. 39.

[3] Vgl. : Brief von Freud an Schnitzler vom 14. Mai 1922; in: Die Neue Rundschau 66 (1955), S. 100.

[4] Vgl. Freud, Sigmund (mit Breuer, J.): Studien über Hysterie, in: Gesammelte Werke, London 1940-1952, Bd. 19, S. 227.

um das Unbewußte kaum noch möglich. Döblin aber ist der einzige der namhaften Autoren der Moderne, der nicht nur die Schriften Freuds rezipierte und als Neurologe tätig war, sondern auch seine ärztliche Tätigkeit als die eines Psychoanalytikers bezeichnete. Hinzu kommt, daß er selbst den engen Zusammenhang von medizinischer Tätigkeit, naturphilosophischen Schriften und literarischem Werk immer wieder betont hat,

Die leitende These meiner Untersuchung ist, daß sich eine Affinität zwischen den anthropologischen Grundannahmen Döblins und Freuds metapsychologischen Betrachtungen nachweisen läßt. Diese Affinität verweist auf einen gemeinsamen ideengeschichtlichen und wissenschaftskritischen Horizont und ist untrennbar verbunden mit dem zeitgenössischen naturwissenschaftlichen und psychiatrischen Diskurs. Die Untersuchung dieser Affinität scheint aber auch deshalb konstruktiv, weil vor dem Hintergrund der Freudschen Metapsychologie die Döblinsche Frage nach den „Wurzeln des Übels" in besonderer Weise erhellt wird. Die Lektüre Döblins mit Freud ist eine Zugangsmöglichkeit zu seinem Werk; ich hoffe aber zeigen zu können, daß diese besonders geeignet ist, einen neuen und differenzierten Zugang zum Spätwerk zu erschließen. Denn bis heute werden Döblins Schriften - und hier insbesondere das Spätwerk - als Apologie des Irrationalen und einer mystifizierten Natureinheit gewertet. Diese Interpretation ignoriert die entscheidende Differenz zwischen affirmativer und kritischer Thematisierung von Regression, Aggression und Triebverfallenheit und verkehrt damit die Intention Döblins tendenziell in ihr Gegenteil. Durch die Lektüre mit Freud treten die aufklärerischen Absichten Döblins deutlich hervor - orientiert allerdings an einer Aufklärung, die sich selbst fragwürdig geworden ist und ihre Prinzipien auf sich selbst anzuwenden gezwungen ist.

Zunächst wird zu untersuchen sein, wo sich Gemeinsamkeiten zwischen Döblin und Freud in ihrem medizinischen und naturphilosophischen Denken aufweisen lassen. Die Ergebnisse dieser Untersuchung bilden die Grundlage für die Interpretation der Amazonas-Trilogie und des Hamlet-Romans. Die Wahl dieser beiden Werke ist dadurch motiviert, daß hier in besonders akzentuierter Weise Döblins Naturphilosophie einerseits und seine Psychologie andererseits thematisiert werden und - wie ich zu zeigen beabsichtige - auch in Beziehung zueinander gesetzt werden. Denn die Frage nach dem Verhältnis des Menschen zur äußeren Natur ist untrennbar verbunden mit der Problematik seiner inneren Natur; im Zentrum beider Werke steht die Thematik von Naturverfallenheit und Autonomie, Regression und Individuation und deren Verknüpfung im Sinne einer „Dialektik der Aufklärung".

Die Interpretation verfolgt ein systematisches Interesse. Es geht darum, die literarische Darstellung der zuvor im Zusammenhang mit medizinischen und naturphilosophischen Vorstellungen herausgearbeiteten Themenkomplexe - wie z.B. Regression, Triebverfallenheit, Schuld und „Erbschaft" - zu untersuchen und dabei die besondere Qualität der narrativen Darstellung dieser Motive zu berücksichtigen. Keineswegs soll dabei die Eigenständigkeit der Döblinschen Naturphilosophie in Frage gestellt werden und selbstverständlich auch nicht die spezifische literarische Qualität der Spätwerke auf die bloße Illustration eines theoretischen Diskurses reduziert werden. Es kann in der Beziehung zwischen Psychoanalyse und Literatur nicht darum gehen, literarische Texte mit Hilfe der Tiefenpsychologie zu „übersetzen". Es geht darum zu untersuchen, wie psychoanalytische Motive - insbesondere bei einem durch entsprechendes Wissen präformierten Autor wie Döblin - in fiktionale Prosa transformiert werden. Auch eine Interpretation, die aus dem Text Rückschlüsse auf die unbewußten Phantasmen des Autors zieht, ist nicht beabsichtigt - sie bedürfte einer gesonderten methodologischen Legitimation.

Döblin und Freud - Positionen in der Döblin-Forschung

Die Einschätzung, daß Döblin ein Autor war, der in einem engen Bezug zur Psychoanalyse stand, scheint durch die psychoanalytischen Kenntnisse und die nervenärztliche Tätigkeit des Dichters naheliegend. Dennoch fand dieser Tatbestand in der Döblin-Forschung der sechziger und siebziger Jahre kaum Beachtung; die Arbeiten von Elshorst (1966), Ribbat (1970) und Müller-Salget (1972) berücksichtigen den Einfluß Freuds nicht. Es entstanden zwar einige systematisch orientierte Untersuchungen zum Geschichtsbild Döblins - Mayer (1972), Wichert (1978) und später Hecker (1987) - und zur Bedeutung der Religiosität - Weyemberg-Boussart (1970) -, eine Untersuchung zu der Bedeutung der Psychoanalyse steht aber weiterhin aus. Auch die neueste Untersuchung Schäffners (1995) zur Poetologie psychiatrischen Wissens bei Döblin hat wenig zur Erhellung dieses Themenkomplexes beigetragen.

In den neueren Arbeiten ist die These einer ambivalenten Haltung Döblins gegenüber Freud zu einem gängigen Topos geworden[1], der kaum noch hinterfragt wird. Diese Einschätzung ist insofern berechtigt, als Döblins explizite Äußerungen zur Psychoanalyse tatsächlich widersprüchlich sind und sich auch nicht in ein zeitliches Nacheinander von Akzeptanz und Ablehnung einordnen lassen. Um den Stellenwert der Tiefenpsychologie zu beurteilen, reicht es also nicht aus, auf explizite Äußerungen Döblins zurückzugreifen, sondern es müssen medizinische und naturwissenschaftliche Arbeiten einbezogen werden. Bei der Untersuchung des Einflusses im literarischen Werk stellt sich außerdem das Problem, daß Döblins Schaffen zwar eine Themenkontinuität aufweist, die von ihm selbst konstatierte „Wende zum Einzelmenschen"[2] jedoch eine veränderte Einstellung zur Psychologie und damit auch zur Psychoanalyse impliziert, so daß die Rede von *der* Einstellung zur Psychoanalyse problematisch erscheint. Hinzu kommt, daß sich schon bei oberflächlicher Betrachtung eine Zeitverschiebung wahrnehmen läßt: Die intensive Auseinandersetzung mit den Schriften Freuds fällt zeitlich

---

[1] In den Anmerkungen zu Döblins autobiographischen Schriften heißt es: „Das Verhältnis Döblins zum Begründer der Psychoanalyse, Sigmund Freud (1856-1936), war ambivalent" (SLW 564, Anm. 10). Dieselbe Formulierung findet sich in den Anmerkungen zu den ästhetischen Schriften (vgl.: SÄPL 655, Anm. 1).
Als Beispiel einer unhinterfragten Übernahme der These von der Ambivalenz sei auf einen Aufsatz von Thomas Isermann verwiesen, der beiläufig Döblins „Haßliebe zur Psychoanalyse" erwähnt (vgl.: Isermann, Thomas: Zu einer Physiologie des Schreibens bei Alfred Döblin, in: Stauffacher, Werner (Hg.): Internationale Alfred-Döblin-Kolloquien. Münster 1989 - Marbach a.N. 1991, Bern/Frankfurt a. M./New York/Paris 1993, S. 38).
Auch von psychoanalytischer Seite wird auf die Ambivalenz - nicht nur in bezug auf Döblins Verhältnis zur Psychoanalyse - verwiesen: „Zerrissen und von Ambivalenz geprägt wie sein Leben, ist auch sein Verhältnis zur Psychoanalyse" (Cremerius, Johannes: Dichter auf der Analysencouch, in: Götz, B. (Hg.): Verschwiegenes Ich, Pfaffenweiler 1993, S. 15).

[2] Vgl.: Einleitung

nicht mit der literarischen Funktionalisierung psychoanalytischer Motive zusammen.
Die These von der Ambivalenz bedarf also einer differenzierteren Untersuchung. Auch die Grundlage, auf der Differenzen zwischen Döblin und Freud konstatiert werden, muß analysiert werden: Es läßt sich nämlich feststellen, daß diese Differenzen vielfach erst dadurch konstruiert werden, daß die Autoren eine zu enge Sichtweise der Freudschen Metapsychologie, wie z.b. die reduktionistische Auffassung von einer streng deterministischen Lehre auf naturwissenschaftlicher Basis, zugrunde legen. Damit werden sie aber nicht nur Freuds Metapsychologie nicht gerecht, sondern ihnen entgeht die Affinität zwischen Döblin und Freud, die gerade in ihrer gemeinsamen Kritik an einer positivistisch verkürzten Wissenschaft begründet ist.
Zunächst sei auf neuere Arbeiten verwiesen, die die Ästhetik und Psychologie des frühen Döblin zum Gegenstand haben. Sie knüpfen an die schon von Schröter (1978) aufgestellte These eines Zusammenhanges zwischen den psychiatrischen Lehren Hoches und Döblins Romanpoetik an und beziehen sich insbesondere auf Döblins „Berliner Programm" mit dem programmatischen Titel „Man lerne von der Psychiatrie"[1]. Diese Untersuchungen thematisieren das Verhältnis Döblins zur Psychoanalyse nicht direkt; die hier entwickelten Thesen implizieren aber einerseits eine grundsätzlich ablehnende Haltung gegenüber Freud, andererseits verweisen sie aber auch durch das Aufzeigen von Leerstellen und Defiziten des frühen ästhetischen Programms auf die Relevanz der Tiefenpsychologie für eine spätere Modifizierung der Romanpoetik.
Wolfgang Schäffner (1989) geht davon aus, daß sich Döblin an einem psychiatrischen Diskurs orientiert, der den Wahnsinn als das prinzipiell Sinn- und Bedeutungslose aus dem Bereich des Verstehbaren ausgrenzt - eine antihermeneutische Haltung, die auch Schäffner als aus heutiger Sicht inhuman charakterisiert[2]. Er verweist als Beleg auf Krankengeschichten Döblins, die - seiner Meinung nach - das Subjekt des Kranken aussparen und den Körper geradezu zerstückeln auf der Suche nach Merkmalen für den „Wahnsinn"[3]. Die von Schäffner zitierten Anamnesen sind einerseits rein deskriptiv und wenig aussagekräftig hinsichtlich Döblins Einstellung zur Sinnhaftigkeit des Wahns; andererseits muß berücksichtigt werden, daß Döblin schon früh wissenschaftskritische Positionen insbesondere hinsichtlich der Krankheitsauffassung der zeitgenössischen Psychiatrie vertrat, eine vorbehaltlose Apologie der antihermeneutischen Haltung also nicht

---

[1] Vgl.: Schröter, Klaus: Alfred Döblin in Selbstzeugnissen und Bilddokumenten, Reinbek 1978, S. 47-50.
Zum Einfluß von Hoche vgl. auch: Thomann Tewarson, Heidi: Alfred Döblin. Grundlagen seiner Ästhetik und ihre Entwicklung 1900-1933, Bern 1979, S. 31/32.
[2] Schäffner, Wolfgang (Hg.): Psychiatrische Erfahrung und Literatur. Antihermeneutik bei Alfred Döblin, in: Stauffacher, Werner: Internationale Alfred-Döblin-Kolloquien. Münster 1989 - Marbach a.N., 1991, a.a.O., S. 47.
[3] Vgl.: ebd. S. 50.

wahrscheinlich erscheint. Aber Schäffner geht es hier nicht in erster Linie um Döblins Einstellung zur Psychiatrie. Seine zentrale These ist, daß Döblin aus der Antihermeneutik der Psychiatrie eine „Ästhetik der Äußerlichkeit als Überwindung einer sprachlichen Zeichenstruktur mit einer vorgängigen eigentlichen Realität"[1] entwickele. Sein Fazit lautet also, daß sich „Literatur und Wahnsinn überlagern (...) im Zeichen dieser Psychiatrie, die sich außerhalb hermeneutischer Muster auf eine neue Erfahrung mit der Sprache zubewegt"[2].

In seiner späteren - umfangreichen und materialreichen - Arbeit zur Poetologie psychiatrischen Wissens bei Döblin (1995) führt Schäffner diesen Ansatz weiter und argumentiert gleichzeitig wesentlich radikaler. Zunächst definiert er die Psychiatrie im Sinne Foucaults als Technik, die Abweichungen erfindet und verwaltet[3]. Am Beispiel Döblins - als einem exemplarischen Modell der Verknüpfung von Literatur und Psychiatrie - sollen dementsprechend „technologische und disziplinierende Normalisierungs-Standards nachgezeichnet werden, (...) die sich diesen Texten vor aller, trotz aller oder auch gerade als Ziel aller Überlegungen einschreiben"[4]. Was Schäffner aber gleichzeitig versucht, ist eine Weiterführung der Foucaultschen Analyse des psychiatrischen Diskurses, die um 1800 abbricht. Diese Konstellation erweist sich als verhängnisvoll, weil Döblin weitgehend als Mittel zum Zweck mißbraucht wird[5]. Die Untersuchung verfolgt - fast denunziatorisch - das Ziel einer Entlarvung Döblins als Vertreter eines herrschenden psychiatrischen Diskurses und einer reduktionistischen Einordnung seines literarischen Werkes als Ausdruck der (verfeinerten) psychiatrischen Machttechniken, die Schäffner anhand der Themen „Paranoia", „Verbrechervorhersage", „Technische Effekte" und „Mobilmachung" durchzuführen versucht. Es handele sich dabei sogar um zwei sich widersprechende Diskurse, die (zumindest der junge) Döblin gleichzeitig führe, nämlich rationaler Systemwille einerseits und Apologie des triebhaften Körpers andererseits. Der Widerspruch verweise darauf, daß auch „keine einheitliche hermeneutische Rekonstruktion eines produktiven Subjekts mit Namen Döblin möglich"[6] sei. Döblins Werke werden daher auch nicht als Literatur, als „Ausdruck einer idealen Sphäre von Bedeutungen"[7] angesehen, sondern als „Diskurspartikel, die (...) genau das aussagen, was sie als spezifische Erzeugnisse der entsprechenden Dis-

---

[1] Ebd. S. 53.
[2] Ebd. S. 54.
[3] Vgl.: Schäffner, Wolfgang: Die Ordnung des Wahns. Zur Poetologie psychiatrischen Wissens bei Alfred Döblin, München 1995, S. 9.
[4] Ebd. S. 10.
[5] Schäffner weist selbst daraufhin, daß Döblin für sein Vorhaben „Leitlinie und Vorwand" zugleich sei - Vorwand deshalb weil „eine Geschichte und Archäologie des Wissens sich nicht an Autoren orientiert, sondern an diskursiven Formationen, die diese erst möglich machen" (ebd. S. 383/384).
[6] Ebd. S. 26.
[7] Ebd. S. 132.

kurse (...) sagen, und die nicht poetisch, symbolisch oder metonymisch meinen, was sie nicht auch deutlich sagen können"[1].

Besonders instruktiv für die Vorgehensweise Schäffners ist seine Darstellung der Paranoia. Hier läßt sich - nach Schäffners Meinung - die Vermischung von literarischem und psychiatrischem Diskurs besonders deutlich nachweisen. Schäffner sieht die Paranoia als nosologisches Korrelat der hermeneutischen Vernunft, als „Délire d'interpretation"[2]. Einerseits wird das Verstehen als Machttechnik definiert, die dann in den psychiatrischen Diskurs eindringt, wenn die Ausschlußfunktion der Psychiatrie „durch feinere Machttechniken der Bemächtigung ersetzt werden muß".[3] Andererseits versucht Schäffner nachzuweisen, daß es sowohl dem Psychiater als auch dem Literaten Döblin nicht um das Verstehen von Texten oder Wahnvorstellungen gehe, sondern um die „Produktion sinnloser Texte"[4]; die Krankengeschichten Döblins seien Beweis dafür, daß Döblin jede hermeneutische Voraussetzung unterläuft, um den „Ausschluß des Patienten aus der Normalität"[5] und die Bedingung der Internierungssituation[6] aufrechtzuerhalten. Mit seiner Verweigerung des Verstehens finde sich Döblin in Übereinstimmung mit Freud, der „jede Illusion von einer Bedeutungsinteriorität, von einem der Sprache innewohnenden Sinn so auf(löst), wie es die psychiatrischen Analysen einer Pathologie der Hermeneutik in der Figur der Paranoia vorführen"[7]. Die Affinität im Denken Döblins und Freuds wird von Schäffner nur beiläufig konstatiert und als die gemeinsame Teilhabe am herrschenden (antihermeneutischen) Diskurs „entlarvt". Döblins literarische Texte verweisen - wie die Krankengeschichten - nicht auf Bedeutung, sondern sie inszenieren lediglich den Mechanismus von Bedeutungsproduktion.[8]

Georg Reuchlein (1991) interpretiert die frühe Erzählung „Die Ermordung einer Butterblume" vor dem Hintergrund des „Berliner Programms". Dabei weist er zu Recht darauf hin, daß Normalität und Wahnsinn historische Kategorien darstellen, und daß es daher problematisch sei, literarische Wahnsinnsdarstellungen ex post vor dem Hintergrund je aktueller Modelle (sei es psychoanalytischer oder sozialpsychologischer Ansätze) zu interpretieren. In bezug auf die frühe Erzählung Döblins versucht Reuchlein - ähnlich wie Schäffner - nachzuweisen, daß alle Interpretationen, die den Wahnsinn des Protagonisten zu verstehen versuchen, verfehlt sind, weil es Döblin gerade um die „Verweigerung vermeintlichen Ver-

---

[1] Ebd.
[2] Ebd. S. 115.
[3] Ebd. S. 83.
[4] Ebd. S. 126.
[5] Ebd.
[6] Vgl. ebd. S. 127.
[7] Ebd. S. 134.
[8] Vgl. ebd. S. 117.

stehens"[1] gehe. Döblins „Lernen von der Psychiatrie" sei zu verstehen als ein Lernen von der symptomatologisch-deskriptiven Schule seines Lehrers Hoche, der die Verstehbarkeit von Psychopathologie grundsätzlich in Frage stelle. Dieser psychiatrischen Richtung spreche Döblin ästhetischen Modellcharakter zu, wobei er gleichzeitig stark stilisierend verfahre, indem er auf reine Deskriptivität insistiere und sich auf die Beschreibung von „Abläufen" konzentriere. Dabei radikalisiere und unterlaufe er das Theorem der Nicht-Verstehbarkeit von Psychopathologie, indem er es auch auf normale Seelen-Vorgänge übertrage; der Skeptizismus aber resultiere nicht aus irrationalen, mystifizierenden anthropologischen Vorstellungen, sondern er sei gerade in einem Bemühen um exakte Naturwissenschaftlichkeit fundiert. Reuchlein weist in seiner Studie überzeugend nach, wie stark medizinisch-naturwissenschaftliches Denken Döblins dichterisches Werk beeinflußt, weist aber im Gegensatz zu Schäffner darauf hin, daß es zu keiner Vermischung von literarischem und psychiatrischem Diskurs kommt. Er deutet allerdings nur an, daß in beiden Fällen die „Programmatik" eine vorläufige und unbefriedigende ist und daß sich das Verlangen, die „Motore unserer Handlungen"[2] aufzuspüren, schon früh bemerkbar macht. Die Defizite verweisen aber, seiner Meinung nach, auf eine zunehmende Thematisierung sozialer Zusammenhänge, nicht auf eine naheliegenden Hinwendung zur Psychoanalyse.

Erich Kleinschmidts produktionsästhetisch orientierte Arbeit (1982) bezieht sich ebenfalls auf das „Berliner Programm". Der zentrale Terminus dieses Programms ist die vom Autor geforderte „Depersonation", d.h. der Verzicht auf eine Distanz zwischen Autor und Werk. „Der Roman wird damit zur anonymen Arbeit an der stoffgewordenen Realität selbst. (...) Das Erzählwerk konstituiert sich autogenetisch."[3] Diese Haltung ist begründet in einem sprachphilosophischen Skeptizismus, der den Autor nötigt, statt auf den „Ausdruckswillen des autorialen Ichs" auf die „Kollektivität eines gesamtsprachlichen Erinnerungszusammenhanges"[4] zurückzugreifen. Döblins Romanpoetik beruhe auf dem Prinzip einer spontanen schriftstellerischen Kreativität, sie ist „anonyme Arbeit an der stoffgewordenen Realität selbst"[5]. Diese Erzählhaltung ist prinzipiell antipsychologisch, ob sie aber - wie Kleinschmidt meint - auch eine „antifreudianische Stoßrichtung"[6] impliziert, wird noch zu untersuchen sein. Parallel zu den naturphilosophischen Überlegungen und der dort vorgenommenen Beschreibung der komplexen

---

[1] Reuchlein, Georg: „Man lerne von der Psychiatrie". Literatur, Psychologie und Psychopathologie in Alfred Döblins „Berliner Programm" und „Die Ermordung einer Butterblume", in: Jahrbuch für Internationale Germanistik, Bern/Frankfurt a.M./New York/Paris 1991, S. 21.
[2] Ebd. S. 61 und Anmerkung 157.
[3] Kleinschmidt, Erich: Döblin Studien I. Depersonale Poetik. Dispositionen des Erzählens bei Alfred Döblin, in: Jahrbuch der Deutschen Schillergesellschaft, 26. Jahrg. Stuttgart 1982, S. 391.
[4] Ebd. S. 389.
[5] Ebd. S. 391.
[6] Ebd. S. 388.

Wechselwirkungen zwischen Ich und Welt, vollziehe sich eine poetologische Wende, die dadurch gekennzeichnet ist, daß „die Grade der erzählerischen Depersonation bewußt sind und narrativ ausgestattet werden"[1]. Das bedeute, daß weiterhin die Identität des Ichs gegenüber der Objektwelt aufgehoben ist, gleichzeitig aber der Schilderung dieser Welt die vollgültige Repräsentanz des Ichs zuerkannt wird, so daß die Auslöschung des auktorialen Ichs auf dieser Stufe des poetologischen Denkens sich konkretisiert als „narratives Zusammenfallen von Ich und Welt"[2]. Daß dieses ästhetische Programm für Döblin noch einen vorläufigen Charakter hatte, deutet auch Kleinschmidt an, wenn er anmerkt, daß diese Gestaltung depersonaler Erfahrung keineswegs nur als Befreiung und Aufbruch empfunden wurde.

Während Schäffner keine Differenzierung zwischen Frühwerk und späteren Arbeiten vornimmt, verweisen Reuchlein und Kleinschmidt also auf eine Modifikation und Weiterführung der frühen ästhetischen Programmatik, die Gegenstand meiner Arbeit sein werden. Otto Keller (1980) konstatiert den Prozeß einer Annäherung an Freud, deren Untersuchung noch ausstehe[3], verweist aber gleichzeitig zu Recht darauf, daß „Döblin seine Texte von der Produktivkraft der Sprache her organisiert, nicht von einer rezipierten Lehre"[4]. De Vries (1968) und Stegemann (1978) bringen dagegen schon Döblins Ablehnung der deskriptiven Psychologie, die für das frühe ästhetische Programm grundlegend war, in Verbindung mit der sich entwickelnden Psychoanalyse[5].

Wolfgang Düsing (1982) untersucht in seiner vergleichenden Studie die narrative Vermittlung von Erinnerungsprozessen in der Literatur der Moderne. Der Einfluß der Psychoanalyse ist bei allen drei untersuchten Autoren - Musil, Döblin und Doderer - vor allem methodischer Natur; es handle sich nicht um poetisierte Psychoanalyse, auch wenn die analytischen Tendenzen ohne Freud nicht denkbar seien[6]. Das mit der Erinnerungstechnik verknüpfte Problem der „Ichsuche" trete bei Döblin erst allmählich in den Vordergrund. Dabei gehe es nicht um die Struktur von Subjektivität, sondern um das konkrete empirische Ich in seiner Leiblichkeit. Konstruiere Döblin zunächst noch eine Einheit von Ich und Welt, so gehe es in „Unser Dasein" um die Verknüpfung des Menschen mit dem Ganzen der Natur, wobei das Ich in der Phylogenese verankert ist - eine Konzeption, die

---

[1] Ebd. S. 397.
[2] Ebd. S. 400.
[3] Vgl.: Keller, Otto: Döblins Montageroman als Epos der Moderne, München 1980, S. 251 Anm. 17.
[4] Ebd. S. 236.
[5] Vgl.: Vries, Karl-Ludwig de: Moderne Gestaltelemente im Romanwerk Alfred Döblins und ihre Grundlagen. Ein Beitrag zur Morphologie des modernen Romans, Hamburg 1968, S. 90/91; Stegemann, Helga: Studien zu Alfred Döblins Bildlichkeit. Die Ermordung einer Butterblume und andere Erzählungen; Bern 1978, S. 60.
[6] Düsing, Wolfgang: Erinnerung und Identität. Untersuchungen zu einem Erzählproblem bei Musil, Döblin und Doderer, München 1982, S.16.

zwar Ähnlichkeit aufweise mit Freuds Beziehung zwischen Es und Über-Ich, als Vergleich aber nicht weitergeführt werden kann, „weil Döblin zwar Bewußtes und Unbewußtes unterscheidet, aber Freuds Theorie des psychischen Apparats nicht übernimmt"[1]. Den Begriff der „archaischen Erbschaft" hat - nach Düsings Meinung - Döblin dagegen von Freud entlehnt; diese Adaption sei zugleich äußerst problematisch, weil Döblin durch die „Vermischung von Natur und Geschichte" aus diesem Begriff „fast eine Biologie der Geschichte"[2] entwickele. Düsing betont aber auch zutreffend die Bedeutung der antinomischen Konzeption der menschlichen Existenz als „Stück und Gegenstück" der Natur, leibliches und soziales Wesen und die wechselseitige Abhängigkeit von „Ichsuche" und „Weltsuche". Wie alles Lebendige existiere der Mensch in einem „labilen Gleichgewicht, einem Antagonismus von Assimilation und Dissimilation"[3], „zwischen den Extremen absoluter Verinnerlichung und absoluter Veräußerlichung"[4]. Der Terminus „Unvollständige Individuation", bringe diesen Widerspruch auf eine neue Formel, der den Einfluß Nietzsches verrate: Es ist der „Gegensatz zwischen der Alleinheit des dionysischen Grundes und dem Apollinischen, dem principium individuationis"[5]. Düsing verweist zu Recht auf das tragische Moment, das „die Aufdeckung einer im Individuum liegenden dialektischen Bewegung, die nicht zu einer Versöhnung führt und darum hoffnungslos ist"[6], impliziert. Die antinomische Struktur des Menschen bilde die Grundlage der Döblinschen Romantheorie; in der Kunst solle die ruhelose Bewegung der „unvollständigen Inidividuation" zur Darstellung kommen.

Helmuth Kiesel (1986) untersucht Döblins Spätwerk anhand des Leitmotivs „der Trauer über die menschliche Unheilsgeschichte und ihre Opfer"[7] - ein Ansatz, der der Intention dieser Werke im hohen Maße gerecht wird -, wobei er das Ineinandergreifen psychologischer und theologischer Vorstellungen besonders hervorhebt. Ohne den Wert dieser Untersuchung in Frage stellen zu wollen, ist anzumerken, daß Kiesel in seinen Ausführungen zum Verhältnis Döblins zur Psychoanalyse seine eigene Skepsis gegenüber derselben[8] in der vermeintlichen kritischen Wendung Döblins gegen Freud bestätigt sieht. Döblins autobiographischer „Erster Rückblick" wird interpretiert als ein „fast unvergleichliches Dokument des dichterischen Widerstandes gegen die Psychoanalyse und des Zweifels an der 'Schreibtherapie'"[9], ohne allerdings zu fragen, ob diese Zweifel nicht auch Resultat der tiefenpsychologischen Einsichten des Autors gewesen sein könnten.

---

[1] Ebd. S. 109.
[2] Vgl.: ebd. S. 125.
[3] Ebd. S. 113.
[4] Ebd. S. 114.
[5] Ebd. S. 117.
[6] Ebd. S. 119.
[7] Kiesel, Helmuth: Literarische Trauerarbeit, a.a.O., S. 21.
[8] Vgl.: ebd. S. 34.
[9] Ebd. S. 58.

Obwohl Kiesel zu Recht die Frage stellt, ob es sinnvoll sei, „Döblins Produktion unter dem Aspekt des Therapeutischen zu betrachten", vertritt er die These, daß die psychische Funktion des Schreibens bei Döblin zwar als Erinnerungsarbeit in bezug auf traumatische Erfahrungen zu verstehen sei, aber insofern keine therapeutische Funktion habe, weil es ein von Wiederholungszwängen diktiertes Schreiben sei, bei dem das Erinnern durch das Agieren ersetzt werde[1]. Döblins Einstellung zur Psychoanalyse bezeichnet Kiesel - in Übereinstimmung mit den Herausgebern der „Gesammelten Werke" - als zunächst ambivalent[2]. Kiesel übernimmt die Einschätzung Düsings, daß Döblin Freuds Theorie des psychischen Apparats abgelehnt habe[3], wendet sich aber gegen dessen These einer Affinität in bezug auf das Problem einer „archaischen Erbschaft" und meint, daß Döblin hier gegen Freud opponieren zu müssen glaubte[4]. Schon ab 1922 finde mit der Wendung zur Naturphilosophie, die Kiesel weitgehend unter dem Aspekt der Vorstufe zur religiösen Konversion untersucht, eine Abwertung der Tiefenpsychologie statt. Die spätere Ablehnung der Freudschen Theorie sei insbesondere durch die Negation des psychoanalytischen Anspruchs, „den Menschen aus seiner Natur heraus (zu) erklären und (...) aus den negativen Modalitäten seiner Existenz zu erlösen"[5] motiviert.

Die Schilderung von Wahnerfahrungen, der im Spätwerk im Zusammenhang mit einer „Poetik der Erleuchtung" ein zentraler Stellenwert zukomme, untersucht Kiesel vor dem Hintergrund zeitgenössischer psychiatrischer Schizophrenie-Literatur - der „Allgemeinen Psychopathologie" von Karl Jaspers (1913) und Eugen Bleulers Arbeit über „Dementia praecox" (1911). Die Bedeutung dieser psychiatrischen Richtung für Döblin liege gerade darin, daß sie die Schizophrenie als transitorischen Zustand begreife und von der Vorstellung der Unheilbarkeit abrücke[6] - eine Einschätzung also, die den Thesen von Schäffner und Reuchlein widerspricht[7]. Kiesel unterscheidet die Wahndarstellung im frühen Werk, die er - wie auch Leo Kreutzer[8] - als Schizophrenie-Studien ansieht, bei denen der Leser mit einem Wahn konfrontiert wird, dem er keine Notwendigkeit zubilligen muß[9], von den Wahnschilderungen im „Berlin Alexanderplatz". Diese seien Teil eines apophänen Szenariums und erheben Anspruch auf eine objektive Seinsweise, indem sie einen gemeinsamen Horizont von Erzähler, Romanheld und Leser eta-

---

[1] Vgl.: ebd. S. 68/69.
[2] Vgl.: ebd. S. 71.
[3] Vgl.: ebd. S. 72.
[4] Vgl.: ebd. S. 78, Anm. 316.
[5] Ebd. S. 77.
[6] Vgl.: ebd. S. 203.
[7] Kiesel selbst sieht keine Differenz zwischen den Ansichten Jaspers und denen Hoches (vgl.: ebd. Anm. 1).
[8] Vgl.: Kreutzer, Leo: Alfred Döblin. Sein Werk bis 1933, Stuttgart 1970, S. 132.
[9] Vgl.: Kiesel, Helmuth: Literarische Trauerarbeit, a.a.O., S. 209.

blieren[1]. Das Spätwerk zeichne sich dagegen durch eine Re-Mediatisierung des Wahnerlebens aus, indem die Inhalte der Wahnvorstellungen in vernunftmäßig haltbare Erkenntnisse überführt werden[2]. Hier hätte sich ein Anknüpfen an Döblins Kenntnisse der Psychoanalyse in besonderem Maße angeboten.

Kiesels Einschätzung des Verhältnisses Döblins zur Psychoanalyse ist vor dem Hintergrund des Freud-Verständnisses des Autors zu interpretieren und zu kritisieren. Wie eingangs erwähnt, besteht die Gefahr, daß Differenzen (und Übereinstimmungen) vor dem Hintergrund unterschiedlicher Einschätzungen der wissenschaftstheoretischen und anthropologischen Grundlagen der Tiefenpsychologie konstruiert werden. Bei Kiesel ist insbesondere die Interpretation der Schuldproblematik bei Freud Ursache einer fragwürdigen Darstellung der Haltung Döblins zur Psychoanalyse.

Zwei andere Autoren kommen auf Grund unterschiedlicher Einschätzungen des Determinismus-Problems bei Freud zu entgegengesetzten Aussagen zum Thema „Döblin und die Psychoanalyse". Klymiuk (1984) führt in seiner Untersuchung zur Kausalitätsproblematik bei Döblin zunächst die Psychoanalyse ein als eine auf streng kausaler Determination beruhende Wissenschaft, die sich einem obsolet gewordenem physikalischem Kausalismus des 19. Jahrhunderts verpflichtet fühle[3]. Vor diesem Hintergrund interpretiert er dann Döblins „Berliner Programm" als die Kritik an einer simplifizierenden und reduktionistischen Erklärung von Wirklichkeit, die die deutliche Distanz Döblins zu Freud verständlicher mache[4]. Im Gegensatz dazu konstatiert de Vries (1968) zunächst eine Affinität zwischen der Wirklichkeitskritik des Expressionismus und der Psychoanalyse: Die „Enthüllung des Oberflächencharakters und der Vordergründigkeit angenommener Realitätsbeziehungen" und das Aufzeigen der im Unbewußten tätigen Determinanten seien als Erweiterung der Wirklichkeitswahrnehmung zu verstehen und bilden ein ideologiekritisches Potential in bezug auf die Kritik an gesellschaftlichen Institutionen[5]. De Vries betont zu Recht den emanzipatorischen Charakter der Psychoanalyse, indem er darauf hinweist, „daß nämlich psychische Kausalität sich modifiziert, wenn sie erkannt (...) wird", und man so von einem „Zu-Geist-Machen der Bedingtheit"[6] sprechen könne. Vor diesem Hintergrund erscheint Döblin als Schüler Freuds[7], dem er sich gerade durch die gemeinsame Kritik an der positivistischen Psychologie verbunden fühlt. De Vries verweist allerdings auch auf die Bedeutung der Jungschen Archetypen-Lehre für Döblin.

---

[1] Vgl.: ebd. S. 213.
[2] Vgl.: ebd. S. 222-24.
[3] Vgl.: Klymiuk, Georg W.: Kausalität und moderne Literatur. Eine Studie zum epischen Werk Alfred Döblins (1904-1920), Bern 1984, S. 87/88.
[4] Vgl.: ebd. S. 109.
[5] Vgl.: Vries, Karl-Ludwig de: Moderne Gestaltetelemente, a.a.O., S. 69-71.
[6] Ebd. S. 69.
[7] Vgl. ebd. S. 90.

Differierende Einschätzungen der Psychoanalyse haben auch dazu geführt, daß die vermeintliche Skepsis Döblins gegenüber Freud einerseits auf eine Ablehnung seiner rationalistischen Züge zurückgeführt wird[1], andererseits aber betont wird, daß Döblin gegenüber Freud die Bedeutung des Bewußtseins verteidigen zu müssen glaubte[2].

Andere Probleme ergeben sich hinsichtlich der Konsequenzen einer zuvor konstatierten Nähe Döblins zu Freud für die Interpretation der literarischen Werke. So stellt Stefanie Moherndl (1963) pauschal fest, daß „Döblins Schaffen, von den Anfängen bis zum Alterwerk hin, sehr stark von der Psychoanalyse bestimmt ist"[3]. Diese Feststellung dient der „Rechtfertigung einer Anwendung der Freudschen Symbollehre bei der Interpretation"[4]. Hier muß kritisch angemerkt werden, daß eine psychoanalytische Literaturinterpretation ihre Legitimation methodologisch ableiten muß und sich keineswegs auf die psychoanalytischen Einflüsse auf den Autor berufen kann; eine methodisch abgesicherte, psychoanalytische Untersuchung der Tiefenstruktur ist auf jedes beliebige literarische Werk anwendbar. Ähnliche methodische Probleme lassen sich auch hinsichtlich der Hamlet-Interpretation von Jules Grand (1974) feststellen.

Von einer Einzeldarstellung der verschiedenen Interpretationen der literarischen Werke Döblins sehe ich an dieser Stelle ab. Während der Hamlet-Roman in der Forschung relativ große Beachtung gefunden hat, muß die Rezeption der Amazonas-Trilogie eher als eine Aneinanderreihung von Fehlinterpretationen und Mißverständnissen gewertet werden[5], deren Analyse nur im konkreten inhaltlichen Kontext zu leisten ist. In beiden Fällen erscheint es sinnvoll, auf Übereinstimmungen und Differenzen im Rahmen der eigenen Interpretation zu verweisen.

---

[1] Vgl.: Minder, Robert: Alfred Döblin zwischen Osten und Westen, in: ders.: Dichter in der Gesellschaft, Frankfurt/M. 1972, S. 204; Kobel, Erwin: Alfred Döblin. Erzählkunst im Umbruch, Berlin/New York 1985, S. 33.
[2] Vgl.: Kiesel, Helmuth: Literarische Trauerarbeit, a.a.O. S. 72; Müller-Salget, Klaus: Alfred Döblin. Werk und Entwicklung, Bonn 1972, S. 245.
[3] Moherndl, Stefanie: Alfred Döblin: Hamlet oder Die lange Nacht nimmt ein Ende, Graz 1963, S. 37.
[4] Ebd. S. 35.
[5] Diese Meinung vertritt auch Hubert Brüggen, dessen Arbeit eine Ausnahme darstellt (vgl.: Brüggen, Hubert: Land ohne Tod. Eine Untersuchung zur inneren Struktur der "Amazonas-Trilogie" Alfred Döblins, Frankfurt a.M./Bern/New York/Paris 1987, S. 11-50).

I. Der Mensch als „Stück und Gegenstück" der Natur

I.1. Vorüberlegungen zu einer "selbständigen Abhängigkeit"

Da sich aus den widersprüchlichen Stellungnahmen Döblins zu Freud keine eindeutige Haltung extrapolieren läßt, wurde die These einer ambivalenten Einstellung des Dichters zur Psychoanalyse zu einem gängigen Topos in der Forschungsliteratur.[1] Wie läßt sich diese ambivalente Haltung näher bestimmen? Döblins Freud-Kenntnisse sind insbesondere durch mehrere Rezensionen vornehmlich aus den zwanziger Jahren gut dokumentiert.[2] Ohne an dieser Stelle inhaltlich vorzugreifen, läßt sich anmerken, daß diese Rezensionen - aber auch Döblins Rede zu Freuds siebzigsten Geburtstag[3] und die Äußerungen anläßlich seines Einsatzes für die Verleihung des Goethe-Preises an den Begründer der Psychoanalyse[4] - nicht nur Zeugnis ablegen für eine intensive Beschäftigung mit tiefenpsychologischen Theorien und für eine Verehrung Freuds als

---

[1] Vgl.: Forschungsbericht, Anm. 1.

[2] Metapsychologie und Biologie (u.a. zu Freud, „Jenseits des Lustprinzips") in: Die Neue Rundschau, 33. Jg. 1922; Bd. 2, S. 1222-1232, Neudruck in: KS II 182-194.
Psychoanalyse von heute (zu Freud, „Das Ich und das Es"), in: Vossische Zeitung vom 10.6.1923, Neudruck in: KS II 261-267.
Praxis der Psychoanalyse (zu Reik: „Der eigene und der fremde Gott"), in: Vossische Zeitung vom 28.6.1923, Neudruck in: KS II 270-274.
Blick auf die Naturwissenschaft (u.a. zu Freud: „Das Ich und das Es"), in: Die Neue Rundschau, 34. Jg. 1923, Bd. 2, S. 1132-1138.
Schriften zur Psychoanalyse (u.a. zu Freud, „Die Frage der Laienanalyse"), in: Vossische Zeitung vom 28.11.1926.

[3] Döblin Alfred: Sigmund Freud zum 70. Geburtstag, in: Vossische Zeitung vom 5.5.1926, Neudruck in: Döblin, Alfred: Zeitlupe, Olten 1962, S. 80-88.

[4] Die Protokolle der Kuratoriumssitzung des Goethe-Preis-Komitees sind nicht veröffentlicht. Wolfgang Schivelbusch gibt einen detaillierten Einblick in die Diskussion um die Preisverleihung und zitiert aus den Protokollen die Äußerungen Döblins. Döblin hatte sich schon 1928 für die Verleihung des Nobelpreises an Freud eingesetzt und anläßlich der ersten Kuratoriumssitzung ein emphatisches Plädoyer für denselben gehalten (vgl.: Schivelbusch, Wolfgang: Intellektuellendämmerung. Zur Lage der Frankfurter Intelligenz in den zwanziger Jahren, Frankfurt/M. 1985, S. 95-117).
Prangel bezeichnet diese Preisverleihung als „die mutigste und dringlichste die eine deutsche Jury damals überhaupt beschließen konnte" (Prangel, Matthias: Alfred Döblin, Stuttgart 1987, S. 69).
Bezeichnend ist die Schilderung der Diskussion um die Preisverleihung in der Freud-Biographie von Ernest Jones, dem der Literat Döblin offensichtlich unbekannt war: „Die Idee (für die Preisverleihung, I.M.) stammte von Paquet. An der Sitzung, an der die Diskussion darüber stattfand, hatte ihn ein analytisch orientierter Psychiater, Alfred Döblin, unterstützt (...)" (Jones, Ernest: Sigmund Freud. Leben und Werk, München 1984, Bd. 3, S. 183). Die deutsche Übersetzerin fügt in einer Anmerkung hinzu, daß es sich um den bekannten Schriftsteller handelte (ebd., Anm. 169).

„Geistesführer, als einen, der in Europa am frühesten wieder in der Wissenschaft das Königsgebiet der Seele betrat"[1], sondern sich auch durch ein besonderes Einfühlungsvermögen hinsichtlich der anthropologischen Grundlagen der Metapsychologie auszeichnen. Im krassen Gegensatz dazu stehen vereinzelte Äußerungen zu Freud, die nicht nur äußerst beiläufig und abwertend sind, sondern auch den Eindruck erwecken, als fehle dem Autor sowohl das Wissen als auch ein tieferes Verständnis für die Freudschen Intentionen.[2] Döblin stellt die kritische Distanz hier vermutlich über eine unbewußte Verleugnung des eigenen Wissens her.

Die leitende These meiner Untersuchung ist, daß es sich bei der Beziehung zu Freud nicht um eine Ambivalenz im engeren Sinne, sondern um eine Assimilation Freudscher Gedanken an genuin eigene anthropologische und naturphilosophische Vorstellungen handelt - eine Haltung, die Thomas Mann in bezug auf Freuds Beziehung zur philosophischen und naturwissenschaftlichen Tradition als eine „selbständige Abhängigkeit" bezeichnete.[3] Diese Affinität erklärt das Schwanken zwischen Faszination und Abwertung, durch die Döblins Verhältnis zu Freud gekennzeichnet ist.

Döblin wehrte sich explizit gegen jede Einordnung in eine Schule und merkte an, daß er keine Gedanken übernommen habe, zu denen er nicht selbst gelangt sei[4]. Aufschlußreich für seine Arbeitsweise, die Verarbeitung von historischen Dokumenten und philosophischen und psychologischen Theorien, ist eine ironische Kommentierung der Vorarbeiten zum „Wallenstein": „Ja, ich muß folgendes feststellen: manches was mir in den Büchern und Akten vor Augen kam, schien mir ohne weiters geeignet - mein Eigentum zu sein. Man meint: ich hätte beschlossen abzuschreiben? Nein, es ward für mich zurechtgestellt, (...) es ist nur schön, daß sich die Natur schon in meinen Gedankengängen bewegt hat; so brauche ich mich nicht zu bemühen."[5] Überträgt man diese Einstellung auf Döblins Verhältnis zur Psychoanalyse, so wird seine Äußerung, Freud habe ihm

---

[1] Döblin Alfred: Sigmund Freud zum 70. Geburtstag, a.a.O., S. 88.

[2] So verweist schon der Musiker in den „Kalypso-Gesprächen" auf die Bedeutung von Freuds „Traumdeutung" für eine ästhetische Theorie, um dann aber beiläufig zu bemerken, daß „hier und da jene an Richtiges stoßen, welche nach Traumdeuterart verfahren". Er bittet seinen Gesprächspartner, ihm zu erlassen, seine „vielen Bedenken auch hierüber abzuwandeln" (SÄPL 94/95). Ähnlich herablassend kommentiert Döblin 1951 die psychoanalytische Hamlet-Studie von Ernest Jones: „Wir lassen uns diese Auslegung gefallen, vielleicht auch nicht, sie macht einfach Person und Stück flach" (RB 304).
Vereinzelt richtet sich Döblins Kritik gegen „Sektenbildung" und eine elitäre Haltung von Psychoanalytikern (vgl.: KS II 272/73). Auf Döblins Einwand, Freud habe dem Bewußtsein einen zu geringen Stellenwert zugemessen, werde ich an anderer Stelle eingehen (vgl.: Kap. I.4.).

[3] Vgl.: Mann, Thomas: Die Stellung Freuds in der modernen Geistesgeschichte, in: Mann, Thomas: Freud und die Psychoanalyse, Frankfurt/M. 1991, S. 30-54.

[4] SLW 241,

[5] Ebd. S. 31.

nichts Wunderbares gebracht[1], verständlich; sie läßt sich interpretieren als ein Eingeständnis einer - zumindest partiellen - Affinität.
Auch Döblins Bemerkungen zu James Joyce, mit dem er von der Kritik wegen des Gebrauchs von Assoziationstechnik und Innerem Monolog und der gemeinsamen Nähe zur Psychoanalyse oft verglichen wurde[2], verweisen auf ein vergleichbares Phänomen der „Gleichzeitigkeit": „Ich vermag selbst nicht zu analysieren, ob und welche Einflüsse von Joyce bei meinem letzten Buch (Berlin Alexanderplatz, I.M.) nachweisbar sind. (...) es muß als bekannt gelten, daß geistige Strömungen vielfach zu gleicher Zeit an verschiedenen Stellen auftauchen. Das Eindringen des Unterbewußten und Durchschlagen des Unterbewußten und seine führende Rolle wird einem Kenner meiner Arbeiten (...) nichts Neues sein."[3] Und an anderer Stelle heißt es ebenfalls in bezug auf Joyce: "Dieselbe Zeit kann unabhängig voneinander Ähnliches, ja Gleiches an verschiedenen Stellen erzeugen."[4]
Auffällig ist, daß ironisch abfällige Bemerkungen zur Psychoanalyse häufig im Zusammenhang mit einer - von Döblin abgelehnten - Selbstanalyse zu finden sind. Döblin gestaltete autobiographische Rückblicke oft in Form eines fiktiven Dialogs - einer Art therapeutischen Ich-Spaltung -, in dem der Arzt den Dichter charakterisiert und umgekehrt. Hier weist der eine Part die Zumutung einer analytischen Selbstbeobachtung ironisch zurück.[5] Kiesel hat in diesem Zusammenhang zu Recht auf die ablehnende Haltung Döblins zur Selbstanalyse hingewiesen.[6] Festzustellen ist, daß Döblin mit der Unkenntnis der eigenen psychischen Verfaßtheit geradezu kokettiert: „Ich sage immer ich, aber es ist nur mein Bewußtsein, das dies dunkle Wort gebraucht, es ist für den Tagesgebrauch bequem, gemeint ist jenes komplizierte Menschentierchen, das im Augenblick hier die Feder führt und von dem ich sonst genau so wenig weiß, wie jeder

---

[1] Ebd. S. 93.

[2] James Joyce' Haltung gegenüber der Psychoanalyse und allen Hinweisen auf die starke Affinität seiner Assoziationstechnik zur psychoanalytischen Technik war überaus ablehnend (vgl.: Ellmann, Richard: James Joyce, Frankfurt/M. 1979, Bd. 2, S. 796). Die Einstellung von Joyce ist ein gutes Beispiel dafür, daß die Stärke der Affinität eine Bedrohung des eigenen Originalitätsanspruches zu evozieren scheint, so daß die Abgrenzung besonders rigide ausfällt.

[3] SLW 191.

[4] Ebd. S. 217.

[5] „Sie erzählen da von Freud, mit der Erniedrigung, oder Adler. Nach denen entwickelt sich die ganze Welt aus Defekten. Erst ist ein Loch da, und dann entsteht was drum rum. Aber bei mir ist prinzipiell damit nichts zu machen!" (SLW 110; vgl. auch ebd. S. 103-106, S. 166, S. 168).

[6] Vgl.: Kiesel, Helmuth: Literarische Trauerarbeit, a.a.O., S. 59-71.
Schröter verweist auf die Laienhaftigkeit der Selbstanalyse und ihre klischeehafte Übertragung in das literarische Frühwerk (vgl.: Schröter, Klaus: Alfred Döblin in Selbstzeugnissen und Bilddokumenten, a.a.O., S. 42). Sebald bezeichnet Döblin als einen „Psychiater, dessen Stärke nie die Analyse seiner selbst gewesen ist" (vgl.: Sebald, Georg: Der Mythus der Zerstörung, a.a.O., S. 72).

andere."[1] An anderer Stelle heißt es lakonisch: „Ich habe den Grundsatz des normalen Menschen: 'Erkenne dich nicht selbst'".[2] Döblin benutzt in einem anderen Zusammenhang auch die Freudsche Metapher vom Ich, das nicht Herr im eigenen Hause ist.[3] Wenn Kiesel allerdings die Kritik an der Eigenanalyse zu einem deutlichen Widerstand gegen die Tiefenpsychologie im ganzen verallgemeinert, so ist einzuwenden, daß sich hinter Döblins ironischer Zurückweisung das psychoanalytisch fundierte Wissen um die Problematik der Selbstanalyse verbirgt, die sich aus dem Fehlen von Übertragung, Gegenübertragung, und Widerstandsanalyse ergibt. In einer autobiographischen Skizze von 1922 heißt es dementsprechend: „Von meiner seelischen Entwicklung kann ich nichts sagen; da ich selbst Psychoanalyse treibe, weiß ich, wie falsch jede Selbstäußerung ist."[4] Damit korrespondiert Döblins Abneigung gegen Autobiographien, die - soweit sie über das rein Faktische hinaus reichen - bestenfalls eine Mischung darstellen von „Enthüllung und Verdecken und Verdrängen"[5]: „Denn man kann nicht zugleich der Mann sein, der in den Spiegel schaut und der Spiegel."[6] Die Spiegelmetapher benutzt auch Freud, um die Funktion des Analytikers zu charakterisieren.[7]

Bei dem Versuch, die biographischen Bezüge Döblins zur Psychoanalyse seiner Zeit zu rekonstruieren, stößt man auf die Schwierigkeit, daß in den autobiographischen Schriften diese Kontakte weitgehend ausgespart bleiben. So erwähnt Döblin seine Lehranalyse bei dem Freud-Schüler Ernst Simmel, die durch Robert Minder verbürgt ist[8], in diesen Schriften nicht. Da es sich eher um eine berufliche Qualifikation als um eine therapeutische Analyse gehandelt haben wird, ist diese Tatsache ebenso erstaunlich wie seine Zurückhaltung gegenüber Auskünften über seine Kontakte zur Berliner „Psychoanalytischen Poliklinik" in den zwanziger Jahren - erstaunlich auch deswegen, weil Döblin seine ärztliche Tätigkeit mehrfach detailliert dokumentierte.[9] Leiter der Poliklinik und des später

---

[1] SLW 227.
[2] Ebd. S. 196 und 197.
[3] Vgl.: ebd. S. 323.
  (Vgl. auch: Freud, Sigmund: Vorlesungen zur Einführung in die Psychoanalyse, Gesammelte Werke Bd. 11, a.a.O., S. 295.)
[4] SLW 37.
[5] Ebd. S. 330.
[6] Ebd. S. 331.
[7] Vgl.: Freud, Sigmund: Ratschläge für den Arzt bei der psychoanalytischen Behandlung, Gesammelte Werke Bd. 8, a.a.O., S. 384.
[8] Vgl.: Minder, Robert: Alfred Döblin zwischen Osten und Westen, a.a.O. S.183.
  Döblin ist nicht der einzige Schriftsteller, der seine Analyse verschweigt; auch Robert Musil und Stefan Zweig haben sich zu ihren analytischen Behandlungen nicht geäußert, während z.B. Hermann Broch, Hermann Hesse und Arnold Zweig wesentlich offener zu ihren therapeutischen Erfahrungen standen (Vgl.: Cremerius, Johannes: Dichter auf der Analysencouch, a.a.O., S. 9-22).
[9] Vgl. u.a.: SLW 336.

gegründeten „Sanatoriums Schloß Tegel" war sein Lehranalytiker Ernst Simmel, der zudem gemeinsam mit Döblin der „Vereinigung Sozialistischer Ärzte" angehörte und diese lange Zeit leitete. Ernst Simmels Bemühungen, auch den ärmeren Bevölkerungsschichten einen Zugang zu psychotherapeutischer Versorgung zu ermöglichen, hat Döblin sehr positiv bewertet und die Einrichtung ähnlicher Institutionen in allen größeren Städten gefordert.[1] Als 1929 die Weiterarbeit der Tegeler Klinik gefährdet war, gehörte Döblin zu den Mitgliedern eines Komitees zur Unterstützung des Krankenhauses.[2] Durch Heinrich Meng - Psychoanalytiker und späterer Mitbegründer des „Frankfurter Psychoanalytischen Instituts" -, der ebenfalls zu dieser Zeit an der Poliklinik arbeitete, ist der Kontakt Döblins zu dieser Institution belegt. Er schreibt in seinen Lebenserinnerungen: „Alfred Döblin, Armenarzt, Kulturkritiker und Romanschriftsteller, arbeitete damals auch auf der Poliklinik. Wir hatten engen Kontakt. Wir führten - was sonst nicht üblich ist - bei einem Patienten eine Analyse gemeinsam durch. Mit Döblin blieb ich in Verbindung bis zu dessen Tod."[3] Meng war 1930 an den Vorbereitungen für das Kuratorium der Goethe-Preis-Verleihung an Freud in Frankfurt beteiligt, in dem auch Döblin Mitglied war; und er veröffentlichte 1947 seine Erinnerungen an Freud in Döblins Zeitschrift „Das Goldene Tor".

Döblin hatte darüber hinaus noch zu Beginn der dreißiger Jahre enge Verbindungen zum Berliner Psychoanalytischen Institut, das sich in den zwanziger Jahren zum deutschen Zentrum der Analyse entwickelte und an dem u.a. Franz Alexander, Siegfried Bernfeld, Max Eitingon, Otto Fenichel, Melanie Klein, Wilhelm Reich und Ernst Simmel tätig waren. Werner Kemper berichtet, daß sich die Analytiker des Instituts abends in einer nahegelegenen Kneipe trafen, um über psychoanalytische Themen zu diskutieren. Teilnehmer dieser Gespräche war auch Döblin, der „lebhaften Anteil an unserem Arbeitsgebiet nahm".[4]

Auch über Kontakte zu Ludwig Binswanger, der Döblin auf seiner ersten Station des Exils Unterkunft gewährte und dessen kritische, existentialistisch beeinflußte Freud-Lektüre sicher Döblins Interesse erweckt hat, gibt es in den autobiographischen Schriften kaum Hinweise. Daß Döblin schon 1909 die psychiatrischen Schriften Binswangers rezipierte, geht aus seinen medizinischen Arbeiten hervor.[5]

---

[1] KS II 272.
[2] Vgl.: Schultz-Venrath, Ulrich: Ernst Simmels psychoanalytische Klinik „Sanatorium Schloß Tegel GmbH" (1927-1931). Beitrag zur Wissenschaftsgeschichte einer psychoanalytischen Psychosomatik, Habilitationsschrift, Universität Witten/Herdecke 1992, S. 194.
[3] Meng, Heinrich: Leben als Begegnung, Stuttgart 1971, S. 65.
[4] Kemper, Werner: Werner Kemper, in: Pongratz, Ludwig (Hg.): Psychotherapie in Selbstdarstellungen, Bern 1973.
[5] Vgl.: Döblin, Alfred: Aufmerksamkeitsstörungen bei Hysterie, in: Archiv für Psychiatrie und Nervenkrankheiten, Bd. 45, Berlin 1909, S. 473 und S. 487.
Im Binswanger-Archiv in Tübingen befindet sich ein Brief von Binswanger an Döblin vom 14.4.1932 und ein Brief Döblins an denselben vom 1.3.1933, in dem er um Aufnahme in seinem Sanatorium nachsucht (Signatur 443/40).

Ein persönliches Zusammentreffen mit Freud scheint ebenfalls nicht mehr rekonstruierbar und wird vom Herausgeber des Marbacher Kataloges zur Döblin-Ausstellung und von Matthias Prangel mit einem Fragezeichen versehen.[1] Sofern hier nicht Eingriffe der Nachlaßverwalter vorliegen, weisen diese Tatsachen darauf hin, daß Döblin sich auch in seiner Selbstdarstellung um eine biographische Distanz zur Psychoanalyse bemühte, die nicht ganz den Tatsachen entsprach.

Seine Tätigkeit als neurologischer Kassenarzt bezeichnet Döblin dagegen häufig als die eines Psychoanalytikers, obwohl aus seiner Beschreibung einer kassenärztlichen Sprechstunde[2] zu schließen ist, daß die Behandlungsmethode nicht im strengen Sinn als tiefenpsychologische zu charakterisieren ist. Aber die Diagnosen, die sich in den im Marbacher Nachlaß einzusehenden Patientenbüchern finden[3], belegen, daß Döblin weitgehend neurotische Störungen behandelte und sich in seiner Diagnostik an psychoanalytischen Kriterien orientierte. Auch die im Nachlaß unter dem Titel „Aufzeichnungen medizinischen Inhalts" gesammelten Notizen enthalten überwiegend Dokumente seiner Beschäftigung mit der Psychoanalyse.[4]

Auffallend ist, wie häufig Döblin den Einfluß eines „psychologisch-analytischen Vermögens" auf seine literarische Produktion betonte. Im „Ersten Rückblick" zitiert er eine Handschriftanalyse - eine indirekte Selbstdarstellung -, in der ihm die Lust an „Märchen auf analytischer Grundlage"[5] und die „unerhörte Fähigkeit analytischen Eindringens, namentlich in der Richtung des Seelisch-Unbewußten"[6] attestiert wird. Diese Diagnose stimmt mit der Schilderung seines literarischen Arbeitsprozesses überein, den er an mehreren Stellen als eine Produktion aus dem Unbewußten, als eine geradezu ich-fremde Tätigkeit charakterisiert.[7] Walter

---

[1] Vgl.: Zeller, Bernhard (Hg.): Alfred Döblin 1878/1978. Eine Ausstellung des Deutschen Literaturarchivs im Schiller-Nationalmuseum Marbach am Neckar, Marbach 1978, S. 30 und Prangel, Matthias: Alfred Döblin, a.a.O., S. 69.

[2] Vgl.: SLW 98-102.

[3] Signatur: D:Döblin/Verschiedenes/Patientenbücher.
Es handelt sich um 4 Bücher aus den zwanziger Jahren, in denen Name und Geburtsdatum des Patienten und eine Kurzdiagnose vermerkt sind. Die häufigsten Diagnosen sind „Neurose" und „Hysterie". Es finden sich aber auch Eintragungen wie „Grippe", „Anämie" oder „Rheuma".

[4] Unter der Signatur „D:Döblin/Verschiedenes/Aufzeichnungen medizinischen Inhaltes" finden sich 54 Einzelblätter mit handschriftlichen Anmerkungen insbesondere zu psychoanalytischen Problemen. Stichworte sind u.a. Traum, Komplex, Sexualorganisation und -symbolik, Traumafixierung, infantile Objektwahl, narzißtische Neurose, Ödipuskomplex, Es, Ich und Überich, Regression und Wiederholungszwang.

[5] SLW 135

[6] Ebd. S. 136.

[7] Döblin stellt sich als „Familienmitglied" vor, das „Eingebungen und seelischen Kundgebungen hemmungsfrei folgt" (ebd. S. 137). Über die Intention seines Schreibens heißt es: „Was wollen diese Bücher? (...) 'Ich', der ich mich als 'Ich' fühlte, wollte nichts mit ihnen. Es

Muschg bezeichnet Döblins Dichten als einen „Naturvorgang, den er als unpersönlichen Prozeß an sich geschehen ließ".[1] Die Einsicht, daß künstlerische Kreativität aus einem Reservoir unbewußter Kräfte schöpft, ist selbstverständlich nicht als Einfluß der Psychoanalyse zu interpretieren. Zu Recht weist Döblin - wie auch James Joyce und Hermann Hesse - diesen Gedanken von sich: „Man hat gesagt: die Freudsche Tiefenpsychologie wird eine Tiefendichtung zu Folge haben. Ein kompletter Unsinn. Noch immer hat Dostojewski vor Freud gelebt, haben Ibsen und Strindberg vor Freud geschrieben."[2]
Die therapeutische Funktion seines Schreibens als Sublimierungsakt hatte Döblin aber durchaus erkannt. Der Drang zu Schreiben hat „Quellen im Seelischen". „Gewisse Dinge wollen offenbar sprachlich geformt werden, und man möchte sie in die Höhe einer gewissen Sprachebene heben. Man befreit sich von individuellem Druck. (...) Man träumt und biegt gewisse Dinge um, nimmt ihnen ihre Stacheln und enthüllt sich."[3] Die Arbeit des Dichters ist eine „Arena, in der sich seine Instinkte austoben", ein „freches Prostituieren, Degradieren, Benützen der Traumfunktion" und der Kreativität des Spiels verwandt.[4] An anderer Stelle betont Döblin „eine Kooperative, ein Zusammenarbeiten zwischen dem Ich und der dichtenden Instanz".[5] Bewußtlos sei das „Inkubationsstadium", danach trete das „aufmerkende, denkende Ich" in Kraft und wirke „regulatorisch".[6] Mit psychoanalytischem Scharfblick hat Döblin die literarische Form als eine Möglichkeit der „Regression im Dienste des Ichs", als schöpferisches Wechsel-

---

wurde nicht bewußt mit ihnen gewollt oder beabsichtigt, - vielleicht, ja gewiß unbewußt" (ebd. S. 287; vgl. auch: ebd. S. 294).

[1] Muschg, Walter: Ein Flüchtling. Alfred Döblins Bekehrung, in: ders.: Die Zerstörung der Deutschen Literatur, München o.J., S. 90.
Thomas Isermann führt für Döblins Selbsterfahrung der literarischen Tätigkeit den Begriff der „Physiologie des Schreibens" ein und stellt einen Zusammenhang zu seiner Naturphilosophie her (vgl.: Isermann, Thomas: Zu einer Physiologie des Schreibens bei Alfred Döblin; in: Internationale Alfred-Döblin Kolloquien, Münster 1989 - Marbach a.N. 1991, a.a.O., S. 36-43).
Zu Döblins Arbeitsprozeß vgl. auch: Koopmann, Helmut: Der klassisch-moderne Roman in Deutschland. Thomas Mann, Alfred Döblin, Hermann Broch, Stuttgart/Berlin/Köln/Mainz 1983, S. 86/87.

[2] Döblin, Alfred: Sigmund Freud zum 70. Geburtstag, a.a.O., S. 87.
In ähnlicher Weise hat Hermann Hesse, der der Psychoanalyse sehr nahe stand, diesen Sachverhalt formuliert: „Es war also das, was die Analyse erkannt und wissenschaftlich formuliert hatte, von den Dichtern stets gewußt worden" (vgl.: Hesse, Hermann: Die Welt der Bücher. Betrachtungen und Aufsätze zur Literatur, Frankfurt/M. 1977, S. 141).

[3] SLW 332.

[4] KS II 213/14.
Auf die Affinität von Traum und dichterischer Phantasie verweist Freud in seiner Schrift „Der Dichter und das Phantasieren" (vgl.: Freud, Sigmund: Der Dichter und das Phantasieren, Gesammelte Werke Bd. 7, a.a.O., S. 211-223).

[5] SÄPL 233.

[6] Ebd.

spiel von primärprozeßhafter Auflösung und sekundärprozeßhafter, sprachlicher Formgebung, erkannt.[1]
Die eingangs zitierte Feststellung einer ambivalenten Haltung Döblins zu Freud ist zunächst dahingehend zu modifizieren, daß sich intensive praktische Berührungspunkte nachweisen lassen, die Distanz sich aber durch die „Reserviertheit" eines mit psychoanalytischen Mechanismen Vertrauten erklären läßt. Es handelt sich eher sich um eine „selbständige Abhängigkeit" - eine Affinität, die sowohl die ärztliche Tätigkeit, als auch die Reflexion auf die eigene literarische Produktivität betrifft. Insbesondere aber wird sich diese Affinität hinsichtlich der naturphilosophischen und anthropologischen Vorstellungen Döblins erweisen. Sie erklärt das Schwanken zwischen emphatischer Zustimmung und beiläufiger Abwertung, zwischen Bekenntnis und Verleugnung, das Döblins Verhältnis zur Psychoanalyse kennzeichnet. Im Vorspruch zu „Unser Dasein" (1933), Döblins naturphilosophischem Hauptwerk, heißt es, daß das Werk „größere Wahrheit beanspruche als die Nachricht von der Trockenlegung der Zuidersee".[2] Döblin stellt also durch die Formulierung einen indirekten Bezug zu Freuds Definition der Psychoanalyse als "Kulturarbeit etwa wie die Trockenlegung der Zuydersee"[3] her und signalisiert - bezeichnenderweise verschlüsselt - gleichzeitig Distanz und Nähe.

---

[1] Die These, daß der künstlerische Schaffensprozeß gekennzeichnet sei durch eine ichgerechte und kontrollierte Regression, in der sich der Künstler Primärvorgänge zunutze mache, wurde insbesondere von Ernst Kris vertreten (vgl.: Kris, Ernst: Die ästhetische Illusion. Phänomene der Kunst in der Sicht der Psychoanalyse, Frankfurt/M. 1977).
Einen umfassenden Überblick über den neuesten Stand der Forschung zur Psychoanalyse der literarischen Form findet sich in: Cremerius, Johannes (Hg.): Freiburger literaturpsychologische Gespräche, Band 9, Zur Psychoanalyse der literarischen Form(en), Würzburg 1990.
[2] UD 5.
[3] Vgl.: Freud, Sigmund: Neue Vorlesungen zur Einführung der Psychoanalyse, Gesammelte Werke Bd. 15, a.a.O., S. 86.

I.2. Arzt und Dichter

Trotz des Altersunterschiedes sind sowohl Döblin als auch Freud geprägt von einem Paradigmawechsel in der Psychiatrie, der sich um die Jahrhundertwende vollzieht.[1] In ihrem Werdegang als Neurologen wurden sie mit einer Umbruchsituation konfrontiert: Seit der zweiten Hälfte des 19. Jahrhunderts hatte sich eine naturwissenschaftliche Psychiatrie etabliert, die sich als gleichberechtigter Teil der Medizin verstand und sich auf gehirnanatomische Modelle und damit auf eine kausal-erklärende naturwissenschaftliche Methode konzentrierte. Diese von Griesinger, Meynert und Wernicke geprägte Richtung hatte sich gegen Ende des Jahrhunderts in ihrem monistischen und reduktionistischen Ansatz als zu eng erwiesen und zu keinen wissenschaftlich abgesicherten Ergebnissen geführt. Für Freud wie auch für Döblin aber war die naturwissenschaftliche Orientierung in ihrer neurologischen Ausbildung noch maßgeblich.

Freud war Schüler von Meynert und Brücke, zwei positivistisch und materialistisch orientierten Vertretern von Gehirnanatomie und physikalistischer Physiologie, deren naturwissenschaftliche Orientierung ihn zwar zeitlebens beeinflußte, denen er dennoch bereits früh kritisch begegnete. Schon in seiner 1891 erschienenen Arbeit über Aphasien nahm er einen kritischen Standpunkt gegenüber gehirnanatomischen Lokalisationstheorien ein, wählte selbst aber keinen psychologischen, sondern einen physikalistisch-physiologischen Ansatz. Die Kritik, die er 1911 in einem Brief an Binswanger - dem gemeinsamen Freund von Freud und Döblin - an Wernicke übte, ist bezeichnend für seine eigene Denkhaltung und stimmt darüber hinaus bis in den Sprachmodus mit Döblins späterer wissenschaftskritischer Haltung überein: „Wernicke erschien mir immer als ein interessantes Beispiel von der Armseligkeit des wissenschaftlichen Denkens. Er war Gehirnanatom und konnte dann nicht unterlassen, sich die Seele in Scherenschnitte zu zerlegen wie das Gehirn."[2]

Genau diese Haltung bezeichnete Döblin schon in seiner Dissertation „Gedächtnisstörungen bei der Korsakoffschen Psychose" (1905) als „derb materialistisch"[3]; später würdigte er Freuds innovativen Zugang zum Psychischen - zu dem, was „dem Seziermesser entgleitet und doch die fabelhaftesten Wirkungen übt"[4] - als seinen eigentlichen Verdienst. Er selbst studierte und promovierte bei Hoche, der schon beeinflußt war von dem sich abzeichnenden Dilemma der biologisch-gehirnanatomischen Modelle und ihnen eine

---

[1] Vgl.: Schmitt, Wolfram: Das Modell der Naturwissenschaft in der Psychiatrie im Übergang vom 19. zum 20. Jahrhundert, in: Berichte zur Wissenschaftsgeschichte, herausgegeben von Fritz Krafft, Weinheim 1983, S. 89-101.

[2] Sigmund Freud / Ludwig Binswanger, Briefwechsel 1908-1938, herausgegeben von Gerhard Fichtner, Frankfurt/M. 1992, S. 86.

[3] Döblin, Alfred: Gedächtnisstörungen bei der Korsakoffschen Psychose, Inaugural-Dissertation, Albert-Ludwig Universität Freiburg, Berlin 1905, S. 11.

[4] Döblin, Alfred: Sigmund Freud zum 70. Geburtstag, a.a.O., S. 88.

multifaktorielle Syndromgenese entgegenstellte. Die unbefriedigende Konsequenz war allerdings ein pragmatischer Verzicht auf ätiologische Erklärungen überhaupt und eine Beschränkung auf eine symptomatologisch-deskriptive Arbeitsweise. Hoche war dezidierter Gegner der sich damals entwickelnden psychoanalytischen Schule, und Döblin hat später die Ignoranz seines ehemaligen Lehrers und dessen Schülers Oswald Bumke gegenüber der Psychoanalyse scharf kritisiert.[1] Dennoch war der Einfluß von Hoche zunächst entscheidend nicht nur für die wissenschaftlich-psychiatrischen Arbeiten Döblins, sondern auch für dessen frühe literarische Produktion, deren ästhetische Richtlinien er im Berliner Programm („Man lerne von der Psychiatrie") 1913 niederlegte. Georg Reuchlein hat überzeugend dargelegt, in welcher Hinsicht die psychiatrischen Wurzeln, d.h. die symptomatologisch-deskriptive Methode mit ihrer Skepsis gegenüber kausalanalytischen Erklärungen Döblins „Berliner Programm" und die frühen Werke beeinflußten.[2]

Döblin hatte das Unbefriedigende des Hocheschen Ansatzes, der dem Scheitern der gehirnanatomischen Modelle nur eine Art der wissenschaftlichen Selbstrestriktion entgegenzusetzen vermochte, schon früh erkannt. Trotz der Distanz zu Freud finden sich in seiner Dissertation und in seinen medizinischen Aufsätzen Hinweise, in welche Richtung sich die Annäherung an Freudsche Positionen vollziehen wird. Übereinstimmend mit Hoche, der noch 1939 feststellte, daß der „Glaube an die Entwicklung von Geisteskranken auf seelischem Wege" ein Irrtum sei und „der Begriff des verantwortlichen und verstellbaren Charakters nicht für die Geisteskranken"[3] gelte, konstatiert Döblin hier zunächst: „Die psychische Welt aber ist gerade Geschehen, Verlauf, Entstehen aus dem nichts (...)".[4] (Im „Berliner Programm" kehrt diese Position als ästhetische Maxime, sich auf „die Notierung der Abläufe und Bewegungen, - mit einem Kopfschütteln für das Weitere und das 'Warum' und 'Wie'"[5] zu beschränken, wieder). Während eine psychologische Erklärung des Gedächtnisses „Seelenphysik" darstelle, laufen andererseits anatomische und physiologische Erklärungsansätze Gefahr, „derb materialistisch" zu vereinfachen. Da Döblin anatomischen Lokalisationstheorien genauso skeptisch gegenübersteht wie funktionellen Erklärungen und auch einen psychologischen Zugang ablehnt, kann er nur noch konstatieren, daß ein Phänomen wie das des Gedächtnisses ein „unlösliches

---

[1] Vgl.: Döblin, Alfred: Die Psychoanalyse. Zu einer deutschen Kritik, in: Zukunft II, Paris 1939, S. 8.
Oswald Bumke, den Döblin in diesem Artikel irrtümlich als „Buncke" zitiert, hat unter anderem ein „Handbuch der Geisteskrankheiten" verfaßt, das auch im Nachkriegsdeutschland für die psychiatrische Ausbildung noch maßgeblich war. Dort vertritt er die Auffassung, daß die Psychose in jedem Fall endogene Ursachen habe.

[2] Vgl.: Forschungsbericht.

[3] Hoche, Alfred: Die Geisteskranken in der Dichtung, München/Berlin 1939, S. 13 und 15.

[4] Döblin, Alfred: Gedächtnisstörungen bei der Korsakoffschen Psychose, a.a.O., S. 12.

[5] SÄP 120/121.

Rätsel"[1] darstelle. Seine Charakterisierung des Phänomens „Gedächtnis" zeigt aber, welche Richtung Döblin einschlägt, um dieses Rätsel dennoch zu lösen: Das Gedächtnis ist konstitutiv für menschliche Freiheit, für die „Befreiung des Individuums vom Reize, die Entmechanisierung"[2]; es gibt nur ein „relatives Vergessen" als Störung der Disponibilität[3]; die Reproduktion von Erinnertem ist nicht willkürlich sondern perspektivisch und sinnvoll[4], und die Erinnerung verläuft nach einer Spur, die das physische Residuum früherer Erregung bildet[5]; auch bei einer krankhaften Störung des Gedächtnisses mit Entstellungen der Realität hat die „Fabulation" des Patienten einen systematischen, logischen Charakter.[6] Interessant ist insbesondere, daß Döblin das Phänomen Gedächtnis am Schnittpunkt zwischen Physischem und Psychischem ansiedelt[7], denn die unbewußte Erinnerung ist als Spur früher Affekte ein körperliches Phänomen, das zugleich in der potentiellen Vergegenwärtigung als psychisches erscheint.

Döblins Dissertation ist deutlich anzumerken, daß der Verzicht auf jegliche Ätiologie ihn nicht befriedigte; er orientierte sich jedoch zunächst stärker naturwissenschaftlich und wandte sich den biologischen Laboratorien und der Inneren Medizin zu. Zur Begründung heißt es rückblickend: „Das Dunkel, das um diese Kranken war, wollte ich lichten helfen. Die psychische Analyse, fühlte ich, konnte es nicht tun. Man muß hinein in das Leibliche, aber nicht in die Gehirne, vielleicht in die Drüsen, den Stoffwechsel. Und so gab ich mich einige Jahre an die Innere Medizin."[8] Auch dieser Weg erweist sich als unbefriedigend; Döblin wendet sich der Psychoanalyse und der Naturphilosophie zu - einer Richtung die schon in der Dissertation angedeutet wird. Dort versieht Döblin seine Ablehnung kausalgenetischer psychischer Erklärungsansätze mit dem Zusatz: „(...) von einem Gesetz von der Erhaltung sei es der Kraft oder der Energie (in bezug auf psychische Prozesse, I.M.) kann man wohl nur als Naturphilosoph sprechen".[9] Es war Freud, der gerade die Problematik energetischer Prozesse auf einer Ebene zu lösen versuchte, die sich von positivistischem, naturwissenschaftlichem Denken löste und dennoch einem spekulativen metaphysischen Denken fernstand.

Sowohl Döblin als auch Freud wurden also zunächst geprägt von einer naturwissenschaftlich ausgerichteten Psychiatrie, die sich aber schon in einer Umbruchsituation befand; die Richtung, in der sich dieser Umbruch vollzog,

---

[1] Döblin, Alfred: Gedächtnisstörungen, a.a.O., S. 14.
[2] Ebd. S. 10.
[3] Vgl.: ebd. S. 10.
[4] Vgl.: ebd. S. 21.
[5] Vgl.: ebd. S. 14 und S. 24.
Der Terminus „Erinnerungsspur" ist u.a. für Freuds Traumdeutung von zentraler Bedeutung (vgl.: Freud, Sigmund: Die Traumdeutung, Gesammelte Werke Bd. 2/3, a.a.O., S: 543-548).
[6] Döblin, Alfred: Gedächtnisstörungen, a.a.O., S. 34.
[7] Vgl.: ebd. S. 14.
[8] SLW 93.
[9] Döblin, Alfred: Gedächtnisstörungen, a.a.O., S. 12

wurde natürlich von Freud selbst maßgeblich beeinflußt. Interessant sind in diesem Zusammenhang auch die biographischen Gemeinsamkeiten - insbesondere hinsichtlich der Motive, die beide als Grund für ihre Berufswahl angeben -, weil man sie als ein subjektives Spiegelbild dieser Umbruchsituation betrachten könnte.

Schon früh insbesondere durch die Lektüre Schopenhauers, Hölderlins und Nietzsches fasziniert vom spekulativen metaphysischen Denken, entschied sich Döblin dennoch zu einem medizinischen Studium. „Ich war schon früh den Weg der Naturwissenschaften gegangen. Obwohl ich schon als Gymnasiast mich 'literarisch' betätigte und meinen ersten Roman schrieb, bin ich nicht den Weg zu irgendeiner Geisteswissenschaft gegangen, sondern unmittelbar - zur Natur und ihrer Lehre."[1] Die Medizin erschien ihm als „Eintrittspforte in die Philosophie", die Naturwissenschaft als eine Möglichkeit, „zu erkennen, was die Welt im Innersten zusammenhält"[2]. Im Rückblick interpretiert Döblin seine Entscheidung als einen Rückzug aus Metaphysik und Philosophie, denen er - nach seinen eigenen Worten - verfallen war und denen er sich durch die Hinwendung zur Naturwissenschaft zu entziehen suchte.[3] Später konstatiert er, daß ihn der „Tatsachenregen (...) viele Jahre halb blind gemacht"[4] habe, und er bedauert, sich erst spät wieder dem geisteswissenschaftlichen Denken zugewandt zu haben.

Bei Freud gab es eine ähnliche biographische Konstellation. Seine späteren Äußerungen zur Philosophie als einer paranoiden Systembildung[5] und eine mittlerweile als widerlegt geltende Abwertung des Einflusses philosophischer Gedanken (insbesondere der von Nietzsche und Schopenhauer) sowie die Tatsache, daß Freud sich immer als Naturwissenschaftler verstanden hat, täuschen darüber hinweg, wie stark die Faszination naturphilosophischen Denkens auch für Freud war. Wie Döblin, so kämpfte auch er mit „zwei Seelen in einer Brust"[6] und beabsichtigte neben dem Medizinstudium in Philosophie zu promovieren. Die Anmerkung, seine Nietzsche-Lektüre sei an „Übermaß an Interesse erstickt"[7], so daß er sie aufgegeben habe, läßt vermuten, daß auch Freud seinen Hang zur Geisteswissenschaft und Philosophie durch eine naturwissenschaftliche Fundierung zu kompensieren suchte. Seine Entscheidung, Medizin zu studieren, war aber - ebenso wie die Döblins - durch seine naturphilosophischen Interessen, nicht durch die an der Medizin im engeren Sinn, motiviert. Maßgeblich für diese

---

[1] SLW 209.
[2] Ebd. S. 335.
[3] Vgl.: ebd. S. 289.
[4] Ebd. S. 209.
[5] Vgl.: Protokolle der Wiener Psychoanalytischen Vereinigung, herausgegeben von Hermann Nunberg und Ernst Federn, Frankfurt/M.1976-1981, Bd. 3, S. 331-334.
[6] SLW 103.
[7] Protokolle der Wiener Psychoanalytischen Vereinigung, a.a.O., Bd. 1, S. 338.

Entscheidung war die Lektüre des Naturhymnus „Über die Natur"[1]. Er teilt seinen Entschluß, Mediziner zu werden, seinem Jugendfreund Fluß mit durch die Bemerkung, er „habe festgestellt, Naturforscher zu werden", und er fährt fort: „Ich werde Einsicht nehmen in die jahrtausendealten Akten der Natur, vielleicht selbst ihren ewigen Prozeß belauschen (...)"[2] Und auch Freud äußert sich mehrfach distanziert zu seiner naturwissenschaftlichen Orientierung. 1935 konstatiert er rückblickend in bezug auf die Entstehung seiner kulturtheoretischen und religionspsychologischen Arbeiten: „Nach dem lebenslangen Umweg über die Naturwissenschaften, Medizin und Psychotherapie war mein Interesse zu jenen kulturellen Problemen zurückgekehrt, die dereinst den kaum zum Denken erwachten Jüngling gefesselt hatten."[3] Im Grunde ist Freud allerdings den Interessen seiner Jugend - trotz seiner Orientierung an der Naturwissenschaft und dem nie vollständig aufgegebenen Ideal einer biochemischen Fundierung der Triebtheorie[4] - nicht untreu geworden. Nach seiner grundlegenden Erkenntnis der Sinnhaftigkeit psychopathologischer Phänomene, zu der er gemeinsam mit Breuer angesichts der Konversionssymptome der Hysterie gelangt war, entwickelte Freud die Grundlagen einer analytischen Psychotherapie. Schon hier sieht er im „Hinüberlenken von der Medizin zur Psychologie" eine Erfüllung seiner „Sehnsucht nach philosophischer Erkenntnis".[5] Allerdings soll die „Konstruktion einer übersinnlichen Realität von der Wissenschaft in Psychologie des

---

[1] Vgl.: Freud, Sigmund: Selbstdarstellung. Schriften zur Psychoanalyse, herausgegeben von Ilse Grubich-Simitis, Frankfurt/M. 1971, S. 41.
Der Naturhymnus wurde irrtümlich Goethe zugeschrieben; auch Freud ging noch davon aus, daß dieser der Verfasser ist. Neuere Forschungen belegen, daß Goethe diesen Text, dessen Autor Georg Christoph Tobler ist, in seiner Jugend abschrieb.
[2] Ebd., Brief an Fluß vom 1.5.1873, S. 116.
[3] Ebd., Nachschrift 1935, S. 98.
Nicht ohne Selbstironie bezeichnet Freud hier die Rückkehr zu den Interessen seiner Jugend als „ein Stück regressiver Entwicklung, wenn man so will" (ebd.).
[4] „Die Zukunft mag uns lehren, mit besonderen chemischen Stoffen die Energiemengen und deren Verteilungen im seelischen Apparat direkt zu beeinflussen. (...) vorläufig steht uns nichts Besseres zu Gebote als die psychoanalytische Technik, (...) (Freud, Sigmund: Abriß der Psychoanalyse, Gesammelte Werke, Bd. 17, a.a.O., S. 108).
Das Ideal einer biochemischen Fundierung der Triebtheorie wird nicht aufgegeben, es wird aber zum „großen X" seiner Metapsychologie (vgl.: Freud, Sigmund: Jenseits des Lustprinzips, Gesammelte Werke Bd. 13, a.a.O., S. 30). Letztlich werden die Triebe als „mythische Wesen, großartig in ihrer Unbestimmtheit" (Freud, Sigmund: Neue Folge der Vorlesungen zur Einführung in die Psychoanalyse, Gesammelte Werke Bd. 15, a.a.O., S. 101) charakterisiert, und an Einstein richtet Freud die Frage, ob „nicht jede Naturwissenschaft auf eine solche Art von Mythologie" (Freud, Sigmund: Warum Krieg?, Gesammelte Werke Bd.16, a.a.O., S. 23) hinauslaufe.
[5] Freud, Sigmund: Aus den Anfängen der Psychoanalyse. Briefe an Wilhelm Fließ, Abhandlungen und Notizen aus den Jahren 1887-1902, Frankfurt/M. 1962, S. 173.

Unbewußten zurückverwandelt werden"[1] und so Metaphysik in Metapsychologie umgesetzt werden. Die „Traumdeutung" (1900) markiert nach Freuds Selbsteinschätzung einen Übergang zur Geisteswissenschaft: „Als die Analyse der Träume Einsicht in die unbewußten seelischen Vorgänge gab und zeigte, daß die Mechanismen, welche die pathologischen Symptome schaffen, auch im normalen Seelenleben tätig sind, wurde die Psychoanalyse zur Tiefenpsychologie und als solche der Anwendung auf die Geisteswissenschaften fähig."[2]
Freuds Untersuchungsgegenstand ist kein naturwissenschaftlicher, sondern es sind die gesellschaftlich und individualgeschichtlich geprägten Triebrepräsentanzen und Triebschicksale, denen er sich hermeneutisch-verstehend nähert. Die wissenschaftstheoretische Problematik einer Metapsychologie, die sich aus dem Standort der Psychoanalyse am Schnittpunkt zwischen Naturwissenschaft und Hermeneutik ergibt - eine Problematik, die bis heute den psychoanalytischen Diskurs maßgeblich prägt -, kann an dieser Stelle nicht erörtert werden.[3] Wesentlich ist, daß die Affinität im Denken von Döblin und Freud - eine Affinität, die sich auch in der biographischen Selbstdarstellung widerspiegelt - gerade hier einsetzt. In seiner Hommage zu Freuds 70. Geburtstag weist Döblin auf diese spezifische Bedeutung der Psychoanalyse hin: „Die Macht, die die Gedanken der Menschen

---

[1] Vgl.: Freud, Sigmund: Zur Psychopathologie des Alltagslebens, Gesammelte Werke Bd.4, a.a.O. S. 93.

[2] Freud, Sigmund: Psychoanalyse und Libidothorie, Gesammelte Werke Bd. 13, a.a.O. S, 228.

[3] Die Diskussion um die wissenschaftstheoretischen Probleme der Psychoanalyse hält bis heute an und wurde insbesondere durch Habermas und seine Kritik an der naturwissenschaftlichen Orientierung als „szientistisches Selbstmißverständnis" und seine Charakterisierung der Psychoanalyse als „Tiefenhermeneutik" thematisiert. Habermas stellt fest, daß Freuds ernergetisches Triebmodell sich an der Naturwissenschaft orientiert, ohne deren Anspruch nach experimenteller Überprüfbarkeit zu genügen. Dagegen bildet allein die analytische Praxis, die Ebene der Intersubjektivität, die Erfahrungsbasis der psychoanalytischen Theorie. „Die Psychoanalyse ist für uns als das einzige greifbare Beispiel einer methodisch Selbstreflexion in Anspruch nehmenden Wissenschaft relevant. Mit der Entstehung der Psychoanalyse eröffnet sich die Möglichkeit eines methodologischen, von der Logik der Forschung selbst gebahnten Zugangs zu jener vom Positivismus verschütteten Dimension. Diese Möglichkeit ist nicht realisiert worden, denn das szientistische Selbstmißverständis der Psychoanalyse, das Freud, der Physiologe, der er von Haus aus war, selber inauguriert hat, hat jene Möglichkeit verstellt. Freilich ist das Mißverständnis nicht ganz unbegründet. Die Psychoanalyse verbindet nämlich Hermeneutik mit Leistungen, die genuin den Naturwissenschaften vorbehalten zu sein scheinen" (Habermas, Jürgen: Erkenntnis und Interesse, Frankfurt/M. 1968, S. 263).
Die hermeneutische Freud-Rekonstruktion, die neben Habermas insbesondere Lorenzer und Ricoeur vertreten, wurde seit Beginn der achtziger Jahre u.a. von Adolf Grünbaum einer umfassenden Kritik unterzogen (Vgl.: Grünbaum, Adolf: Die Grundlagen der Psychoanalyse. Eine philosophische Kritik, Stuttgart 1988). Anzumerken ist, daß sich beide Seiten zu Recht auf Freud beziehen, der die „Mittelstellung zwischen Medizin und Philosophie" seiner Metapsychologie selbst konstatierte (vgl.: Freud, Sigmund: Die Widerstände gegen die Psychoanalyse, Gesammelte Werke Bd. 14, a.a.O., S. 104).

solange einseitig führte und auch drückte, waren der Naturalismus und der Materialismus. (...) Aber es gibt Dinge, an die diese Epoche nicht herankam. Da gibt es in der Welt etwas, es ist kurios zu sagen, was sich nicht wägen lassen will, nicht messen lassen will, dem Seziermesser entgleitet und doch die fabelhaftesten Wirkungen übt."[1] Mit seiner Theorie des Unbewußten sei Freud in den Bereich des nicht Meßbaren vorgedrungen, er habe ein Gebiet betreten, das von der naturwissenschaftlich orientierten Psychologie und Medizin ausgegrenzt wurde und so eine Lücke hinterlassen habe. Freuds Überwindung der akademischen, positivistisch orientierten Psychologie, sein Denken, das spekulativ die naturwissenschaftliche Empirie überschritt und trotzdem immer auf Praxis bezogen und rückbezogen war, stellen für Döblin das innovative und revolutionäre Moment der Psychoanalyse dar. Dabei hat Döblin als einer der ersten Freud-Interpreten auf die Bedeutung der Philosophie für die Metapsychologie verwiesen und festgestellt, daß Freud nicht nur das Unbewußte von den Philosophen „stahl"[2], sondern auch der Goetheschen Naturphilosophie näher stand als dem zeitgenössischen Positivismus.[3]

Das Denken Freuds hatte für Döblin eine besondere Attraktivität, weil auch er sich zunehmend von seinen naturwissenschaftlichen Wurzeln löste. In seiner kassenärztlichen Tätigkeit als Neurologe (1911-1933) wurde er mit psychischen, sozialen und ethischen Problemen konfrontiert, die ihm die Begrenztheit naturwissenschaftlicher Kenntnisse deutlich machten. Der Mensch bleibt für Döblin Teil der Natur, ist durch seine Leiblichkeit und Triebverfallenheit eingebunden in natürliche Zusammenhänge; dennoch sind mechanistisch-kausale Erklärungsmuster unzureichend, können weder psychologische Pathologie noch menschliches Verhalten allgemein erklären. Döblin hatte sich „eine andere Vorstellung vom Kranksein erworben"[4] - ein Eingeständnis einer Distanz zu rein physiologisch-somatischen Erklärungen und eine Veränderung, an der der Einfluß Freuds, den Döblin insbesondere in den zwanziger Jahren rezipierte, wohl maßgeblicher beteiligt war, als es Döblin sich selbst eingestehen wollte. Die „andere Vorstellung" von Krankheit (und Gesundheit) wird in einen allgemeinen naturphilosophischen Rahmen integriert; die Naturphilosophie betrachtet Döblin als Fortführung seiner medizinischen Schriften.[5] Hier wird die Distanz zur

---

[1] Döblin, Alfred, Sigmund Freud zum 70. Geburtstag, a.a.O., S. 88.
[2] Vgl.: ebd. S. 84.
[3] Vgl.: Schivelbusch, Wolfgang: Intellektuellendämmerung, a.a.O., S. 104/5.
[4] Vgl.: SLW 221.
[5] „Man wird Ende dieses Jahres von mir ein Buch („Das Ich über der Natur", I.M.) mit Betrachtungen und Gedanken über die Natur lesen. Ich habe da nichts, noch nichts über Krankheit und Gesundheit gesagt. Dazu bin noch nicht vorgedrungen. Aber ich ahne etwas" (SLW 97). In „Unser Dasein" finden sich eingestreute „Fallbeispiele" bzw. Krankengeschichten, die in einem seltsamen Kontrast zu den abstrakten philosophischen Gedankengängen stehen; sie verweisen auf die enge Verbindung zwischen Naturphilosophie und medizinischen Erfahrungen.

Naturwissenschaft immer deutlicher. Nicht den Wert naturwissenschaftlicher Forschung an sich stellte Döblin in Frage, sondern die Hybris einer Wissenschaft, die die Grenzen des naturwissenschaftlichen Denkens nicht anerkennt. „Die erkennende Naturwissenschaft schiebt das Dunkel unseres Nichtwissens dauernd vor sich, aber das Dunkel bleibt bestehen und tritt bei der Bewegung des Angriffs noch stärker hervor. Mystik ist allemal da; jetzt wird Mystik das, woran die Naturerkenntnis stößt."[1] 1923 bekannte er sich zur „Naturerkenntnis, nicht Naturwissenschaft"[2]. Er beklagt, daß die Naturdinge dem Geistigen fremd blieben und erkennt als Ursache die „leblose Betrachtungsweise der doch ungeheuren, erschütternden und tiefsinnigen Dinge der Natur"[3] durch eine positivistisch verengte Wissenschaft. Ähnlich wie Freud sucht Döblin in der „Naturerkenntnis" nicht nach kausalen, experimentell nachweisbaren Ursachen, sondern nach Sinnzusammenhängen, um so auch den Menschen aus den Verkürzungen von Physiologie und Psychologie zu befreien: „In der Physik ist Metaphysik zu sehen, in der Psychologie Metapsychologie."[4] Döblin hat den Einfluß seiner ärztlichen Tätigkeit auf die literarische Produktion immer wieder betont: „Das Medizinische ist so in mein Denken und meine Arbeit übergegangen, und wenn ich vor Jahrzehnten mich entschloß, Medizin zu studieren, so war genau dies der Grund, 'erkennen, was die Welt im Innersten zusammenhält' (...). Darum läuft bei mir auch im strengen Sinne Medizin und literarische Arbeit nicht nebeneinander (...)"[5]. Zu fragen bleibt also, in welcher Form sich die anthropologischen Überzeugungen, die Döblins medizinischer Tätigkeit zugrunde lagen und die er - in Auseinandersetzung mit Freud - in seinen naturphilosophischen Schriften weiterentwickelte, in seinem literarischen Werk niedergeschlagen haben.

---

[1] SÄPL 188.
[2] So lautet die Überschrift eines Artikels von Döblin im Berliner Tageblatt vom 13.12.1923. (Neudruck in: KS II 346-349).
[3] Ebd. S. 347/48.
[4] IüN 66.
[5] SLW 220.
Während in der Forschung allgemein die Relevanz der medizinischen Ausbildung und Tätigkeit Döblins für die literarische Produktion anerkannt wird, zieht Ulrich Flotmann in der (nach meiner Kenntnis) einzigen Untersuchung zu Döblin von medizinischer Seite folgendes Fazit: „Medizin und Literatur stellen in Döblins Leben ein Nebeneinander dar, ja sich sogar ausschließende Bereiche (...)" (Flotmann, Ulrich: Über die Bedeutung der Medizin in Leben und Werk Alfred Döblins. Inaugural-Dissertation, Münster 1976, S. 124). Eine hinreichende Begründung für diese Einschätzung bleibt Flotmann allerdings schuldig.

I.3. Der Mensch als „Stück der Natur" / Das „Urfaktum der Leiblichkeit"

Döblins naturphilosophische und anthropologische Vorstellungen zeichnen sich durch eine doppelte Frontstellung aus: Einerseits richten sie sich gegen einen subjektiven Idealismus, der die leiblich-triebhaften Wurzeln des Menschen verleugnet, andererseits gegen eine Reduktion der menschlichen Existenz auf naturwissenschaftlich kausale Determination. In diesem Spannungsfeld bewegen sich alle Überlegungen Döblins: Der Mensch ist „Stück und Gegenstück der Natur"[1], geprägt durch seine „unvollständige Individuation".[2] Während der frühe Döblin dazu tendierte, die Dichotomie zwischen Trieb und Geist, symbiotischer Natureinheit und subjekthafter Individuation einseitig zugunsten der Natur aufzulösen, setzt mit der „Wende zum Einzelmenschen" eine differenzierte Auseinandersetzung ein, die die Thematik des gesamten literarischen Spätwerkes bestimmt.

Für Döblin ist der Mensch durch das „Urfaktum der Leiblichkeit"[3] an einen natürlichen Triebgrund gebunden. Der Mensch „fällt nicht aus der Natur heraus"[4]; die vegetative Sphäre ist grundlegend. Mit einer für das naturphilosophische Werk charakteristischen Neigung zu Vereinseitigungen und extremen Formulierungen konstatiert Döblin 1933: „Setzt man Leben mit Bewußtsein gleich, so ist der Mensch größtenteils tot."[5]

Döblins Naturphilosophie steht - ebenso wie Freuds „Entdeckung des Unbewußten" - in einer philosophischen Tradition, die den Menschen als Teil der Natur betrachtete. Hatte die Aufklärung die produktive Spannung zwischen Geist und Natur, wie sie die Renaissance noch kannte, tendenziell geleugnet, ihnen seperate Sphären zugewiesen und die Natur zugunsten der Vernunft als Motivationsbasis des Handelns entmächtigt, so wollte die Romantik die Natur als schöpferischen Triebgrund zurückgewinnen. Odo Marquard sieht Freuds Metapsychologie in dieser Traditionslinie, insbesondere in der Nachfolge der romantischen Naturphilosophie Schellings, der antiaufklärerischen Reaktion auf das Postulat der Allmacht von Rationalität und der Vernünftigkeit von Geschichte.[6] Wo die Philosophie die Vernunft in der Geschichte nicht mehr zureichend zu erkennen vermag, wird diese in das „andere" der Geschichte, in die Natur, projiziert. Nicht mehr primär ich-hafte Praxis, sondern natur-hafte Tätigkeit - das naturbestimmte Unbewußte - erscheint als das Movens der Entwicklung. In Abkehr vom subjek-

---

[1] Vgl.: UD 29, 49, 179, 418, 475.
[2] Vgl.: UD 132, 161, 475.
[3] UD 29.
[4] UD 87.
[5] UD 105.
[6] Vgl.: Marquard, Odo: Transzendentaler Idealismus, Romantische Naturphilosophie, Psychoanalyse, Köln 1987; Marquard, Odo: Zur Bedeutung der Theorie des Unbewußten für eine Theorie der nicht mehr schönen Künste, in: Jauß, Hans Robert (Hg.): Die nicht mehr schönen Künste. Grenzphänomene des Ästhetischen, Allach 1968, S. 374.

tiven Idealismus wird der Mensch als Naturwesen betrachtet; Natur erscheint hier allerdings noch in einer ästhetisch verklärten Betrachtungsweise als Ordnung und als Quelle menschlicher Möglichkeiten und potentieller Erlösung. Diese Wertung wird in der spätromantischen Willensmetaphysik Schopenhauers ins Gegenteil verkehrt. Der blinde Wille repräsentiert Chaos, nicht Vernunft; das kreatürliche, leibhafte Eingebundensein des Menschen in die Natur verbürgt nicht Sinnhaftigkeit, sondern ist eine Quelle des Leidens, aus dem es nur den asketisch-quietistischen Ausweg gibt. Der Einfluß Schopenhauers auf Freud ist bedeutender als es dessen, im allgemeinen abwertende Äußerungen über den Einfluß der Philosophie vermuten lassen und wird in der neueren Forschungsliteratur weitgehend bestätigt.[1] Döblin selbst hat auf die enge Verbindung der Freudschen Metapsychologie zur Philosophie Schopenhauers hingewiesen.[2]

Das Spezifische der Freudschen Metapsychologie besteht darin, daß er am romantischen Diktum der Naturverfallenheit des Menschen anknüpft, es mit naturwissenschaftlichem Denken verbindet und gleichzeitig an der Intention der Aufklärung, der Befreiung des Menschen von naturhaften (unbewußten) Zwängen, festhält. Es war Freud, der der Idee des „homo natura" eine charakteristische Wendung gab. Binswanger - sowohl mit Freud als auch mit Döblin befreundet[3] - charakterisiert die Grundlagen der Freudschen Metapsychologie folgendermaßen: „Wenn auch einzelne große Geister (...) gewußt haben, wie somatomorph der Mensch bis in die feinsten Auszweigungen seines Geistes lebt und erlebt, so hat uns doch erst Freud eine eigentliche Somatomorphologie des Erlebens (...) geschenkt, deren anthropologische Bedeutung nicht hoch genug eingeschätzt werden kann."[4]

Grundlage der Freudschen Idee des „homo natura" bildet die Trieblehre, angesiedelt an der Grenze zwischen Psychischem und Somatischem. „Der Mensch ist hier also im Grunde seines Seins Leiblichkeit, d.h. Produkt und passiver Spielball jener gewaltigen, unsichtbaren mythischen Wesen, genannt Triebe, die sich aus dem unergründlichen Strom des kosmischen Lebens ahnend abheben lassen."[5] Binswangers existentialphilosophisch geprägte Terminologie kommt hier Döblin

---

[1] Zum Einfluß Schopenhauers auf Freud vgl.: Kaiser-El-Safti, Margret: Der Nachdenker. Die Entstehung der Metapsychologie Freuds in ihrer Abhängigkeit von Schopenhauer und Nietzsche, Bonn 1987. Diese Darstellung betont allerdings in polemischer Weise den epigonalen Charakter der Freudschen Theorie, ohne ihrer Originalität gerecht zu werden.

[2] Vgl.: SÄPL 210.
Zum Einfluß Schopenhauers auf Döblin vgl.: Koopmann, Helmut: Der klassisch-moderne Roman in Deutschland, a.a.O. S. 89-98; Qual, Hannelore: Natur und Utopie. Weltanschauung und Gesellschaftsbild in Alfred Döblins Roman „Berge Meere und Giganten", München 1992, S. 36-51.

[3] Vgl.: Kap. I.1.

[4] Binswanger, Ludwig: Freuds Auffassung des Menschen im Lichte der Anthropologie, in: ders.: Ausgewählte Vorträge und Aufsätze Bd. 1, Bern 1947, S. 169/70.

[5] Ebd. S. 170.

sicher näher als die analytisch nüchterne Sprache Freuds; die Kennzeichnung der Triebe als mythische Wesen stammt aber von diesem selbst, der mit dieser Formulierung auf die ungesicherte naturwissenschaftliche Grundlage seiner Metapsychologie verweist.[1]

Den quantitativ energetischen Aspekt mentaler Zustände hatte Döblin schon in seinen medizinischen Schriften betont, sich aber gleichzeitig von einer physikalischen Betrachtungsweise distanziert: „Wir verstehen unter 'Energie' keineswegs eine physikalische Qualität, noch eine messbare Grösse; lehnen eine Vermischung unserer Energie mit Wenicke's und Breuer's ab, welche über das rein Psychologische auf das Neurologische hinausgehen, halten uns streng an die psychischen Tatsachen. Die Verwendung des Begriffs und Wortes 'Energie' für rein psychische Vorgänge stellt keinen Missbrauch des Begriffes dar; vielmehr weiss der Kenner der Geschichte dieses Begriffes, dass der Begriff für psychische Erlebnisse geschaffen in's Physikalische projiciert worden ist."[2] Dieser indirekte Seitenhieb gegen Freud trifft ein zentrales Problem der Trieblehre, nämlich die Übertragung naturwissenschaftlicher Terminologie auf psychische Prozesse.[3] Dennoch konvergiert Döblins Modell der psychischen Energie („Aufmerksamkeit") in weiten Teilen mit der Freudschen Theorie der „libidinösen Besetzungen".[4]

Die Basis der Freudschen Triebtheorie bildet das Konstanz-Prinzip, nach dem alles Leben auf Spannungsausgleich bzw. Spannungsverminderung abzielt. Es handelt sich um einen gleichsam mechanisch-hydraulischen Erklärungsansatz, der den ökonomischen, quantitativen Gesichtspunkt der Metapsychologogie bildet und neben dem dynamischen und dem topischen Modell einer der drei Grundpfeiler der Metapsychologie ist. Die Idee einer energetischen Konstanz, die Freud für die Psychoanalyse fruchtbar zu machen versuchte, hat ihre Wurzeln

---

[1] Vgl.: Freud, Sigmund: Warum Krieg?, Gesammelte Werke Bd. 16, a.a.O., S. 23.

[2] Döblin, Alfred: Aufmerksamkeitstörungen bei Hysterie, a.a.O., S. 487/88.

[3] Freuds Trieblehre ist keineswegs ein in sich geschlossenes System; der Begriff Trieb taucht in verschiedener Bedeutung auf: Er ist einerseits reine Quantität, die theoretisch biologisch zugänglich sein müßte, andererseits Grenzbegriff zwischen Psychischem und Somatischem. An anderer Stelle wird er gleichbedeutend mit den (psychischen) Triebrepräsentanzen verwendet und im Rahmen der Todestriebtheorie wird er als mythisches, unerkennbares Wesen bezeichnet.

[4] Vgl.: Döblin, Alfred: Aufmerksamkeitstörungen bei Hysterie, a.a.O., S. 472/73.
Paul Lüth sieht Döblins Konzeption der psychischen Energie in unmittelbarer Nähe zu Nietzsches „Willen zur Macht" und stellt die Verbindung zu Freud her, indem er diesen als den „anderen großen Nachfahren Nietzsches" bezeichnet (vgl.: Lüth, Paul: Alfred Döblin als Arzt und Patient, Stuttgart 1985, S. 34-39). Er berücksichtigt nicht, daß sich Döblin äußerst kritisch mit Nietzsche auseinandersetzte und gerade die Theorie eines „Willens zur Macht" als Übertragung eines physikalischen Begriffs in die Metaphysik ablehnte (vgl.: Döblin, Alfred: KS I 28/29). (Zu Döblins Kritik an Nietzsche vgl. auch: Qual, Hannelore: Natur und Utopie, a.a.O., S. 51-88; Kuttnig, Beat: Die Nietzsche-Aufsätze des jungen Döblin. Eine Auseinandersetzung über die Grundlagen von Erkenntnis und Ethik, Bern 1995.)

sowohl in der exakten Naturwissenschaft (Helmholtz-Schule) als auch in der spekulativen Naturphilosophie des 19. Jahrhunderts. Hier ist insbesondere die Psychophysik Theodor Fechners zu nennen, der in den neunziger Jahren für eine Renaissance des Vitalismus und des Prinzips der Selbstorganisation lebender Organismen sorgte, die durch den Physikalismus und Materialismus bereits überwunden schienen.[1] Zum Einfluß Fechners auf Freud bemerkte Döblin 1923 anläßlich einer im ganzen zustimmenden Rezension von „Das Ich und das Es" und „Jenseits des Lustprinzips": „Ich kann gleich hinzufügen, daß im 'Ich und Es' (...) der Name Fechners auftaucht: an ihn wird man besonders bei manchem natur- und seelenphilosophischen Gedankengang des 'Jenseits' erinnert. (Ich sehe übrigens kommen, daß Fechner in diesem Jahrzehnt eine Auferstehung erlebt, die erste - alle Geister haben wie Blumen Zeiten, in denen sie sich schließen und in denen sie sich öffnen.)"[2] Die Beiläufigkeit dieser Feststellung verdeckt den Tatbestand, daß auch für Döblin das Prinzip des homöostatischen Ausgleichs die Grundlage allen Lebens bildet: „Es besteht aber in der zeitlichen Welt überall die Neigung, den Ausgleich, den Gleichgewichtszustand herzustellen."[3] Döblin beschreibt den menschlichen Organismus in Analogie zu primitivsten Lebensformen, den Protoplasmatierchen. Er fragt z.B., was geschieht, wenn der Mensch Hunger verspürt: „Was leisten nun meine Bewegungsorgane, mein denkendes Hirn, unterstützt von Sinnesorganen? Sie holen Brot, und das stellt, aufgenommen, wenigstens vorübergehend den Gleichgewichtszustand wieder her. Diese Bewegung und dieses 'wenigstens vorübergehend' charakterisiert die plasmatischen Wesen. Sie sind durch ihre ununterbrochen ergänzungs- und ersatzbedürftige Gallert-Eiweißnatur zu einer ständigen Wiederherstellung ihrer Normlage gezwungen, ihr ganzes Leben ist ein Pendeln um diese Normlage, ein 'Kampf ums Dasein'."[4] Interessant ist, daß auch Freud häufig auf die Organisation von Elementarorganismen (Protismen) als Modell zurückgreift.[5]
Wie Freud, so verbindet auch Döblin das homöostatische Modell mit einem Lust-Unlust-Prinzip. „Es funktioniert ständig der Lust-Unlust-Apparat, der Ich heißt und von da geht aus Sehnsucht, Liebe, Begehren, Haß mit allen Aktionen, für die Glieder und Organe da sind."[6] Wie aber Konstanzprinzip, Reizspannung und Lust bzw. Unlust aufeinander bezogen sind, ist nicht eindeutig. Ganz offensichtlich mit Bezug auf Freud stellt Döblin fest: „Und es ist nicht wahr, daß in den Trieben und

---

[1] Zum Einfluß Fechners auf Freud vgl.: Heidelberger, Michael: Die innere Seite der Natur. Gustav Theodor Fechners wissenschaftlich-philosophische Weltauffassung, Frankfurt/M. 1993, S. 311-313.
[2] KS II 262.
[3] UD 221.
[4] UD 208.
[5] Vgl.: Freud, Sigmund: Jenseits des Lustprinzips, Gesammelte Werke Bd. 13, a.a.O., S. 46 und S. 59-61; Freud, Sigmund: Das Ich und das Es, Gesammelte Werke Bd. 13, a.a.O., S. 269 und S. 287.
[6] UD 85.

Begierden selbst Unlust stecke. (...) Das ist eine Tönung, die ganz für sich auch in die grob ausgesprochenen Zustände von Lust und Unlust hineinschlägt und die Spannung, Lust, Unlust, alles zusammen ist. Reiz ist der Spannungsuntergrund von Lust und Unlust, und ihn (...) Unlust zu nennen, geht nicht an."[1] Auch hier greift Döblin auf seine medizinischen Abhandlungen zurück, in denen Lust und Unlust nicht als Grundphänomene, sondern als abgeleitet von organisch bedingten, gefühlsmäßig indifferenten Empfindungskomplexen definiert werden, die erst durch Verknüpfung mit Vorstellungen als Lust oder Unlust wahrgenommen werden („Intellektualität der Gefühle").[2] Der Gegensatz zu Freud erscheint allerdings mehr oder weniger von Döblin konstruiert, denn auch für Freud ist die Zuordnung des Reizes zu Lust oder Unlust nicht eindeutig: „Es ist nicht zu bezweifeln, daß es lustvolle Spannungen und unlustige Entspannungen gibt, (...) Lust und Unlust können nicht auf Zunahme oder Abnahme einer Quantität, die wir Reizspannung heißen, bezogen werden, wenngleich sie offenbar mit diesem Moment viel zu tun haben. Es scheint, daß sie nicht an diesem quantitativen Faktor hängen, sondern an einem Charakter desselben, den wir nur als qualitativ bezeichnen können."[3] Freud verweist also auf ein Problem, das auch Döblin erkannt hatte, daß nämlich physische Reizspannung und psychische Lust-Unlust-Empfindung nicht identisch sind.

Auch wenn das energetische Modell mit dem Konstanzprinzip eher ein monistisches Element der Metapsychologie darstellt, so ist Freuds Triebtheorie doch durchgehend dualistisch. In der ersten Fassung der Theorie standen sich Selbsterhaltungstrieb und Sexualtrieb, Ichtriebe und Objekttriebe gegenüber, in der zweiten Fassung wurde der Sexualtrieb weiter gefaßt als Libido, die auch den Selbsterhaltungstrieb als narzißtische Komponente umfaßt und den Gegenpol bildet zum Todestrieb. Auf allgemeinster Ebene läßt sich dieser Dualismus kennzeichnen als ein Gegensatz von Anziehung und Abstoßung, von dem Drang zum Zusammenschließen zu immer komplexeren Einheiten und dem zur Wiederherstellung eines undifferenzierten anorganischen Zustands. Im „Unbehagen in der Kultur" (1930) faßt Freud diesen Tatbestand zusammen: „Ausgehend von Spekulationen über den Anfang des Lebens und von biologischen Parallelen zog ich den Schluß, es müsse außer dem Trieb, die lebende Substanz zu erhalten und zu immer größeren Einheiten zusammenzufassen, einen anderen ihm gegensätzlichen geben, der diese Einheiten aufzulösen und in den uranfänglichen anorganischen Zustand zurückzuführen strebe. Also außer dem Eros einen Todestrieb; aus dem

---

[1] UD 298/99.
[2] Vgl.: Döblin, Alfred: Zur Wahnbildung im Senium, in: Archiv für Psychiatrie und Nervenkrankheiten, Bd. 46, Berlin 1909/10, S. 1056/57.
[3] Freud, Sigmund: Das ökonomische Problem des Masochismus, Gesammelte Werke Bd. 13, a.a.O., S. 372.

Zusammen- und Gegeneinanderwirken dieser beiden ließen sich die Phänomene des Lebens erklären."[1]

In modifizierter Form findet sich auch bei Döblin dieser Triebdualismus als anthropologische Konstante. In der Sexualität, die für Freud im Mittelpunkt der dynamisch, energetischen Prozesse stand, sieht auch er die unhintergehbare Motivationsbasis menschlicher Existenz. „Man weiß, daß die gewaltigste Erregungs- und Lustmasse um den Fortpflanzungtrieb versammelt ist (...). Und sowenig man, ohne zu sterben den Stoffwechsel unterdrücken kann, kann das lebende Wesen den Fortpflanzungstrieb, der ihm gar nicht direkt als Fortpflanzungstrieb bewußt wird, ausmerzen. Es kann sich peitschen und kasteien, unsichtbar, in anderer Form kehrt der unbändige Trieb, der Gegentrieb des Plasmatodes wieder."[2] Die wesentlichen Elemente der Freudschen Lehre finden sich auch hier: die elementare Bedeutung der Sexualität, ihr Wirken im Unbewußten und ihre Plastizität, d.h. ihre Wiederkehr „in anderer Form" (sei es in der der Sublimierung oder der des neurotischen Symptoms), und der Triebdualismus, d.h. die Funktion der Sexualität als „Gegentrieb des Plasmatodes". Auch für Döblin ist Leben geprägt von der dichotomischen Struktur von „Formung"[3] und Auflösung von Strukturen. Nur angedeutet wird im „Ich über der Natur" die „Möglichkeit einer zweigöttlichen Welt"[4], in der die Tendenz zum Überindividuellen, zur Verschmelzung mit der „Gattungsmasse", die sich u.a. in der Sexualität manifestiert[5], mit einer Gegenkraft des „Zerbrechens der Formen, des Zerfallens der Wesen"[6] konfrontiert ist. Der biologische Dualismus wiederholt sich auf sozialer Ebene. „Wir haben beides in uns, den sozialen Trieb und den Auflösungstrieb."[7] Die gesellschaftliche Dimension des Triebdualismus, die ständige Konfrontation von libidinöser Bindung und destruktiver Zerstörung dieser Bindungen hatte auch Freud immer wieder thematisiert.[8]

Den Ausdruck Todestrieb benutzt Döblin nicht, konstatiert aber „bei allem, was fühlt, die Sehnsucht nach dem Ende".[9] Diese „Sehnsucht" charakterisiert er - wie

---

[1] Freud, Sigmund: Das Unbehagen in der Kultur, Gesammelte Werke Bd. 14, a.a.O., S. 477/78.
[2] UD 154.
[3] UD 95.
[4] IüN 216.
[5] Vgl.: ebd. S. 127/28.
[6] Vgl.: ebd. S. 216.
[7] RG 119.
Zum „Gesellschaftstrieb" vgl. auch: SPG 164-166.
[8] In seiner Schrift „Die 'kulturelle' Sexualmoral und die moderne Nervosität" (1908) vertrat Freud noch die These, daß soziale Bindungen durch eine Ablenkung libidinöser Energie und auf Kosten individueller sexueller Freiheit entstehen und so gleichzeitig die Disposition zur Neurose fördern. Im „Unbehagen in der Kultur" (1929) bezeichnet er dagegen den Kulturprozeß als einen Kampf zwischen Eros und Todestrieb.
[9] UD 153.

Freud - als biologisches Prinzip, als „Einsenkung in die anorganische Welt"[1], als „Neigung zum Zerfall, zur Auflösung, zur Hingabe an unsere Grundelemente"[2]. Wenn man bedenkt, wie stark sich Döblin auch in der Terminologie der Freudschen Beschreibung des Todestriebes annähert, so erstaunt es, daß er (10 Jahre früher) diese Theorie folgendermaßen charakterisierte: „Freud glaubte zu sehen, daß das Organische eine Tendenz habe, zu älteren Zuständen im Individualleben wie im Artleben, der Materie, zurückzukehren, letzten Endes zum leblos Anorganischen sich hinzubewegen. Das ist ein melodisch-lyrischer Gedanke, dem man träumend nachhängen kann und der vieles Sympathisches hat, den aber Freud weder beweist noch hinreichend plausibel macht. Freuds Vermutung ist ein kleines Aperçu, das kaputt geht, wenn man ein großes daraus macht."[3] An anderer Stelle begründet Döblin seine Skepsis gegenüber der Todestriebtheorie, indem er darauf verweist, daß Herkunft und Richtung zu unterscheiden seien und die Annahme atavistischer Einflüsse nicht gleichzeitig ein „Zurückdrängen" zu ihnen bedeute.[4] Döblins zwiespältige Haltung zum Todestrieb verweist auf inkohärente Elemente seiner eigenen naturphilosophischen Vorstellungen: Die Anerkennung der umfassenden Macht regressiver Tendenzen und ein teleologisches Grundprinzip lassen sich nur schwer in Übereinstimmung bringen. Sebald stellt zu Recht fest, daß die beiläufige Behandlung von Freuds Todestriebtheorie durch Döblin irritierend sei und daß dieser hier „das reflektierte, systematische Gegen-

---

[1] UD 245.
[2] UD 242.
[3] KS II 265/66.
[4] Vgl.: KS II 185/86.
Sieht man von der Inkohärenz der Argumentation ab, so hat Döblins Kritik an Freuds Todestriebtheorie durchaus eine Berechtigung, ohne daß deshalb auf eine grundsätzlich ablehnende Haltung gegenüber der Psychoanalyse geschlossen werden muß. Schon bei zahlreichen Freud-Schülern stieß die spekulative Annahme eines Triebes zur Rückkehr zum Anorganischen auf Ablehnung (vgl.: Reich, Wilhelm: Der masochistische Charakter, in: Internationale Zeitschrift für Psychoanalyse Bd. 18 (1932), S. 303-351; Fenichel, Otto: Zur Kritik des Todestriebes, in: ders.: Aufsätze Bd. 1, Olten 1979, S. 361-371; Brief von Karl Landauer an Max Horkheimer vom 4.10.1936, in: Horkheimer, Max: Briefwechsel 1913-1936, a.a.O., S. 644-648).
Max Schur stellt einen Zusammenhang her zwischen Freuds Todestriebtheorie und seiner Biographie und stellt fest, daß angesichts der Krebserkrankung und der Beschäftigung mit dem Tod diese Theorie subjektiv eine Art Surrogat für den Glauben an ein transzendentes Prinzip darstelle (vgl.: Schur, Max: Sigmund Freud. Leben und Sterben, Frankfurt/M. 1977, S. 396/397 und 408/409). Auch für Döblin hatte - insbesondere vor seiner Konversion - der Glaube an die Alleinheit der Natur angesichts des Todes eine tröstende Funktion. In einer autobiographischen Skizze (1917/18) schreibt er: „Darum fühl ich mich auch in manchen Stunden dem Wald so nahe, den Tieren so freundlich, wahrhaft brüderlich, auch der Luft, dem Donner, dem Eisen, Stein: so bewußtlos stumm und sicher inwendig bin ich wie sie; so unberührbar stolz ist all dieses Tote, Bewußtlose, und doch Seiende. Der Tod hat für mich keinen Stachel (...)" (SLW 16).

stück seiner eigenen Konjektionen hätte erkennen müssen"[1]. Die von Döblin künstlich hergestellte Distanz zu Freud, der aber die Affinität durchaus noch anzumerken ist, stellt eine spezifische Problematik bei der Untersuchung des Verhältnisses Döblins zur Psychoanalyse dar. Sebald schließt aber daraus, daß Döblin die Freudsche Regressions- und Todestriebtheorie affirmativ wendet - eine Vereinseitigung, die nur durch eine wissenschaftlich unhaltbare Art seines Zitierens aufrechterhalten werden kann.[2]

Als vorläufiges Resümee läßt sich zusammenfassen: Freuds „Insistieren auf Naturabhängigkeit"[3] und Döblins „Urfaktum der Leiblichkeit" bilden einen gemeinsamen Horizont eines „Eingedenkens der Natur im Subjekt"[4]. Biologische Grundlage bildet ein homöostatisches Modell, das seine Wurzeln sowohl in der exakten Naturwissenschaft als auch in der spekulativen Naturphilosophie hat und das ergänzt wird durch einen Dualismus, der die Grundlage der Dynamik der Lebensvorgänge bildet. Die Schwierigkeit, Aspekte der Konvergenz zwischen der kosmologisch angelegten Naturphilosophie Döblins und der naturwissenschaftlich orientierten Psychologie Freuds erkennbar zu machen, soll damit nicht geleugnet werden. Anzumerken ist auf jeden Fall, daß Döblins Naturphilosophie sich aus einer naturwissenschaftlich-medizinischen Tradition entwickelte, die auch Freuds Denken bestimmte. Freuds Metapsychologie wiederum ist naturphilosophisch beeinflußt und trägt durchaus Züge einer Kosmologie, auch wenn diese Orientierung an einem allgemeinen naturalen Sinnhorizont ein eher verborgenes Moment der Metapsychologie bildet.[5] Daß der „Naturalismus" bei beiden Autoren

---

[1] Sebald, Winfried Georg: Der Mythus der Zerstörung, a.a.O., S. 110.

[2] Vgl.: ebd. S. 112.
Klaus Müller-Salget hat an prägnanten Beispielen dargelegt, wie eine fragmentierte und identifizierende Form des Zitierens bei Sebald u.a. zu den absurden Vorwürfen des Rassismus und Antisemitismus führte. Seinen Appell an Klaus Schröter, den Autor einer Döblin-Monographie, die bis heute noch die Döblin-Rezeption der breiteren Leserschichten maßgeblich beeinflußt und sich durch eine vergleichbare wissenschaftliche Unredlichkeit auszeichnet, den „wahrheitswidrigen Vorwurf des Rassismus und Antisemitismus schleunigst öffentlich (zu) widerrufen" (Müller-Salget, Klaus: Neuere Tendenzen in der Döblin-Forschung, in: Zeitschrift für Deutsche Philologie, Bd. 103 1984, S. 271), kann ich an dieser Stelle auch in bezug auf Sebald nur nachdrücklich unterstützen.
Zur Kritik an Sebald und Schröter vgl. auch: Kiesel. Helmuth: Literarische Trauerarbeit, a.a.O., S. 11-17; Keller, Otto: Döblins Montageroman, a.a.O., S. 267-273; Xu, Xuelai: Zur Semantik des Krieges im Romanwerk Alfred Döblins, Regensburg 1992, S. 23-34.

[3] Vgl.: „Die Sozialität der Natur und die Natürlichkeit des Sozialen." Zur Interpretation der psychoanalytischen Erfahrung jenseits von Biologismus und Sozialismus. Ein Gespräch zwischen Alfred Lorenzer und Bernhard Görlich, in: Görlich, Bernhard u.a. (Hg.): Der Stachel Freud. Beiträge und Dokumente zur Kulturismus-Kritik, Frankfurt/M. 1980, S. 331.

[4] Adorno, Theodor W., Horkheimer, Max: Dialektik der Aufklärung, Frankfurt/M. 1971, S. 39.

[5] Diese Tatsache wird auch aus psychoanalytischer Sicht kaum noch bestritten. So wird in einem neueren Aufsatz der Zeitschrift „Psyche" die dritte Fassung der Metapsychologie als „Phase der kosmogonischen Spekulation" bezeichnet. Dort heißt es: „Freuds Triebmytho-

keineswegs in einem positivistisch verengten Sinn zu verstehen ist und nur den einen Pol der dialektischen Verschränkung von Natur und Kultur bildet, ist Gegenstand der weiteren Untersuchung.

Dennoch bleibt anzumerken, daß sich sowohl Döblin als auch Freud mit ihrer naturalistischen Betrachtungsweise der Kritik einer ahistorischen Ontologisierung anthropologischer Konstanten aussetzen, denn zweifellos müssen Natur und Gesellschaft als immer schon miteinander vermittelt betrachtet werden. Der Vorwurf, Geschichte auf Naturgeschichte zu reduzieren, ist zumindest in bezug auf Döblins Naturphilosophie nicht ganz ungerechtfertigt.[1] (Daß das literarische Spätwerk hier andere Akzente setzt, wird noch zu untersuchen sein.) Döblins Naturphilosophie erhebt zwar den Anspruch, „Brücken von der Naturwissenschaft zur Historie"[2] herzustellen. Die Vermittlung soll dadurch gewährleistet sein, daß die Verbindung des Menschen mit dem naturalen Urgrund gleichzeitig eine historische ist: „(...) so nimmt der einzelne Mensch am Leben der Welt und an der tiefsten Urgeschichte teil. Denn auch da, in der letzten, tiefsten Schicht ist noch Geschichte"[3]. Der Vermittlungsanspruch wird allerdings kaum eingelöst denn die Zusammenhänge zwischen naturverhafteter Geschichte und vergesellschafteter (innerer) Natur bleiben unklar. Andererseits muß man anmerken, daß auch durch die Vermittlung die vermittelten Momente nicht vollständig aufgehoben werden, und daß jedes Insistieren auf Naturabhängigkeit einen kritischen

---

logie ist eine naturphilosophische Hypostasierung seiner Anschauung vom psychischen Konflikt" (Düe, Michael: Askese und Ekstase bei Freud, in: Psyche Nr. 5 1993, S. 420). Diese Betrachtungsweise vereinseitigt allerdings den Sachverhalt und berücksichtigt sowohl die naturwissenschaftliche Orientierung als auch den Praxisbezug Freuds zu wenig.

[1] Vgl.: Düsing, Manfred: Erinnerung und Identität, a.a.O., S. 125.
Dieter Mayer charakterisiert das Verhältnis von Natur und Geschichte bei Döblin folgendermaßen: „Es gilt für den Menschen, die Menschengeschichte wieder im Sinne der Naturgeschichte zu verstehen, als einer vielgestaltigen Ausbreitung eines Ur-Sinns, der sich unseren Zwecken entzieht, und die allen menschlichen Bemühungen um eine nachträgliche Sinngebung vom Rationalen her spottet" (Mayer, Dieter: Alfred Döblins Wallenstein. Zur Geschichtsauffassung und zur Struktur, München 1972 S. 114). Für Thomas Wolf ist Döblins Frühwerk geprägt durch eine Verbindung von fernöstlicher Naturauffassung und europäischer Geschichtsspekulation, in der menschliche Historie und Naturgeschichte parallelisiert werden (vgl.: Wolf, Thomas: Die Dimension der Natur im Frühwerk Alfred Döblins, Regensburg 1993, S. 73). Auch Müller-Salget und Thomann Tewarson betonen die ahistorischen Tendenzen bei Döblin (vgl.: Müller-Salget, Klaus: Alfred Döblin, a.a.O., S. 54; Thomann Tewarson, Heidi: Alfred Döblin. Grundlagen seiner Ästhetik und ihre Entwicklung 1900-1933, Bern 1979, S. 30). Adalbert Wichert meint zwar auch, „Döblin verbinde Natur und Geschichte zu einer Einheit" (vgl.: Wichert, Adalbert: Alfred Döblins historisches Denken, Stuttgart 1978, S. 83). Zu recht betont er aber, daß Döblin keine „Geschichtsfremdheit" zu attestieren sei (vgl.: ebd. S. 89), weil „die Erinnerung an Vergangenes, also Geschichte, von zentraler Bedeutung für menschliche Erkenntnis und Orientierung" (ebd. S. 90) sei.
[2] SÄPL 172.
[3] SÄPL 404.

Aspekt hat, insofern es auf die Problematik der Heteronomie menschlicher Existenz verweist. Horkheimer forderte deswegen - in einem Nachruf auf Döblins Lehranalytiker Ernst Simmel - entgegen einer kulturalistischen Verflachung der Tiefenpsychologie - am theoretische(n) Kernstück der Psychoanalyse, Freuds biologische(m) Materialismus als deren kritischer Implikation, festzuhalten. [1]

I.4. Der Mensch als „Gegenstück der Natur" / Heteronomie und Autonomie

Naturverfallenheit bedeutet Unfreiheit; Freuds Dezentrierung des Menschen, die narzißtische Kränkung, die er nach seinen eigenen Worten dem Menschen durch die „Entdeckung des Unbewußten" zufügte, hat spezifische Formen der Heteronomie menschlicher Existenz aufgedeckt. Aber Freuds Intention war eine emanzipatorische; ohne das Festhalten an der Möglichkeit eines Durchbrechens des quasi-biologischen Wiederholungszwangs wären aufklärende analytische Sozialpsychologie und individuelle Therapie nicht denkbar. Dem strengen Determinismus, der in Freuds Werk auch angelegt ist, steht das Insistieren auf der Eröffnung von Möglichkeiten der Autonomie gegenüber. Das naturwissenschaftliche Denken, das auf die Determination menschlichen Verhaltens im monokausalen Sinn verweist, wird in seiner Metapsychologie in vielen Punkten aufgebrochen: Der Begriff der „Überdeterminiertheit" verweist darauf, daß es sich nicht um monokausales Denken handelt; das Prinzip der „Nachträglichkeit" bricht eine einlinige zeitliche Abfolge der Determination auf; das therapeutische Prinzip der Deutung verweist auf einen hermeneutischen Ansatz. Hinzuzufügen ist, daß die natürliche Triebverfallenheit des Menschen zwar - wie im vorhergehenden Kapitel aufgezeigt - Basis, nicht aber Gegenstand der Psychoanalyse ist; Gegenstand sind die Triebschicksale und die im Psychischen auffindbaren Triebrepräsentanzen. Dies alles verweist nicht nur auf die schon erwähnte, der Psychoanalyse inhärente wissenschaftstheoretische Problematik, sondern auch darauf, daß es sich bei dem strengen Determinismus, der Freud immer unterstellt wird, eher um eine dialektische Verschränkung von Heteronomie und Autonomie handelt.

Die Infragestellung von Rationalität und kausaler Motivierung menschlichen Handelns im überlieferten Sinn war ein zentrales Motiv des Expressionismus, der die Irrationalität, das Unbewußte und die die Normalität transzendierende Psychopathologie zum Gegenstand der Literatur machte. In seinem „Berliner Programm" zog Döblin zunächst die Konsequenzen aus seinen psychiatrischen Studien und forderte eine Beschränkung auf „Abläufe", eine Abkehr von der „psychologischen Manier". Denn: „Die Analysen, Differenzierungsversuche haben mit dem Ablauf einer wirklichen Psyche nichts zu tun; man kommt damit

---

[1] Horkheimer, Max: Ernst Simmel und die Freudsche Philosophie, in: Görlich, Bernhard u.a. (Hg.): Der Stachel Freud, a.a.O., S. 142.

an keine Wurzel. Das 'Motiv' der Akteure ist im Roman so sehr ein Irrtum wie im Leben (...). Die wirklichen Motive kommen ganz anders woher (...)."[1] Daraus folgte als ästhetisches Programm, daß der „Gegenstand des Romans (...) die entseelte Realität"[2] sein solle und die „Hegemonie des Autors"[3] zu brechen sei. Dessen Aufgabe sei es, anstelle motivationaler Sinnzusammenhänge die Wirklichkeit in ihrer vielfältigen Perspektivität darzustellen. Entsprechend sind die Protagonisten seines Frühwerks auch in ihrer Persönlichkeit fragmentiert; es gibt keine Kontinuität des Erlebens, und die Einsicht in die Motive ihres Handelns ist ihnen verwehrt. Das frühe Werk Döblins ist tendenziell geprägt durch einen radikalen Determinismus und Agnostizismus[4], was allerdings nicht bedeutet, daß die Verursachungszusammenhänge menschlichen Handelns völlig ausgeblendet werden. Sie sind einerseits multifaktorell (mit Freud: überdeterminiert) und somit nicht vollständig erfaßbar, andererseits sind sie dem Handelnden unbewußt und erscheinen häufig durch die perspektivische Darstellung der Realität als externe Ursachen, als in die Außenwelt projizierte Innenwelt. Motivation und kausale Abfolge sind so allenfalls auf seiten des Lesers nachträglich - und auch nur annähernd - rekonstruierbar.

In seiner Naturphilosophie tendiert Döblin dazu, die Kausalität menschlichen Handelns in einem vitalistischen Prinzip aufgehen zu lassen. Der „Ursinn", als quasi teleologisches Prinzip, liegt dem menschlichen Handeln ebenso zugrunde wie der extrahumanen Natur; nicht die Frage nach monokausalen Verursachungszusammenhängen menschlichen Handelns stellt sich, sondern es muß umgekehrt auch in der unbelebten Natur nicht nach Kausalität, sondern nach Sinn- und Bedeutungszusammenhängen gefragt werden. Einerseits erscheint so „Physik (...) als das Deutungsbedürftige"[5], andererseits transzendieren die subjektiven Gefühle - die „Welt von Schmerz und Lust" - die naturwissenschaftliche Kausalität, wobei sie ebenso „wissenschaftlich und untersuchenswert und verstehenswert (sind) wie der Fall des Steins oder die Elektrolyse des Wassers"[6].

Auch mit dem Gedanken eines allumfassenden „Ursinns" steht Döblin Freud näher, als man auf den ersten Blick vermuten würde. Denn die Faszination Goethescher Naturphilosophie bleibt Freuds Metapsychologie trotz naturwissenschaftlicher Orientierung inhärent. Sie scheint in Formulierungen auf, wie sie

---

[1] SÄPL 120.
[2] Ebd. S. 121.
[3] Ebd. S. 122.
[4] Vgl.: Thomann Tewarson, Heidi: Alfred Döblin, a.a.O., S. 37.
  Aber auch in Döblins frühen Agnostizismus ist die Nähe zu Freud, den Ricoeur als „Meister des Zweifels" charakterisierte, angelegt (vgl.: Ricoeur, Paul: Die Interpretation. Ein Versuch über Freud, Frankfurt/M. 1974, S. 45-49). Gemeinsam ist aber auch beiden, daß sie den Agnostizismus und die Sprachskepsis zu überwinden versuchen; ihre Intention ist darauf gerichtet, mit der Sprache in das Terrain der Sprachlosigkeit vorzudringen.
[5] SLW 51.
[6] UD 87.

Freud z.B. im „Abriß der Psychoanalyse" (1938) gebraucht, wo es heißt, daß das Psychische, was immer seine Natur sein mag, „unbewußt wahrscheinlich von ähnlicher Art wie alle anderen Vorgänge in der Natur"[1] sei. Döblin hat diesen Aspekt der Psychoanalyse deutlicher als viele seiner zeitgenössischen Freud-Interpreten erkannt. Bei seinem Einsatz für die Verleihung des Goethe-Preises an Freud war er mit den Argumenten der Gegner konfrontiert, die insbesondere das „prägnant Un-Goethische, ja Wider-Goethische (...) in dem prinzipiell kausal-mechanistischen der Freud-Welt"[2] gegen Freud ins Feld führten. Döblin setzte dagegen, daß „ein direkter Zug, eine gerade Linie von Goethe zu Freud" führe[3], daß Freud derjenige sei, „der in unmittelbar idealem und ethischem Zusammenhang mit Goethe steht"[4]. Döblins Sensibilität hinsichtlich der Wahrnehmung dieser Zusammenhänge ist wohl auch dadurch bedingt, daß für ihn die Goethesche Naturphilosophie gleichfalls eine Faszination ausübte.[5]

Aber Döblins Naturphilosophie ist ebensowenig wie Freuds Metapsychologie in letzter Konsequenz vitalistisch. Denn die Wertindifferenz und die konsequente Anerkennung der Heteronomie, die sich aus einer Übertragung vitalistischer Prinzipien auf menschliches Handeln ergeben, waren für Döblin schon in seinen naturphilosophischen Schriften, insbesondere aber im literarischen Spätwerk, inakzeptabel. Den Sog der Regression, die Bedeutung des Unbewußten und die Naturverfallenheit hatte er erkannt und in seinem literarischen Werk immer wieder thematisiert. Die Frage, „(...) was können wir, im Fleisch, fast ganz von der Natur und ihrem Treiben verschlungen, in das Netz ihrer Gesetze gespannt; was können wir hier leisten (...)?"[6], rückte immer stärker in den Mittelpunkt seines Denkens. Die Antwort war, daß der Mensch nur durch Einsicht in seine Triebnatur, durch das Bewußtwerden des Unbewußten, sich von der Natur zu emanzipieren vermag. „Kein Wesen setzt wie der Mensch solch unbezwingliches Nein der Natur entgegen und hat solch sicheres Wissen: 'Dazu gehöre ich, aber das bin ich nicht'."[7] Das Wissen um die eigene unbewußte Determination ist zwar begrenzt, aber es existiert „eine dunkle Einsicht in die Natur der Triebe, und es ist schon diese bloße Einsicht, mit der wir uns der Natur gegenüberstellen."[8] Gerade in Konfrontation mit dem Irrationalen hat sich die Rationalität zu bewähren: „Das

---

[1] Freud, Sigmund: Abriß der Psychoanalyse. Zweite Fassung, Gesammelte Werke Bd. 15, a.a.O., S. 141.
[2] Zitiert nach Schivelbusch, Wolfgang: Intellektuellendämmerung, a.a.O., S. 109.
[3] Ebd. S. 104.
[4] Ebd. S. 105.
[5] Den Schlüssel zum Verständnis Goethes sieht Döblin in dessen naturwissenschaftlichen Schriften. Hier manifestiere sich die Differenz zur modernen Naturwissenschaft der europäischen Aufklärung am deutlichsten (vgl.: AzL 316-321). An anderer Stelle wird die „Farbenlehre" als Schulbuch empfohlen (vgl.: SÄPL 168).
[6] Döblin, Alfred: Unsere Sorge der Mensch, München 1948, S. 62.
[7] Döblin, Alfred: Schicksalsreise, München 1986, S. 253.
[8] UD 222.

Irrationale hat sich gegen das Rationale auf den Weg gemacht und hat es sehr erschüttert. Mit Recht; es war zu erschüttern (...). Nun aber, wo das Irrationale an dem Rationalen sich gemessen hat, zeigt das Rationale sein lebenssprühendes, wahres Gesicht. Es hat im Kampf seine legere Haltung, sein kleines Handwerkszeug aufgegeben und verloren und hebt seine wirklichen Waffen."[1]

Das bedeutet aber keineswegs, daß hier wiederum Natur und Geist, Trieb und Intellekt unvermittelt auseinanderfallen. Einerseits verweist der Trieb, indem er sich im psychischen Lust-Unlust-Prinzip manifestiert, auf eine „Intellektualität der Gefühle"[2] und unterscheidet sich so vom Instinktverhalten der Tiere. Der Intellekt wiederum hat seine Wurzeln in der Triebnatur; er bleibt „vor allem und primär Instrument zur Verwirklichung eines Willens"[3]. Und Döblin merkt an, daß gerade Freud den „instrumentalen Charakter des Intellekts (...) sehr deutlich gemacht"[4] habe. Er betont, daß in dem, „was wir das Hellste nennen, im Bewußtesten, Geistigen", dasselbe machtvoll sei wie im „Finsteren".[5] Ob es Döblin aber letztlich gelingt, jenseits der metaphysischen Annahme eines „Ursinnes" eine überzeugende Vermittlung von Trieb und Geist zu leisten, bleibt dennoch fraglich. Döblins Stärke ist nicht die theoretische Reflexion, sondern die literarische Darstellung; insbesondere im Spätwerk greift Döblin, in immer neuen Varianten, das Grundthema seiner Naturphilosophie wieder auf.

Döblins Interesse gilt - ebenso wie das Freuds - den Vorgängen, die den Bruch zwischen Natur und Kultur ausmachen. Aus der Tatsache der „unvollständigen Individuation" ergibt sich die „Doppelnatur" des Menschen „als Gebilde, das ganz aus der Natur hervorwächst, aus Tier- und Pflanzenwelt, und mit ihnen verbunden bleibt, und als Erlebnis-, Arbeits-, Einschmelzungs-, Umbildungsapparat."[6] Den Terminus „Apparat" benutzt Döblin in vergleichbarer Bedeutung wie Freud, der als „psychischen Apparat" die Fähigkeit der Psyche zur Umformung und Sublimierung von Energie und die Differenzierung in verschiedene Instanzen bezeichnete.[7] In seiner Schrift „Das Ich über der Natur" (1928) be-

---

[1] IüN 222.
  Hannelore Qual weist zu Recht darauf hin, daß die „'Rehabilitierung' der Ratio als eines Mittels der Erkenntnis (...) deutlich im Widerspruch (stehe) zu der pauschalen Einordnung Döblins in rein irrationalistische Strömungen" (Qual, Hannelore: Natur und Utopie, a.a.O., S. 42 Anm. 29).

[2] Vgl.: Kapitel I.3.

[3] SPG S. 273.

[4] Ebd. S. 271.

[5] SLW 107.

[6] UD 30.
  Vgl.: auch ebd. S. 85/86.

[7] Zum folgenden vgl.: Düsing, Wolfgang: Erinnerung und Identität, a.a.O., S. 107-111.
  In den wesentlichen Punkten stimme ich mit den Ergebnissen von Düsings Untersuchung überein. Allerdings meint dieser, daß der Vergleich zwischen Freuds Topik und Döblins Ich-Differenzierung nicht weitergeführt werden könne, „weil Döblin zwar Bewußtes und Unbewußtes unterscheidet, aber Freuds Theorie des psychischen Apparates nicht übernimmt"

schreibt Döblin die verschiedenen Stufen der Ich-Entwicklung in seiner Emanzipation von unmittelbarer Natur. Dieses Beschreibungsmodell ist nicht mit Freuds topischen Modell der Instanzen von Es, Ich und Über-Ich gleichzusetzen, es lassen sich aber durchaus Analogien aufzeigen. Döblin unterscheidet zwischen dem „Natur-Ich", bzw. dem „natürlichen Trieb-Ich" und dem „Passions-Ich" oder dem „Gesellschafts-Ich". Das „Natur-Ich" bildet die unterste Stufe, es ist bestimmt durch die elementaren Triebbedürfnisse und verweist auf Freuds Charakterisierung des Es. Das „Passions-Ich" ist ebenfalls bestimmt durch Affekte und Leidenschaften; diese sind aber bereits gesellschaftlich strukturiert. „Es ist die Gesellschaft, die Umgebung, die mit dieser Seelenwelt in die Triebwelt und ihr Ich hineinragt. (...) Ich nehme die menschliche Umwelt so in mich auf, daß sie mich beherrscht, daß ich mich ihr unterbreite, meine Triebe ihr als Material hingebe."[1] Auf dieser Stufe ist der Mensch nicht mehr nur Naturwesen, sondern schon gesellschaftlich bestimmt, allerdings noch ohne selbstbewußte Identität, sondern als Teil der Masse. Die Suggestionskraft des „Triebs zur Masse" beruht auf einem Bedürfnis nach „Ent-Ichung", weil bewußte Identitätsbildung Triebverzicht bedeutet, ein Aufgehen in der Masse dagegen eine Entlastung vom Ich. Döblins „Gesellschafts-Ich" trägt Züge des Freudschen Über-Ichs, das sich aus den gesellschaftlichen (väterlichen) Ge- und Verboten konstituiert und in der Massenpsychologie, in Form des Mechanismus der Delegation von Über-Ich-Funktionen an eine Führerpersönlichkeit, eine entscheidende Rolle spielt. Die höchste Stufe der Ich-Entwicklung bildet das „Privat-Ich" bzw. „Aktions-Ich", das sich bewußt von der Umwelt abgrenzt und sich als „Sonderfall des Daseins" empfindet, das also - wie Freuds Ich - eine synthetisierende Funktion zwischen Realität, Es und Über-Ich übernimmt. „Das Trieb-Ich ist verwurzelt in der Natur, (...) das Passions-Ich greift aus in die Gesellschaft - das Aktions-Ich bewahrt, schlägt die Tür zu, zieht sich zurück, stellt mich und wirft mich der ganzen Welt gegenüber."[2]

(ebd. S. 109). Auch ich gehe davon aus, daß Döblin die Theorie des psychischen Apparates nicht von Freud übernommen hat, sondern daß sich der „Einfluß" Freuds auf Döblins Naturphilosophie in einem nachträglich nicht zu differenzierenden Prozeß von Übernahme und Abgrenzung vor dem Hintergrund genuin eigener anthropologischer Vorstellungen manifestiert, der zudem von einem gemeinsamen geistes- und naturwissenschaftlichen Wissenshorizont geprägt ist. Es lassen sich Affinitäten und Differenzen herausarbeiten. In bezug auf Freuds topische Modelle läßt sich aber nachweisen, daß Döblin dessen Ansichten teilte. In bezug auf die erste Freudsche Topik stellt Döblin fest, daß die „Unterscheidungen vom Bewußten, Vorbewußten und Unbewußten (...) für eminent praktische Zwecke gemacht" seien; sie „entstammen empirischen Beobachtungen, sind mit klarem Sinn gefüllt, rund und gut" (K II 264). Auch das zweite topische Modell (die Unterscheidung zwischen Es, Ich und Über-Ich) referiert und kommentiert Döblin durchaus im affirmativen Sinn (vgl.: ebd. S. 264/65).
[1] IüN 157/58.
[2] Ebd. S. 165.

Daß der Mensch nicht (nur) Natur ist, sondern in einem differenzierten Prozeß von kulturell strukturierten Abwehrmechanismen (unbewußt) seine Triebnatur modifiziert, und daß aus der Anerkennung der Naturabhängigkeit weder die Konsequenz eines Rousseauschen „Zurück zur Natur" noch die einer defätistischen Hinnahme von Naturverfallenheit zu ziehen ist, darin stimmen Döblin und Freud überein. Auffallend ist aber, wie schwankend Döblin in seinem Urteil über Freud bleibt: Dieser ist Aufklärer im emphatischen Sinn und gleichzeitig - „konstitutionell" bedingt - Skeptiker, der die Grenzen der Aufklärung zu eng faßt. Einerseits betont Döblin, daß die Anerkennung der Existenz des „Finstersten" kein Einwand gegen das „Hellste" sei[1] und daß die „Entdeckung des Unbewußten" durchaus nicht von persönlicher Verantwortung suspendiere: „Im Gegenteil, die menschliche Kraft, Verantwortung und Entschlossenheit, auf ihren Boden zurückgeführt, wird sich jetzt heftiger als je fühlen. Jetzt heißt es wie nur je: wir haben unsere Sache auf uns gestellt. Wahrhaftig, die Zeit der Flausen und des Defätismus ist gründlich vorbei."[2] Im Plädoyer für die Verleihung des Goethe-Preises heißt es: „Goethes Entwicklung ging darauf hin, das Chaotisch-Dionysische zu überwinden durch große apollinische Gestalten: Ich brauche nur diese Wendung apollinisch-dionysisch durch die Termini von Freud zu ersetzen, um die Linie zwischen Freud und Goethe zu ziehen. (...) Wir haben eine Auffindung des Unbewußten in einer Breite und Tiefe, die bisher nicht dagewesen ist, die von Dichtern aber vorgefühlt ist. Das ist das Apollinische, die Ratio, das Unbewußte ins Bewußtsein zu heben, das nunmehr durch neue sittliche Haltung neue Einstellung verlangt."[3] Und Döblin merkt dazu an, daß er Mediziner sei und die praktische Analyse selbst betreibe. An anderer Stelle betont er, daß die radikal kritische Einstellung, die der Psychoanalyse zugrunde liege, eine neue ethische Einstellung impliziere.[4]

In „Unser Dasein" verleugnet Döblin hingegen dieses Wissen um die aufklärerische Diktion der Psychoanalyse in charakteristischer Weise, indem er Freud - neben Marx und Nietzsche - in die Reihe derjenigen einordnet, die zugunsten von materieller Basis, Leib oder Libido das Bewußtsein degradieren, und er fügt hinzu, daß „die Freudsche Lehre (...) zwar Libido und Unbewußtes in den

---

[1] Vgl.: SLW 107.
[2] Döblin, Alfred: Freud zum 70. Geburtstag, a.a.O., S. 88.
[3] Zitiert nach Schiwelbusch, Wolfgang: Intellektuellendämmerung, a.a.O., S. 105.
Döblins Parallelisierung des Gegensatzes zwischen Appolinischem und Dionysischem mit dem Freudschen Modell von Ich und Es verweist auf die Sensibilität Döblins für die philosophische Tradition, in der Freud steht. Nietzsches Modell beruht letztlich auf der vitalistisch und apologetisch gewendeten Gegenüberstellung des metaphysischen „Willens" und des „principii individuationis" bei Schopenhauer, dessen Einfluß auf Freud in der heutigen Forschung immer wieder thematisiert wird (vgl.: Kapitel I.3). Freuds Metapsychologie kann man verstehen als eine Revision der kritischen Wendung Nietzsches gegen Schopenhauer.
[4] Vgl.: Döblin, Alfred: Soll man die Psychoanalyse verbieten?, in: Weserzeitung vom 28.7.1925.

Vordergrund (stelle), aber sehr bewußt (praktiziere) und dem Bewußtsein im Heilungsvorgang einen hervorragenden Platz (anweise)"[1]. Döblin scheint hier Freud gegen sich selbst in Schutz nehmen zu wollen. Paradoxerweise gerät Freud aber in die Nähe der Apologeten des Irrationalen, über die Döblin urteilt: „Diejenigen, die die große Rolle des Unbewußten hervorheben (...) haben schon recht. Aber sie kämpfen nicht gegen das Bewußtsein, wie sie glauben, sondern gegen eine falsche Auffassung des Bewußtseins. Das Bewußtsein schwebt wirklich nicht in der Luft. (...) Ich kämpfe hier gegen eine falsche Idealisierung des Pflanzenhaften oder Dumpftierischen oder Bloß-Materiellen."[2] Auch in einer Rezension von Edgar Michelis' „Menschheitsproblematik der Freudschen Psychoanalyse" (1926) referiert er die dort vorgebrachte Kritik an Freud im affirmativen Sinn: Freud sei „von seiner Konstitution her" Pessimist, voller Bitterkeit, Skepsis und Ironie, der den Menschen zu einem „jämmerlichen Triebbündel" degradiere. „Er weiß (zwar) auch neben der sinnlichen Befriedigung, der triebhaften, von einer 'ichgerechten idealen Befriedigung'. Er weiß außer dem Triebhaften, der Libido, noch irgendwie von etwas positiv Ichhaften, eigentlich Guten, das er einmal auch nicht unterschätzen will. Aber er weiß es nur zwischendurch. Er wird durch seine Natur gehindert, es immer zu wissen."[3]

Diese eher beiläufigen Bemerkungen Döblins als einen nicht ganz unberechtigten Hinweis auf misanthropische Züge Freuds[4] zu interpretieren, wird der Bedeutung der Kritik allerdings nicht gerecht. Die Kritik richtet sich nicht gegen die faktische Tatsache der Existenz des Unbewußten und seiner determinierenden Kräfte, sondern sie ist erkenntnistheoretisch motiviert. Seine erkenntniskritischen Einwände gegen einen totalen Skeptizismus hatte Döblin bereits früh in seinen Nietzsche-Essays (1902 und 1903) formuliert: „Man vergißt offenbar, was alles Erkennen auch das skeptische mit dem Leugnen der Erkenntnis, seinem Wesen nach ist: ein Vergleichen mit Grundwahrheiten (...).“[5] Dadurch entsteht der Widerspruch, „die Erkenntnismöglichkeit eines Gedankens abzulehnen und ihn doch als Basis eines Systems aufzustellen (...)"[6]. Auf Freud übertragen bedeutet

---

[1] UD 192.
[2] Ebd. S. 194.
[3] Döblin, Alfred: Die Seele vor dem Arzt und dem Philosophen. Schriften zur Psychoanalyse, in: Vossische Zeitung vom 28.11.1926.
[4] Auf die misanthropischen Züge Freuds, die sich in stärkerem Maße im Briefwechsel manifestierten als in seinen Schriften, hat insbesondere Sándor Ferenczi hingewiesen (vgl.: Ferenczi, Sándor: Ohne Sympathie keine Heilung. Das klinische Tagebuch von 1932, herausgegeben von Judith Dupont, Frankfurt/M. 1988, S. 142/43 und S. 249). Ferenczis Äußerungen sind fraglos beeinflußt von persönlicher Enttäuschung über seine Lehranalyse bei Freud, finden ihre Bestätigung aber u.a. auch im Briefwechsel Freuds mit Arnold Zweig.
[5] KS I 25.
[6] Ebd. S. 21.
 Döblins frühe Kritik an einem radikalen Agnostizismus, der zu einem Selbstwiderspruch führt, weil die Erkenntniskritik sich selbst nicht entgehen kann, verweist darauf, daß die

das, daß die Annahme einer allumfassenden Heteronomie durch unbewußte Motivation keinerlei Standpunkt der Kritik außerhalb dieses allumfassenden Verblendungszusammenhangs zuließe und so die Theorie des Unbewußten sich selbst ad absurdum führe.

Döblin hat die emanzipatorischen Implikationen psychoanalytischer Theorie und Praxis und die Orientierung Freuds an der Tradition der Aufklärung immer wieder betont. Seine Kritik an Freud ist deshalb eher als Selbstkritik zu interpretieren; das Insistieren auf den Tatbestand, daß die Entdeckung des Unbewußten nicht mit einem apologetischen Bekenntnis zum Irrationalen gleichzusetzen sei, verweist auf genuin eigene Konflikte. Die Bewertung der anthropologischen Einsichten Freuds eignet sich gerade wegen ihrer Affinität zu eigenen Vorstellungen als Projektionsfläche für diese Konfliktkonstellation. Für Döblin war die Existenz des Unbewußten evident; Sexualität und Destruktivität bilden im literarischen Werk anthropologische Determinanten menschlichen Handelns, Regression und Psychopathologie sind die literarischen Motive, in denen diese Determinanten sich manifestieren. Döblins Frühwerk ist nicht nur gekennzeichnet durch determistische und agnostizistische Tendenzen, die er in seiner Nietzsche-Kritik aus erkenntnistheoretischen Gründen abgelehnt hatte, sondern er tendiert auch zu einer neoromantischen Hypostasierung der menschlichen Triebbasis. So heißt es noch in seinem Dostojewski-Essay von 1921: „Seine (Dostojewskis, I.M.) Anlage hat ihm außerordentliche Vorteile dichterischer Art verschafft, ihm große und dunkle Gebiete erschlossen, ihn bewahrt vor allem Intellektualistischen. Das Rationale, das Normale (...) blieben ihm verschlossen. Dafür war er von vorneherein auf den Boden des Triebmäßigen gestellt. Vielleicht kann kein Beispiel überzeugender den gesellschaftlichen Wert des Pathologischen demonstrieren."[1] Obwohl Döblin gerade Dostojewski als „Vorboten Freuds" ansah[1],

---

eigene Skepsis schon immer hinterfragt wird. So unterscheidet sich z.B. seine Sprachskepsis - der Zweifel an der Adäquatheit des begrifflichen Denkens für das Erfassen einer vorsprachlichen Realität - von der anderer zeitgenössischer Autoren, wie z.B. Hofmannsthal. „Ich bin mit der Sprache zufrieden" (SÄPL 241) konstatiert Döblin; er spricht also der (poetischen) Sprache eine Produktivität zu, die jenseits eines Anspruchs auf Abbildfunktion von vorsprachlicher Realität liegt.

Zur Kritik Döblins an Nietzsches Erkenntnistheorie vgl.: Kuttnig, Beat: Die Nietzsche-Aufsätze des jungen Alfred Döblin, a.a.O., S. 48-66.

[1] AzL 314/15.

Zum Einfluß Dostojewskis vgl. auch: Weyembergh-Boussart, Monique: Alfred Döblin, a.a.O., S. 52-54.

Kiesel hebt die unterschiedliche Bewertung Dostojewskis durch Freud und Döblin hervor (vgl.: Kiesel, Helmuth: Literarische Trauerarbeit, a.a.O., S. 224-229). Er stellt in diesem Zusammenhang allerdings auch fest, daß Döblins Einstellung zur Psychopathologie unter dem Einfluß von Hoche stand, der die Ursache der Geisteskrankheiten nicht im Seelischen sondern im Physiologischen sah. Dazu ist anzumerken, daß Hoche in seiner Schrift „Die Geisteskranken in der Dichtung" gerade nachzuweisen versuchte, daß „die dichterische Produktion mit dem Einsetzen geistiger Störung" (Hoche, A.E.: Die Geisteskranken in der befindet er sich mit dieser Einschätzung im dezidierten Gegensatz zu Freud, der in der Neurose Dostojewskis, der „außerordentlichen Höhe seiner Affektivität" und der „perversen Triebanlage"[2], die Ursache seines Scheiterns zumindest als Ethiker sieht.

Gerade weil Döblin in seinem frühen Werk zu einer affirmativen Thematisierung von Triebverfallenheit und zu einer deterministischen Haltung tendierte, versucht er später immer wieder Distanz herzustellen zu einer literarischen Strömung, die das Unbewußte zu einem Reservoir vitalistischer Kräfte verklärt, die es aus den gesellschaftlichen Deformationen zu befreien gelte. Gegen eine literarische Tradition, die die menschliche Triebbasis in einer romantisch verklärenden und apologetischen Weise thematisierte, gegen Literaten, die die „Abgründe und Verwirrung lieben, auf die Urgewalt der dunklen Triebe und des Gefühls schwören und dadurch in die Nähe der Romantik kommen"[3], grenzte sich der späte Döblin entschieden ab. Er sah hier nicht nur die Gefahr einer Romantisierung, sondern auch die des Zynismus. In charakteristischer Weise kommentiert Döblin z.B. 1947 eine Ausgabe der von ihm herausgegebenen Zeitschrift „Das Goldene Tor" zum Thema „Unterwelt - Oberwelt". Wedekind - als Repräsentanten der „Unterwelt" sind ihm zwei Beiträge der Ausgabe gewidmet - steht in der Tradition „elementarer Dichter", deren „Sache (...) das unleugbar Wahre (ist), das man nicht nennen oder wahrhaben will. Sie leiden und sie neigen zum Zynismus. (...) Das Untere, jedoch Vorhandene und unehrlich Verheimlichte und idealistisch Verkleidete in der Gesellschaft und im Bewußtsein zieht sie an. (...) Darum waren Wedekinds Themen die Sexualität und der Egoismus."[4] Ebenfalls zum Thema „Unterwelt" veröffentlichte Döblin in dieser Ausgabe die Erinnerungen von Heinrich Meng an Freud, „an den Mann, den Arzt, der in den letzten Jahrzehnten am leidenschaftlichsten, mit naturwissenschaftlicher Besessenheit die Kellerräume der Triebunterwelt studiert hat".[5]

Dichtung, a.a.O. S. 37) entweder aufhöre, oder wie Strindbergs "Vater" als kulturgeschichtlich unwürdiges Dokument anzusehen sei (vgl.: ebd. S. 34). Deutlicher könnte der Gegensatz zu der von Kiesel diagnostizierten „Pathophilie" Döblins und dessen Anerkennung des „gesellschaftlichen Wertes" des Pathologischen nicht sein.

[1] Vgl.: SLW 188.
[2] Freud, Sigmund: Dostojewski und die Vatertötung, Gesammelte Werke Bd. 14, a.a.O., S. 401.
[3] SÄPL 320.
[4] Döblin, Alfred: Unterwelt - Oberwelt. Revision literarischer Urteile, in: Das Goldene Tor, Heft 6 1947; S. 487:
[5] Ebd.

Hinter Döblins kritisch distanzierter Haltung zu Wedekind und der Hervorhebung der nüchtern aufklärerischen Position Freuds verbirgt sich Selbstkritik. Daher läßt sich Döblins projektive Behauptung, Freud habe die Ich-Kräfte des Menschen zu gering eingeschätzt, als Niederschlag eines Konfliktes interpretieren, in dem sich Döblin in den zwanziger und dreißiger Jahren selbst befand. In bezug auf das literarische Gesamtwerk, läßt sich eine Entwicklungslinie von der Thematisierung des Überindividuellen, Anonymen, zur Gestaltung des Individuellen nachzeichnen. Er selbst hat rückblickend immer wieder auf diesen Einschnitt im literarischen Schaffen verwiesen: „Nachdem ich den 'Massenweg' abgelaufen war, wurde ich vor den Einzelmenschen geführt. Ich zog nicht bewußt diesen Schluß aus dem Vergangenen, aber mein Unbewußtes, das ich ja auch sonst unbekümmert für mich arbeiten ließ, tat es."[1] Döblin kommentiert seine einseitige Auflösung der dichotomischen menschlichen Existenz zugunsten der Natur- und Kollektivmächte im Frühwerk im Rückblick mit starken Schuldgefühlen: „Ich fand im Grunde Gefallen an den ungeheuren und grandiosen 'Phänomenen'. Den Mensch, sein Ich, sein Leiden - sah ich wohl, kannte ich. Aber ich erbarmte mich seiner nicht. Ich hatte noch nicht Stellung bezogen."[2] Die „Wende zum Einzel-

---

[1] SLW 311.
Zur „Wende zum Einzelmenschen" vgl.: Gathge, Roderich: Die Naturphilosophie Alfred Döblins, Begegnungen mit östlicher Weisheit und Mystik, in: Stauffacher, Werner (Hg.): Internationale Döblin-Kolloquien Marbach a.N. 1984 - Berlin 1985, Bern/Frankfurt a.M./New York 1988; S. 23-25; Koopmann, Helmut: Der klassisch-moderne Roman in Deutschland. Thomas Mann, Alfred Döblin, Hermann Broch, Stuttgart 1983, S. 90; Keller, Otto: Döblins Montageroman als Epos der Moderne, a.a.O., S. 197-213; Müller-Salget, Klaus: Alfred Döblin, a.a.O, S. 226. Es wird in der Forschung aber auch auf die Themenkontinuität verwiesen (vgl.: Auer, Manfred: Das Exil vor der Vertreibung, a.a.O., S. 159; Belhalfaoui, Barbara: Alfred Döblins Naturphilosophie - ein existentialistischer Universalismus, in: Stauffacher, Werner (Hg.): Internationale Alfred-Döblin-Kolloquien Marbach a.N. 1984 - Berlin 1985, a.a.O., S. 31-42; Qual, Hannelore: Natur und Utopie, a.a.O., S. 26).
[2] SLW 292/93.
Interessant sind in diesem Zusammenhang die Erinnerungen des Zeitzeugen Heinrich Eduard Jacob, der Döblins Selbstzweifel im Exil folgendermaßen kommentiert: „In Paris geschieht etwas Seltsames. Während in Berlin die Goebbels-Studenten Döblins Werke ins Feuer werfen, beginnt Döblin seine Großwerke im Kreis der Freunde zu beschimpfen. Sie seien nicht 'menschlich' genug gewesen. Die Welt verlöre nichts an ihnen... Ja, natürlich waren sie 'außermenschlich', hatten Erdperioden behandelt, Massen-Umwälzungen in China, im Deutschland des Dreißigjährigen Krieges. Das Privat-Menschliche darin war 'verwischt'. Was aus Massenvergötzung wird, und wohin sich die Masse schließlich bewegte, das sah man am Nationalsozialismus. Jeder Mensch war im Innersten einsam; und Erlebnisse einsamer Seelen hatte ein Dichter zu beschreiben statt 'Katarakten von Ichs' nachzujagen." (Jacob, Heinrich Eduard: Stationen dazwischen, Berlin-Köpenick 1993, S. 19)
Daß die Leser die frühen Romane Döblins nicht unbedingt als Zeugnisse der Inhumanität interpretierten, bezeugt z.B. die Reaktion Horkheimers auf Döblins „Wang-Iun". Er empfiehlt ihn 1936 seiner Verlobten deswegen, weil sie „dadurch lernt den Weltlauf nicht nur im Einzelschicksal, sondern auch im Völkerleben zu überschauen. (...) Massenerleben die

menschen" ist ein Prozeß, in dem sich Döblin mit einem als schuldhaft empfundenen, eigenen Versagen auseinandersetzt. Schon 1926 sieht er sich selbst in einer deutschen literarischen Tradition, von der er sich distanzieren möchte: „Hitzigkeit und Sexualität ist da. Alles steht fünf Minuten vor Mord. Unter dem Zeichen einer schauerlichen - und unechten - Blutrünstigkeit stehen moderne Literaturwerke in Deutschland (...) Wir müssen uns Alle beschuldigen, zu nahe am Tod und am Schrecklichen gedichtet zu haben und dadurch den Geschmack - und mehr als den Geschmack - in Deutschland verwildert zu haben. Groß ist der grausige, grausame Dostojewski, aber das Leben und die Menschenseele ist wohl noch größer."[1]

In diesem Zusammenhang wird auch die Selbstzensur als französischer Besatzungsoffizier verständlich; Döblin hielt seinen „Wallenstein" im Nachkriegsdeutschland wegen der blutrünstigen Massenszenen nicht mehr für eine Neuauflage geeignet.[2] Sein dichterisches Schaffen - insbesondere der Exilzeit - ist begleitet von der Angst, alte „Fehler" zu wiederholen. In seiner Kommentierung des „Amazonas" wird diese Einstellung deutlich: Die „Anbetung natürlicher Urmächte", die „hymnische Feier der Natur" erscheint als „Sackgasse", als „das alte Lied"[3], d.h. als Einstellung, die Döblin überwunden zu haben glaubte. So ist das literarische Spätwerk - wie es im zweiten Teil dieser Arbeit noch zu untersuchen sein wird - auch unter dem Gesichtspunkt einer Neubewertung und Revision regressiver Tendenzen der Naturphilosophie und der frühen Romane zu interpretieren.

Natürlich darf man nicht außer acht lassen, daß diese Rückblicke inspiriert sind von Döblins Konversion zum Katholizismus; die Bewegung seines Denkens im Sinne einer Hinwendung zur bedrohten Subjektivität setzt aber zeitlich vor der Thematisierung einer religiösen Erlösungsvorstellung ein, und sie ist inhaltlich auch unabhängig von explizit religiösen Inhalten nachvollziehbar.

Tragik der Welt hier, nicht wie in Madame Bovary ein einzelner Mensch. Die großen Zusammenhänge werden deutlich, Einzelschicksale intensiviert (nicht verflacht wie in andern Büchern) durch das Beispiel des Volks. Die Schrecklichkeit des Todes und des Leidens vertausendfacht. Praktische Philosophie betrieben. Das Buch ist wahrhaft groß." (Horkheimer: Briefe 1913-1936, a.a.O., S. 36)

[1] SLW 70/71.
[2] Damit sei nicht gesagt, daß Döblins Selbstkritik auch inhaltlich gerechtfertigt war. Xuelai Xu insistiert auf dem imaginären und nicht-affirmativen Charakter der Kriegsdarstellung im „Wallenstein" (vgl.: Xu, Xuelai: Zur Semantik des Krieges im Romanwerk Alfred Döblins, a.a.O. S. 37)
[3] SLW 315.

I.5. Der Mensch als „Stück und Gegenstück" der Natur. Die Dichotomie der menschlichen Existenz und Döblins melancholische Grundhaltung

Wurde in den vorhergehenden Kapiteln aufgezeigt, daß die Gemeinsamkeiten der anthropologischen Vorstellungen Freuds und Döblins sowohl in der naturalistischen Komponente als auch in deren Modifizierung und Überwindung angelegt sind, so ist jedoch festzuhalten, daß sich das Denken des Naturphilosophen und Literaten Döblin nicht vorbehaltlos mit dem des analytischen Wissenschaftlers Freud kurzschließen läßt. Freuds Vorgehen ist deskriptiv; auch die spekulativen Aspekte seiner Metapsychologie sind aus der therapeutischen Praxis entwickelt und auf sie rückbezogen. Auch wenn Döblin teilweise den Anspruch einer deskriptiven Naturphilosophie erhebt, wenn er z.B. feststellt, es ginge ihm nicht um „Pessimismus" oder „Optimismus"[1], sondern um Faktizität, so ist doch sein Schwanken zwischen einer Hypostasierung einer Alleinheit der Natur und der notwendigen menschlichen Individuation unverkennbar. Der Zwiespalt zwischen Symbiosewünschen und -ängsten, zwischen dem Wunsch, der Anstrengung des Subjektseins durch eine Hingabe an die Natur enthoben zu sein, und der Angst vor dem Verlust von Autonomie, begleitet alle naturphilosophischen Überlegungen.

Döblin übernimmt einerseits die in der Romantik angelegte Hypostasierung einer einheitlichen und sinnhaften Natur - eine Einheit, an der der Mensch in seinem Verlangen nach dem „Überindividuellen" und „Anonymen" teilhat. „Mit unseren Trieben langen wir wie mit Wurzeln in die Welt, (...) auf das Überindividuelle zielen wir, und wir wollen immer darauf zielen, und diese Berührung ist kein Leiden, sondern tut uns innig wohl."[2] Der Mensch steht in einem Naturzusammenhang, in dem alles nach Überwindung der Individuation, nach Massenformen und biologischen Symbiosen strebt. In den Religionsgesprächen kehrt dieses Thema als Sehnsucht nach dem Urgrund, dem „Sein ohne Vergangenheit, Gegenwart und Zukunft"[3], wieder. An die Sehnsucht nach einer Transzendierung der Individuation, die Döblin mit Dichtern wie Gottfried Benn, Hermann Hesse und Hans Henny Jahnn verbindet, knüpft sich eine Erlösungshoffnung: Nur so kann der Tod überwunden werden. „Das persönliche Ich ist nicht zu halten. Am persönlichen Ich haftet der Tod. Das Leben und die Wahrheit ist nur bei der Anonymität."[4] (In der Amazonas-Trilogie wird sich Döblin erneut auf die Suche nach dem „Land ohne Tod" machen, aber alle verhängnisvollen - innerweltlichen - Erlösungsvorstellungen verwerfen und feststellen, daß es dieses Land nicht gibt.)

---

[1] UD 232.
[2] UD 229/30.
[3] RG 229.
[4] IüN 126.

Oft scheint es, als verbleibe Döblin im Bereich einer essentiellen Ontologie, in der Gesellschaft und Geschichte als Naturprodukte erscheinen - eine Betrachtungsweise, die man philosophiegeschichtlich als einen epigonalen Anachronismus bewerten müßte. Psychoanalytisch betrachtet, verweist diese Ontologie auf ein primärprozeßhaftes Denken, denn das Überindividuelle, Anonyme rekurriert sich aus dem Unbewußten. Barbara Belhalfaoui charakterisiert es zutreffend als „jene nicht bewußtseinsgebundenen Kräfte, die ohne ein bewußt eingreifendes Ich-Zentrum bestehen können. Darum ähneln sie der Urmacht vor der Individuation. (...) Zu ihnen gehört die Seele, überhaupt das Psychische mit seinen Manifestationen des Traums, des kollektiven Unbewußten und auch der Sexualität als trieb- und damit geistgebundener Macht."[1] Aber die regressiven Aspekte werden bei Döblin stets kontrastiert mit dem Bedürfnis nach Autonomie und Individuation: „Uns, die wir doch nun einmal den Antrieb nach Vollständigkeit, Geschlossenheit und Ganzheit haben (...), uns widerstrebt die ständige Auflösung der Gestalt, der Fluß in der Natur. Und hier liegt die Berechtigung des Protestes. Der Protest signalisiert die eingeborene Tragik alles Gestalteten."[2] Die „Auflösung der Gestalt" aktiviert - psychologisch betrachtet - Symbioseängste; sie konfrontiert den Menschen aber auch mit der ethischen Indifferenz der Natur, ihrer lebensgefährlichen Gleichgültigkeit.

Der Mensch ist „Stück und Gegenstück" der Natur, er kann weder seinen natürlichen Triebgrund verleugnen, noch den Bruch mit natürlichen Lebenszusammenhängen rückgängig machen; dieser Zustand der „Entzweiung" macht die Tragik des Menschen aus. „Vor mir steht die volle Wahrheit: Die Entzweiung der Welt, sichtbar geworden in der zweifachen Gestalt der Person als Stück und Gegenstück der Welt. Die Person zeigt deutlich diese Doppelnatur als Gebilde, das ganz aus der Natur hervorwächst, aus Tier- und Pflanzenwelt, und mit ihnen verbunden bleibt, und als Erlebnis-, Arbeits-, Einschmelzungs-, Umbildungsapparat."[3] Daß bei Döblin - und zwar in derselben Schrift (Unser Dasein, 1933) - einerseits von „vegetativer Dumpfheit"[4] und andererseits von der „ständigen Umarmung und Vermählung mit dem herrlichen Anonymen"[5], die erst das Leben ausmacht, die Rede ist, verdeutlicht die dichotomische Struktur seines Denkens. Regressive Tendenzen werden ständig begleitet von der Angst vor Sinnlosigkeit und Chaos, die eine Auflösung der Subjektivität mit sich bringt. Der Terminus "unvollständige Individuation" - der Zentralbegriff der Naturphilosophie - verweist auf zwei unterschiedliche Richtungen, die für menschliches Leben konstitu-

---

[1] Belhalfaoui, Barbara: Döblins Naturphilosophie - ein Universalismus, in: Stauffacher, Werner (Hg.): Internationale Alfred Döblin-Kolloquien Marbach a.N. 1984 - Berlin 1985, a.a.O., S. 38/39.
[2] UD 97.
[3] UD 30.
[4] UD 258.
[5] UD 230.

tiv sind: Auflösung der Individuation als Wiederherstellung der Alleinheit der Natur - eine Tendenz, die auch in Freuds Todestriebtheorie ihren Niederschlag gefunden hat - und Vervollständigung der Individuation als Befreiung des Menschen aus naturhaften, und damit auch deterministischen Zwängen.
Dabei muß man berücksichtigen, daß Döblin seine Naturphilosophie als einen „dialektischen Naturalismus" konzipierte. Den Anspruch der Dialektik auf Synthese und Vermittlung versucht Döblin im „Ich über der Natur" durch die gleichzeitige Naturalisierung des Menschen und Vergeistigung der Natur einzulösen.[1]
Im naturphilosophischen Hauptwerk „Unser Dasein" ist die antithetische Struktur offensichtlich, der Gesichtspunkt der Vermittlung tritt dagegen in den Hintergrund. Es handelt sich eher um eine Ambivalenz, die Döblin literarisch gestaltet und in eine dialogische Struktur überführt - ein Verfahren, das er später in den religiösen Schriften explizit zugrunde legt. Jede These läßt sich interpretieren als Teil eines fiktiven Dialogs. Die quasi dialogische Form führt dazu, daß jedes Zitieren einzelner Thesen Gefahr läuft, die Gesamtintention zu verfälschen[2]; nur ein Ernstnehmen der so oft festgestellten Döblinschen Ambivalenz - als Gleichzeitigkeit des Gegensätzlichen - wird seinen Intentionen auch gerecht. Während die Dialogstruktur im gesamten Text oft nur undeutlich zutage tritt, ist sie im Mittelteil durch einen inhaltlichen und stilistischen Bruch sehr deutlich. Selbstironisch persifliert Döblin hier - z.T. in Knittelversen - seine vorhergehenden emphatischen Äußerungen zur Alleinheit der Natur: „Wir wollen (...) dem Gespenst eines 'Ich' zu Leibe gehen, das vorhin zu solchen milden betrübten Sätzen verleitete wie 'Und aufgehoben segle ich durch die Jahrtausende, die Jahrmillionen.' Aber dies Gespenst ist ja noch an Schlimmerem schuld als an einem einzelnen lyrischen Satz."[3]
Wolfgang Düsing sieht in der Gestaltung des oben genannten Gegensatzes zutreffend eine durchgehend prägende Dynamik im Werk Döblins: „Damit wird ein Gegensatz zwischen der immer wieder behaupteten Identität von Ich und Natur und seiner nur festgestellten 'Privatheit' und Eigenständigkeit sichtbar, der in den verschiedensten Fassungen das bewegende Moment im Denken Döblins sein wird. Als Wechsel zwischen einer Verherrlichung überindividueller Bereiche und dem Aufbegehren des Ich bestimmt dieser Gegensatz den Rhythmus seiner

---

[1] Vgl.: IüN 93 und 116.
[2] Vgl.: Müller-Salget, Klaus: Neuere Tendenzen in der Döblin-Forschung, in: Zeitschrift für Deutsche Philologie, Bd. 103 1984, S. 271. Müller-Salget kritisiert insbesondere die Arbeiten von Schröter und Sebald, die die antithetische Struktur der naturphilosophischen Schriften Döblins (bewußt) vernachlässigen und so zu Thesen gelangen, die die Intentionen Döblins ins Gegenteil verkehren. (Zur Kritik an Schröter und Sebald vgl.: Kap. I.3.)
Zur Funktion des inneren Dialogs vgl. auch: Balve, Johannes: Innerer Dialog und Redevielfalt bei Alfred Döblin, in: Stauffacher, Werner (Hg.): Internationale Alfred-Döblin-Kolloquien Münster 1989 - Marbach a.N. 1991, a.a.O., S. 57-72.
[3] UD 277.

Romane."[1] Klaus Schöter interpretiert dagegen dieses „bewegende Moment" als Widerspruch und stellt fest, daß das Verhältnis zwischen dem „seelisch ganzen Menschen" und der „entseelten Realität" bei Döblin eine Antinomie darstellt, „ohne deren Vermittlung jedoch Geschichte und Gesellschaft weder künstlerisch noch wissenschaftlich in ihren Prozessen erkannt werden können".[2] Schröters Kritik steht hier exemplarisch für die kritische Argumentation in bezug auf Döblins Naturphilosophie und sein Spätwerk. Dagegen ist einzuwenden, daß gerade die literarisch gestaltete Ambivalenz, die sich in der quasi dialogischen Form manifestiert, Döblin - trotz seiner Neigung zu Vereinseitigungen - vor der Gefahr der Ideologisierung und des Dogmatismus bewahrt. Dieses ideologiekritische Potential hat Kiesel zutreffend auch in bezug auf Döblins ambivalente Einstellung zum Sozialismus, Zionismus, zur Psychoanalyse und anderen weltanschaulichen Problemen festgestellt.[3]

Es ist gerade Döblins Vermögen, die Dichotomie zwischen der Sehnsucht nach Unmittelbarkeit und nach Entgrenzung und der solipsistischen Einsamkeit des Subjekts - die zentrale Problematik bürgerlicher Subjektivität -, zu thematisieren, ohne sie vitalistisch oder subjektivistisch aufzulösen. Die Gefahr einer ideologischen Vereinseitigung, der er dadurch entgeht, sieht Sigrun Anselm gerade im frühen Expressionismus angelegt, in dem auch Döblin seine Wurzeln hat. Es ist die Gefahr eines „Sprung(es) von einem absoluten Subjektivismus in einen totalitären Objektivismus".[4] Diese Gefahr hatte Döblin erkannt; er konstatiert rückblickend, daß gerade der Expressionismus, dem es darum ging, „das Herz, das Gefühl sprechen zu lassen und dafür die Formen zu zerbrechen", dadurch, daß „die Dinge auf die Spitze getrieben" wurden, in einen „neuen Formalismus" zurückfiel.[5] Radikale Entformung schlägt dialektisch in eine Hypostasierung der Form um; der befreite Trieb produziert neue Formen seiner Beherrschung.

Entscheidend ist, wie die Dichotomie zwischen Trieb und Geist, Natur und Kultur gestaltet wird - ob sie ausgehalten wird, ohne den Anspruch auf eine vermittelnde Versöhnung preiszugeben, oder ob der Gegensatz einseitig zugunsten eines Objektivismus oder Subjektivismus aufgelöst wird. „Ob die Überwindung des Expressionismus seine Vertreter in einen politischen Vitalismus und zur Beschwörung objektiver Mächte führte oder ob sie sich auf die Seite der bedrohten Subjekte stellten, wurde zur entscheidenden Differenz."[6]

Es waren Dichter wie Ernst Jünger und Gottfried Benn und Philosophen wie Martin Heidegger, die - ebenso wie Döblin leidend an der Zerrissenheit der

---

[1] Düsing, Wolfgang: Erinnerung und Identität, a.a.O., S. 110/11.
[2] Schröter, Klaus: Alfred Döblin in Selbstzeugnissen und Bilddokumenten, a.a.O., S. 65.
[3] Vgl.: Kiesel, Helmuth: Literarische Trauerarbeit, a.a.O., S. 41/42.
[4] Anselm, Sigrun: Vom Ende der Melancholie zur Selbstinszenierung des Subjekts, Pfaffenweiler 1990, S. 39.
[5] RB 169.
[6] Anselm, Sigrun: Vom Ende der Melancholie, a.a.O., S. 56.

menschlichen Existenz - in der faschistischen Ideologie und im Erlebnis des Krieges ihre Hoffnung auf Authentizität und „Eigentlichkeit", auf die Transzendierung des Individuums durch eine übergeordnete Einheit, verwirklicht sahen. Döblin dagegen stellte sich letztlich auf die Seite des bedrohten Subjekts; im Mittelpunkt der Naturphilosophie steht nicht die romantisch verklärte Alleinheit der Natur, sondern die Problematik der *„Tragik* bei allen Einzelgestalten"[1], das Leiden des „vom Prinzip der Vereinzelung getroffenen Geschöpfs"[2]. Seine Naturphilosophie - und sein literarisches Spätwerk - sind, trotz der oft vorherrschenden vitalistischen Anklänge, im Kern *melancholisch*, wenn man die Melancholie in der Literatur als die Auseinandersetzung mit der Erfahrung der Nichtidentität, als eine Thematisierung des Anspruchs auf Versöhnung betrachtet, der letztlich doch als nicht realisierbar erscheint. „Die Melancholie stellt sich der Erfahrung der Nichtidentität, um den Anspruch auf eine umfassende Versöhnung offenzuhalten (...). Gegen alle Versuche, den Geist zum 'Widersacher' des Lebens zu machen, hält die Melancholie am Versöhnungsanspruch des Geistes und dem Verkörperungsbedürfnis des Triebes fest und kann doch nicht vermitteln."[3] Trauer um die

---

[1] UD 232 (Hervorhebung I.M.).
Sebald hat den kritischen Impetus der Melancholie bei Döblin zunächst erkannt, dann aber wieder geleugnet: „Melancholie bewahrt die eigentümliche Ambivalenz menschlichen Daseins, wie die humanistische Tradition es verstand (...). In der Melancholie werden die Handelnden Döblins (...) der eigenen Ohnmacht gewahr und sistieren in der Zeit solcher Erkenntnis den katastrophalen Fortschritt der Regression. Die Negativität der naturphilosophischen Triebstruktur ist in der Schilderung der Melancholie zwar gegenwärtig, gleichzeitig aber aufgehoben." „Die Widerstandskraft der Melancholie (...), eine äußerste Bastion humanistischer Weltsicht, wird in den Werken Döblins allemal von dem indifferenten Ansturm einer von vornherein übermächtigen Wirklichkeit gebrochen" (Sebald, Winfried Georg: Der Mythus der Zerstörung, a.a.O., S. 110).
Heidi Thomann Tewarson interpretiert Döblins Frühwerk ebenfalls unter dem Aspekt der „Verneinung der menschlichen Tragik", da dieser die verminderte Bedeutung des Individuums affirmativ darstelle (vgl.: Thomann Tewarson, Heidi: Alfred Döblin, a.a.O., S. 65).
Barbara Belhalfaoui untersucht die Naturphilosophie unter dem Aspekt der Beziehung von Existenz und Essenz. Sie konstatiert, daß es Döblin gelingt, auf innerweltlicher, mystischer Basis, eine Synthese herzustellen. Damit wäre das tragische Moment überwunden. Letztlich aber ist die Synthese nur durch „das gesteigerte Grenzerlebnis, die äußerste Selbstaufgabe", d.h. durch den Tod, gewährleistet (vgl.: Belhalfaoui, Barbara: Döblins Naturphilosophie - ein Universalismus, in: Stauffacher, Werner (Hg.): Internationale Alfred-Döblin-Kolloquien Marbach a.N. 1984 - Berlin 1985, a.a.O., S. 30-42). Belhalfaoui bezieht sich allerdings ausschließlich auf die Schrift „Das Ich über der Natur", in der der Döblinsche „Universalismus" stärker im Vordergrund steht als in den nachfolgenden Schriften. In „Unser Dasein" zeichnet sich das Scheitern des Bemühens um Synthese ab, und die Anerkennung der Tragik, die aus der dichotomischen Struktur menschlicher Existenz resultiert, tritt in den Vordergrund. Im Gegensatz zu den oben zitierten Autoren verweist Düsing auf die Tragik, die der Naturphilosophie inhärent ist (vgl.: Düsing, Wolfgang: Erinnerung und Identität, a.a.O., S. 119).
[2] UD 221.
[3] Anselm, Sigrun: Vom Ende der Melancholie, a.a.O., S. 56.

zum Scheitern verurteilte Versöhnung ist eine durchgängige Thematik von den naturphilosophischen Schriften bis zur Religionsphilosophie: „Ich kann den furchtbar klaffenden Abstand zwischen dem 'Anderen', dem Sein, dem Grund des Daseins, und mir nicht ertragen."[1] Döblin versucht, dem „Gedanken von der Einzigkeit und Hölleneinsamkeit des Ich"[2] Möglichkeiten eines „Durchbruch(s) durch die Mauern der Individualität"[3] entgegenzusetzen. Aber immer wenn die Anerkennung der Übermacht des Urgrundes, der Natur und des archaisch Unbewußten als Ausweg aus der Erfahrung der Nichtidentität erscheint, wenn Döblin also die „Abdankung des Ichs"[4] als letzte Konsequenz in Erwägung zieht, wird diese Haltung kontrastiert mit einer „Klage um das verlorene Ich": „O grauenhaftes weites Dasein, o Überfülle ohne Hiersein, ach wie entrinne ich dir nur."[5]
Wie eine Vermittlung von Naturverfallenheit und Autonomie dennoch zu denken ist, beschreibt Döblin - wenn auch in eher aporetischer Form - in seinem Aufsatz „Prometheus und das Primitive" (1938). Der Zivilisationsprozeß, und mit ihm die Entwicklung von Subjektivität überhaupt, vollzieht sich in der Ablösung vom (versöhnten) Urzustand durch die Mechanismen der Beherrschung von innerer und äußerer Natur. Döblin beschreibt diesen Prozeß - die Entfaltung des „prometheischen Triebes" - im Sinne der „Dialektik der Aufklärung" und Freuds Thesen von der Wiederkehr des Verdrängten als ein Ineinandergreifen von Zivilisation und Barbarei: „Die abendländische Geschichte ist von dem wilden, man kann schon sagen, oft barbarischen Vordringen des prometheischen Triebes - es ist der Weg der Civilisation - erfüllt, und von den Gegenbewegungen, Mitbewegungen, Durchflechtungen."[6] Der „Blick nach rückwärts"[7], die „Ahnung von einer erlittenen Trennung, Ablösung, Aussonderung"[8], fällt den Abwehrmecha-

---

[1] RG 53.
   Helmuth Kiesel, der Döblins Spätwerk unter dem Paradigma der Trauer untersucht, interpretiert seine Naturphilosophie als Vorstufe zur Konversion, als eine „gottlose Mystik" im Sinne Mauthners, in der der Natur eine transzendierende Funktion zukomme (vgl.: Kiesel, Helmuth: Literarische Trauerarbeit, a.a.O., S. 163-169). Mir erscheint es hingegen wichtig, das Motiv der Tragik zu betonen, das sich aus dem Abgrund zwischen der Sehnsucht nach einem versöhnten Urzustand vor aller Individuation und dem unvermeidlichen Bruch zwischen Natur und Kultur ergibt. Döblins spätere Religiosität wäre so als Resultat des Scheiterns seines Versuches zu betrachten, Natur zu einem quasi göttlichen Versöhnungsprinzip zu erheben. Dieses Scheitern ist aber in der Naturphilosophie selbst als melancholisches Grundthema angelegt.
[2] UD 60.
[3] Ebd., S. 254.
[4] Vgl. ebd., S. 285.
[5] Ebd.
[6] SPG 351.
[7] Ebd. S. 354.
[8] Ebd. S. 347.

nismen zum Opfer, so daß das notwendige „Eingedenken der Natur im Subjekt"[1] verhindert wird: „Eine optimistische Stimmung herrscht auf der Linie des Fortschritts. Kein Hauch ist hier mehr zu bemerken von der großen Schwermut, die die ersten Schritte des Prometheus begleitet hatte."[2] Schon in „Unser Dasein" forderte Döblin: „Nicht den Schmerz vergessen, das wilde Natürliche, die Freude am Dasein und Hinleben, aber auch die Tragik, die ewige Unvollendung."[3] Döblin plädiert für das Ertragen der Schwermut, die Anerkennung der dichotomischen Struktur der menschlichen Existenz. Anderenfalls besteht die Gefahr einer Wiederkehr des Verdrängten - die Rache der unterdrückten inneren Natur -, denn „selbst da, wo der Prometheismus sich mit voller Macht vorwärts wirft, schleppt er Reste seines Gegenspiels mit sich"[4]. Diese Problematisierung der allgemeinen zivilisationsgeschichtlichen Entwicklung hat einen aktuellen zeitgeschichtlichen Hintergrund. Denn gerade die Sehnsucht nach dem Ursprungsmythos wurde vom Faschismus säkularisiert, er "absorbiert (...) Gebilde und Motive aus der anderen (der mythischen, I.M.) Reihe". "Da werden als Surrogate seelischer Verbindungen begreiflich die Massenveranstaltungen und Uniformen, Feuerwerke, Spiele. (...) Da erregt man Machtgefühle beim Einzelnen und hier beginnt eine besondere Menschenverkrüppelung: man täuscht ihn über seine Natur und seine klägliche Lage hinweg und macht ihn deshalb, wozu er aus andern Gründen schon neigt, zu einem Gewaltwesen nach dem Bilde dieses Apparats (...)"[5].

Döblins Auffassung des zivilisatorischen Prozesses als eines zwiespältigen, in dem Glücksversprechen und Naturverfallenheit unlösbar ineinander verschränkt erscheinen, stellt ihn in eine Reihe mit der „Dialektik der Aufklärung" und dem „Unbehagen in der Kultur". Horkheimer und Adorno sahen den Grund für den ambivalenten Charakter des Zivilisationsprozesses letztlich in der Urgeschichte der Subjektivität und stellten fest: „Furchtbares hat die Menschheit sich antun müssen, bis das Selbst, der identische, zweckgerichtete, männliche Charakter des Menschen geschaffen war, und etwas davon wird noch in jeder Kindheit wiederholt. Die Anstrengung, das Ich zusammenzuhalten, haftet dem Ich auf allen Stufen an, und stets war die Lockung, es zu verlieren, mit der blinden Entschlossenheit zu seiner Erhaltung gepaart."[6] Freud führte das „Unbehagen in der Kultur" auf den Triebverzicht und die notwendige Verinnerlichung der Aggression zurück. Und die Frage, „ob manche Kulturen oder Kulturepochen - möglicherweise die ganze Menschheit - unter dem Einfluß der Kulturstrebungen

---

[1] Adorno, Theodor W. und Horkheimer, Max: Dialektik der Aufklärung, Frankfurt/M. 1971, S. 39.
[2] SPG 360.
[3] UD 462.
[4] SPG 355.
[5] Ebd. S. 364.
[6] Adorno, Theodor W. und Horkheimer, Max: Dialektik der Aufklärung, a.a.O., S. 33.

'neurotisch' geworden"[1] sei, und ob man nicht zu dem Schluß kommen müsse, „die ganze Anstrengung sei nicht der Mühe wert und das Ergebnis könne nur ein Zustand sein, den der Einzelne unerträglich finden muß"[2], hatte für ihn zumindest eine gewisse Berechtigung. Der unversöhnte Zustand ist für die menschliche Existenz grundlegend; die Überwindung der Differenz zwischen dem Es, das geprägt ist von der konservativen Natur der Triebe, und dem Ich, das sich von Naturverfallenheit zu emanzipieren versucht, wird nie vollständig gelingen.

I.6 Exkurs 1: Naturverhältnis und Misogynie

In der Dichotomie zwischen Logos und Natur, die seit Plato die abendländische Geistesgeschichte prägt, wird die Weiblichkeit - aus patriarchalischem Blickwinkel - der Seite der Natur zugerechnet. Es besteht daher ein enger Zusammenhang zwischen der (männlichen) Betrachtungsweise des Verhältnisses von Mensch und Natur, dem Diskurs über Weiblichkeit und der Rolle, die der Frau in diesem Zusammenhang zugewiesen wird.
Während in der Romantik die Verherrlichung der Natur und eines nicht durch Rationalität verstellten Zugangs zu ihr mit der Idealisierung der Frau einherging, ist die Misogynie Schopenhauers sprichwörtlich. Für ihn ist die Sexualität die deutlichste Manifestation des „Willens", des blinden Triebes, den es quietistisch zu überwinden gilt. Die Frau als Verführerin und ihre vermeintliche Nähe zur Natur bilden daher eine latente Gefahr. Gleichzeitig ist die Zweigeschlechtlichkeit des Menschen die extreme Versinnbildlichung des „principio individuationis", der Ursache des Kampfes von jedem gegen jede(n). Schopenhauers Frauenfeindlichkeit hat ihre Ursache in der Angst vor dem Kreatürlichen, die sich in der Angst vor dem Weiblichen manifestiert. Allgemein läßt sich feststellen: Je stärker die Natur als Gefahr empfunden wird, desto heftiger wird die Frau dämonisiert oder abgewertet - zwei Abwehrmechanismen, die letztlich dieselbe Ursache haben.
Auch Freud, der die Macht des Unbewußten und des natürlich Triebhaften erkannt hatte und ihr Realitätsgerechtigkeit und Sublimierungsvermögen entgegensetzte, ist nicht frei von diesen Zuordnungen, die insgesamt mit der Rede von der „Natur" der Frau einer Substanzlogik folgen und die Erzeugung von „Weiblichkeit" durch einen männlichen Diskurs außer acht lassen. In einer neueren Untersuchung zur Weiblichkeit im Diskurs der Psychoanalyse heißt es: „In Freuds kulturtheoretischem Werk begegnen wir einer durchgängigen, nirgends hinterfragten Gleichsetzung von Männlichkeit und Kultur auf der einen, Weiblichkeit und Natur auf der anderen Seite", „wir finden sein gesamtes

---
[1] Freud, Sigmund: Das Unbehagen in Kultur, Gesammelte Werke Bd. 14, a.a.O., S. 504.
[2] Ebd. S. 505.

kulturkritisches Werk durchsetzt von der Vorstellung eines Kampfes der (männlich konnotierten) Kultur gegen die (weiblich konnotierte) Natur."[1] Auch wenn diese Einschätzung allzu generalisierend erscheint, so ist sie dennoch nicht ganz ungerechtfertigt. Denn ungeachtet der von Freud selbst konstatierten Tatsache, daß seine Kenntnisse über die spezifisch weibliche Entwicklung unzureichend waren („dark continent"), nimmt er eine Wertung vor, die die Frau in ihrer Sublimierungsfähigkeit und in bezug auf die Kulturleistungen gegenüber dem Mann als minderwertig einstuft. Grundlage für diese Einschätzung ist der anders strukturierte Ödipuskomplex. Freuds Ansätze zu einem, dem männlichen Ödipuskomplex analogen Modell für die weibliche frühkindliche Entwicklung orientieren sich an dem „Schibboleth" der Psychoanalyse, dem androzentrisch konstruierten Ödipuskomplex, aus dessen Perspektive die weibliche Individuation als defizitär erscheinen mußte; die Bildung des Über-Ichs und die damit verbundene Befähigung zu kulturellen Leistungen schätzt Freud daher generell schwächer ein als die des Mannes. Die Frau bleibt somit ihrer „Natur" auch enger verhaftet.[2]

Döblin hat sich in dem frühen, 1896 entstandenen und Fragment gebliebenen Prosastück „Modern. Ein Bild der Gegenwart" für die Frauenbewegung und -emanzipation eingesetzt. In Anlehnung an August Bebel thematisiert Döblin hier die Frauenfrage im engen Zusammenhang mit der Klassenfrage. Diese Schrift bezeugt zwar ein frühes gesellschaftspolitisches Engagement, blieb aber hinsichtlich Döblins Einstellung zur Frau Makulatur. Schon hier wird seine ambivalente Haltung zur Sexualität als dem Natürlichen und zu Akzeptierenden einerseits und als dämonische Macht andererseits deutlich.[3]

---

[1] Rohde-Dachser, Christa: Expedition in den dunklen Kontinent. Weiblichkeit im Diskurs der Psychoanalyse, Berlin 1991, S. 133.
Anzumerken bleibt, daß sich das Urteil von Rohde-Dachser zwar durch zahlreiche Freud-Zitate belegen läßt, in dieser pauschalen Formulierung aber nicht angemessen ist. Es setzte auch schon zu Freuds Lebzeiten eine differenzierte psychoanalytische Kontroverse über die „Psychoanalyse der Frau" ein, deren Darstellung im Rahmen dieser Arbeit nicht zu leisten ist.

[2] Diese Wertung findet sich bei Freud an vielen Stellen seines Werkes. Das folgende Zitat soll daher nur illustrieren, welche Tendenz sich in seiner Bewertung der psychosexuellen Entwicklung der Frau feststellen läßt: „Der Ödipuskomplex ist also beim Weib das Endergebnis einer längeren Entwicklung, er wird durch den Einfluß der Kastration nicht zerstört, sondern durch ihn geschaffen, er entgeht den starken feindlichen Einflüssen, die beim Mann zerstörend auf ihn einwirken, ja er wird allzuhäufig vom Weib überhaupt nicht überwunden. Darum auch die kulturellen Ergebnisse seines Zerfalls geringfügiger und weniger belangreich." (Freud, Sigmund: Über die weibliche Sexualität, Gesammelte Werke, Bd. 14, a.a.O., S. 522/23)

[3] Einerseits stellt Döblin hier fest: „Und wer es wagt, der Natur zu trotzen, seine 'tierischen' Triebe zu unterdrücken, er wird in diesem Kampfe gebrochen unterliegen. Tierische Triebe! Was ihr tierisch nennt ist das einzige natürliche in dieser Gesellschaft." (Döblin, Alfred: Modern. Ein Bild der Gegenwart, in: Jagende Rosse/Der schwarze Vorhang und andere frühe Erzählwerke, Olten 1981, S. 15) Anschließend schildert er den Kampf einer jungen

Die Thematik des Geschlechterkampfes, in Form von sadomasochistischen Beziehungen oder von einem ständigen Scheitern der in der Liebe gesuchten Erlösung, prägt Döblins gesamtes Werk. Autobiographische Bezüge sind hier unverkennbar, sowohl hinsichtlich der gescheiterten Ehe der Eltern als auch in bezug auf Döblins eigene „Strindberg-Ehe" mit Erna Reiss.[1] Aber die Gestaltung der Geschlechterproblematik hat bei Döblin eine über Autobiographisches hinausgehende Bedeutung. Der Frau wird durchgehend die Rolle der personifizierten Natur, der übermächtigen Mutterimago, zugewiesen. Zur Bedeutung der Frau in „Berge, Meere und Giganten", einem Roman, in dem sich Döblin den „schrecklichen mystischen Naturkomplexen" zuwendet, bemerkt der Autor: „Dann die Frauen. Ich bin bisher nicht wie die Katze um den heißen Brei gegangen. Sie waren mir einfach nicht wichtig genug. Dazu tut sich leicht, wo Frauen auftauchen, die Idylle oder Psychologisches, Privates auf; sie sterilisieren das Epische. Man muß sie anders nehmen, wenn man sie episch heranziehen will. (...) Im Zusammenhang mit meinem Thema jetzt, im Gefühlsrahmen dieses Werks bekam ich die Frauen beim Griff. Das prächtige Phänomen Weib war da. Die Naturerscheinung, die Natur Weib. (...) Es war einfach eine Mannigfaltigkeit der Natur in punkto Mensch."[2]

Heidi Thomann Tewarson stellt zu Recht fest, daß sich in der Darstellung der Geschlechterproblematik ein dualistisches Denken manifestiert, das auch Döblins Naturphilosophie bestimmt: „Die Mann-Frau-Beziehung zeigt sich als extreme Polarisierung. Die Frau ist das Andere. In der Darstellung der philosophischen Probleme Kunst/Wirklichkeit, Geist/Natur oder Leben, freier Wille/(biologischer) Determinismus wird die Frau dem Bereich der Wirklichkeit, der Natur und des Determinismus zugeteilt."[3] Aber die oben zitierte Äußerung Döblins ist durchaus doppeldeutig: Die misogyne Tendenz, die der Ausgrenzung von Weiblichkeit aus

---

Frau gegen ihre Sexualität als geradezu dämonischer Macht und stellt dieser Form der „Liebe" die christliche Nächstenliebe gegenüber.

[1] Zum Einfluß des Autobiographischen vgl.: Minder, Robert: „Die Segelfahrt" von Alfred Döblin. Struktur und Entwicklung. Mit unbekanntem biographischen Material, in: Kreuzer, Helmut (Hg.): Gestaltgeschichte und Gesellschaftsgeschichte, Stuttgart 1969, S. 476-483.

[2] SLW 58/59.

[3] Thomann Tewarson, Heidi: Von der Frauenfrage zum Geschlechterkampf oder Der Wandel der Prioritäten im Frühwerk Alfred Döblins, in: Stauffacher, Werner (Hg.): Internationale Alfred Döblin Kolloquien Basel 1980 - New York 1981 - Freiburg i.Br. 1983, Bern/Frankfurt a.M./New York 1986, S. 227. Thomann Tewarson betont zwar zu recht, daß die Frau bei Döblin als „Inbegriff der Natur und Elementarmächte" (ebd. S. 226) erscheine; ihre generalisierende Wertung hinsichtlich einer „Opposition gegen die Frau" (ebd. S. 228) erscheint aber nicht gerechtfertigt, wenn man berücksichtigt, daß gerade für den frühen Döblin „Natur und Elementarmächte" keineswegs negative Größen darstellen.
Zur Thematik der Geschlechterbeziehung vgl. auch: Müller-Salget, Klaus: Alfred Döblin, a.a.O. S. 27-33; Karlavaris-Bremer, Ute: Die Frau-Mann-Beziehung in Döblins ersten Dramen und den frühen Erzählungen, in: Stauffacher, Werner (Hg.): Internationale Alfred-Döblin-Kolloquien, Basel 1980 - New York 1981 - Freiburg 1983, a.a.O., S. 206-213.

dem Bereich der symbolischen Ordnung, aus Sprache und Kultur, inhärent ist, wird kontrastiert mit der Stärke, die gerade durch die Nähe zur „Natur" gewährleistet scheint. Die Frauengestalten des Frühwerkes - es sind nur wenige - erweisen sich deshalb oft als den Männern überlegen. Sie bilden den Gegenpol zum „Prometheismus", zum Glauben an die Allmacht des Logos und der Naturbeherrschung.

Einerseits läßt sich feststellen, daß Döblins Einstellung zum Weiblichen durchgehend ebenso ambivalent ist wie die zur „Natur" selbst, eine Ambivalenz, die - psychoanalytisch betrachtet auf die Gleichzeitigkeit von Wunsch und Angst in bezug auf die Verschmelzung mit der übermächtigen Mutterimago verweist. So findet sich z. B. noch in den „Religionsgesprächen" das mütterliche Symbol des Meeres; in der Beschreibung drückt sich ungebrochen die tiefe Sehnsucht nach Einheit mit dem Urgrund aus: „Wie sinken wir wieder ein in das Meer, wann nimmt das Meer uns wieder an sich? Das ist unsere Sehnsucht."[1] Gleichzeitig gibt es im „Hamlet" Bilder vom Meer, die auf seine symbolische Bedeutung als tödliche Bedrohung des Menschen durch die regressive Assimilation an das Amorphe verweisen; dort wird z.B. festgestellt, daß dem Meer das „Ekle, Schleimige, (...) Täuschende"[2] der Flüsse der Unterwelt anhänge. Die weibliche Symbolik ist unverkennbar. Auch die Macht der Ananke, das Leiden an der Übermacht der Natur, ist weiblich konnotiert: Alter, Krankheit und Tod sind die drei „grauen Schwestern", die das Leben begleiten.[3]

Andererseits läßt sich aber konstatieren, daß mit der „Wende zum Einzelmenschen" und der kritischen Wendung gegen die regressiven Elemente der eigenen Naturphilosophie eine Akzentverschiebung einsetzt. Der Gegensatz von männlich und weiblich wird weiterhin stilisiert zu zwei Extremen der menschlichen Existenz. Aber die Wertungen verändern sich: Aus Stärke wird Schwäche; das „Naturphänomen Weib" verwandelt sich in den Typus der Psychotikerin. Die weiblichen Protagonistinnen der späten Romane (insbesondere Therese im „Neuen Urwald" und Alice im „Hamlet") dokumentieren ihre „Nähe zur Natur" durch das Vorherrschen psychotischer Mechanismen, durch das Durchlässigwerden der Ich-Grenzen und die Regression auf primärprozeßhaftes Denken - Mechanismen, die in diesen Werken eindeutig als destruktiv dargestellt und negativ gedeutet werden. War im Frühwerk der um seine Autonomie ringende und den Anspruch auf Selbstbestimmung erhebende Mensch nicht nur zum Scheitern verurteilt, sondern wurde gerade durch seine Forderung nach Autonomie auch zu einer pathologischen Figur[4], so wird im Spätwerk zwar die

---

[1] RG 84.
[2] H 314.
[3] RG 101.
[4] Thomas Anz führt das Frühwerk Döblins als Beispiel dafür an, wie in der Moderne der klassische Typus des um seine Autonomie kämpfenden bürgerlichen Subjekts zu einer pathologischen Figur wird. „Und zum Verlierer und Kranken wird dieser Typus nicht etwa, weil er als

Hypostasierung eines Autonomieanspruchs weiterhin als Illusion entlarvt, gleichzeitig wird aber die mangelnde Ich-Stärke und die Regression, die überwiegend Frauengestalten repräsentieren, als pathologisch gewertet.

Wie bei Schopenhauer ist die Zweigeschlechtlichkeit aber auch für Döblin Ausdruck des Leidens an der Individuation. Sie bedeutet Anerkennung der Differenz, die sich nur in einem schmerzhaften Trennungsprozeß vollziehen kann; gleichzeitig zerstört sie narzißtische Vollkommenheits- und Allmachtsphantasien. Deutlich wird das schon im frühen Roman „Der Schwarze Vorhang": „Das Wunder der Geschlechtlichkeit war es, das Johannes nicht losließ. Er konnte es nicht fassen, daß der Mensch nicht satt in sich selbst ruhe, zu Mann und Weib zersplittert ewig über eigenen Grenzen gedrängt, an fremdes Lebendiges getrieben wurde."[1] Schon hier erscheint Geschlechtlichkeit nicht als das Natürliche, sondern als dämonische Macht. Johannes versteht das biblische Wort, daß der Mensch nicht allein sein soll, aber es ist „das Wort eines mitleidlosen, menschenstolzhassenden Gottes"[2]. Das Leiden an der Differenz, das den Wünschen nach Symbiose und Einheit entgegensieht, bildet die Grundlage für die Thematisierung des Geschlechterkampfes, der Sexualität und der damit verbundenen zerstörerischen und selbstzerstörerischen Tendenzen. Auch die oft sadomasochistisch gefärbten Liebesbeziehungen sind Ausdruck der Symbiosewünsche und der Regression: das Ineinandergreifen von Macht und Ohnmacht ermöglicht die Leugnung der Differenz und erzeugt die verhängnisvolle Illusion der Realisierung einer Einheit des Getrennten.

I.7. Schuld und Schuldgefühl

Kaum ein Thema ist so kontinuierlich präsent im literarischen Werk Döblins wie das der Schuld. Von den ersten Novellen („Ermordung einer Butterblume") bis zum letzten großen Roman setzen sich alle Werke implizit oder explizit mit diesem Thema auseinander. Wird im frühen Werk Schuld überwiegend thematisiert als Problematik eines Auseinanderfallens von Schuldgefühl und faktischer Schuld, so steht im Spätwerk das Aufzeigen der Zusammenhänge zwischen

---

    Kämpfer mit dem Mangel der Schwachheit behaftet wäre, sondern weil er diesen Kampf in hybrider Selbstüberschätzung überhaupt aufgenommen hat" (Anz, Thomas: Gesund oder krank? Medizin, Moral und Ästhetik in der deutschen Gegenwartsliteratur, Stuttgart 1989, S. 20). Anz verweist in einem anderen Zusammenhang aber auch darauf, daß die Sympathie des Autors den Schwachen und den Verlierern gelte (vgl.: Anz, Thomas: "Modérn wird módern". Zivilisatorische und ästhetische Moderne im Frühwerk Alfred Döblins, in: Stauffacher, Werner (Hg.): Internationale Alfred-Döblin-Kolloquien, Münster 1989 - Marbach a.N. 1991, Bern/Frankfurt a.M./New York 1993, S. 33).

[1] Döblin, Alfred: Der schwarze Vorhang, a.a.O., S.128.
[2] Ebd.

Schuldgefühlen und ihren Ursachen, die sowohl in der faktischen als auch in der psychischen Realität wurzeln, im Vordergrund. Auf die autobiographischen Ursachen der Thematik ist in der Forschung mehrfach hingewiesen worden[1], die zeitgeschichtlichen Hintergründe der Auseinandersetzung liegen ebenfalls auf der Hand. Wichtig aber ist, daß für Döblin - ebenso wie für Freud - die Schuldproblematik zu einer zentralen anthropologischen Kategorie wird, weil sich hier die Bruchstelle zwischen Natur und Kultur konstituiert. „Wir kennen den klaren Unterschied zwischen Mensch und Tier: die Schuld", heißt es in der „Babylonischen Wandrung".[2]

1923 hob Döblin Freuds Ausführungen zur Über-Ich-Bildung und zum Schuldgefühl in „Das Ich und das Es" besonders lobend hervor.[3] Er hatte - wie Freud und vermutlich in Auseinandersetzung mit ihm - den janusköpfigen Charakter der Schuldproblematik erkannt: Einerseits ist der zivilisatorische Prozeß untrennbar mit der Verinnerlichung von Aggression und deshalb mit Schuld verbunden, andererseits sind Schuldgefühle der entscheidende ätiologische Faktor für neurotische Erkrankungen.[4] 1929 erklärte Freud, daß es die Absicht seines kulturtheoretischen Hauptwerkes sei, „das Schuldgefühl als das wichtigste Problem der Kulturentwicklung hinzustellen und darzutun, daß der Preis für den Kulturfortschritt in der Glückseinbuße durch die Erhöhung des Schuldgefühls bezahlt wird".[5] Entsprechend äußert Döblin 1933 über den zwiespältigen Charakter

---

[1] Zu nennen wäre das Verlassen der Familie durch den Vater, das nicht nur möglicherweise das Fehlen eines internalisierbaren Ich-Ideals zur Folge hatte und als kränkende Verwerfung empfunden wurde (vgl.: Kiesel, Helmuth: Literarische Trauerarbeit, a.a.O., S. 32), sondern auch auf die Problematik eines „entlehnten Schuldgefühls" verweist (vgl. Freud, Sigmund: Das Ich und das Es, Gesammelte Werke Bd. 13, a.a.O., S. 279 Anmerkung). Döblin wiederholt die Schuld des Vaters, indem er seine Geliebte Frieda Kunke verläßt, die von ihm ein Kind erwartet und früh an Tuberkulose stirbt. Schuldig fühlte sich Döblin später nach dem Tod seines Sohnes Wolfgang, zu dem er offensichtlich ein ambivalentes Verhältnis hatte; dieses Schuldgefühl bildete das Motiv zur Niederschrift des „Hamlets" (vgl.: SLW 260). Döblins Schuldgefühl als Dichter, das sich in den autobiographischen Schriften in einem ständig präsenten Legitimationsbedürfnis manifestiert und ein zentrales Motiv des literarischen Werkes bildet (Stauffer im „November", Gordon im „Hamlet"), ist nicht allein auf die höhnische Kunstfeindlichkeit der Mutter zurückzuführen (vgl.: Kiesel, Helmuth: Literarische Trauerarbeit, a.a.O., S. 36; Müller-Salget, Klaus: Alfred Döblin, a.a.O., S. 26/27). Den Rückzug in die künstlerische Phantasie wertete Döblin tendenziell als schuldhafte Flucht aus der Realität. Das Legitimationsbedürfnis resultiert aber auch aus der kritischen Distanz, die Döblin nach der „Wende zum Einzelmenschen" gegenüber seinem frühen literarischen Schaffen entwickelte (vgl.: Kapitel I.4,).

[2] Döblin, Alfred: Babylonische Wandrung, München 1982, S. 516.

[3] Vgl.: KS II 266.

[4] In „Das Ich und das Es" (1923) verweist Freud auf die Bedeutung des Schuldgefühls bei Zwangsneurose, Melancholie und Hysterie (vgl.: Freud, Sigmund: Das Ich und das Es, Gesammelte Werke Bd. 13, a.a.O., S. 280/81).

[5] Freud, Sigmund: Das Unbehagen in der Kultur, Gesammelte Werke Bd. 14, a.a.O., S. 493/94.

des Schuldgefühls: „Das Schuldgefühl ist ein großartiges und gefährliches Gefühl. Wir wissen, daß Hoheit und Reinheit, steigernde Moralen aus dem Zwang, den es ausübt, quellen. Aber dies Gefühl nimmt auch eine radikale Isolierung, Aushungerung des Individuums vor."[1]

Sowohl bei Döblin als auch bei Freud lassen sich - wenn auch aus unterschiedlichen Perspektiven - Akzentverschiebungen in bezug auf die Einstellung zur Schuldproblematik feststellen. Hatte Freud 1908 in seiner Schrift „Die 'kulturelle' Sexualmoral und die moderne Nervosität" die Neurose und das von ihm später diagnostizierte „Unbehagen in der Kultur" noch im wesentlichen im Zusammenhang mit einer durch gesellschaftliche Repression verdrängten Sexualität analysiert, so rückte mit der Einführung der zweiten Triebtheorie, d.h. mit der Todestriebhypothese und der damit eingeführten anthropologischen Konstante einer abgeleiteten Aggressivität, das Schuldgefühl ins Zentrum der Kulturtheorie.[2] Wenn die Ursache der Schuldgefühle in der Verinnerlichung der Aggression zu suchen ist, so sind diese nicht länger ein pathologisches Phänomen, sondern konstitutiv für den Prozeß der Zivilisation. In seinen späten Schriften zeigt Freud auf, in welchem Sinne Schuld als Grundfaktum menschlicher Existenz aufzufassen ist[3]; die Psychoanalyse kann so als eine zwar säkulare aber äußerst radikale Lehre von der Erbsünde aufgefaßt werden.[4]

Auch der frühe Döblin wendete sich gegen eine repressive Sexualmoral mit ihren pathologischen Folgen. Daß aber Schuld im Frühwerk als Pathologie und nicht als existentielle Bedingung menschlichen Seins gewertet wird, hat auch einen anderen Grund. Solange Döblin an seiner naturphilosophischen Vorstellung einer Alleinheit der Natur festhält, stellt sich das Problem der Schuld allenfalls auf der Ebene einer prometheischen Verleugnung von Naturverfallenheit. Erst vor dem Hintergrund der Individuation ist die Frage nach Verantwortung und Schuld sinnvoll. So zitiert Döblin z.B. in „Unser Dasein", das mit der Thematik der „unvollendeten Individuation" auf die Dichotomie der menschlichen Existenz und damit auf Tragik und Schuld verweist, wie Freud vier Jahre zuvor die berühmte Stelle aus Goethes „Wilhelm Meister" über die Unentrinnbarkeit des Schuldigwerdens - allerdings in einer sozialkritisch gewendeten, parodistischen Form.[5]

---

[1] UD 325.

[2] „In der neuesten analytischen Literatur zeigt sich eine Vorliebe für die Lehre, daß jede Art von Versagung, jede verhinderte Triebbefriedigung eine Steigerung des Schuldgefühls zur Folge habe oder haben könnte. Ich glaube man schafft sich eine große theoretische Erleichterung, wenn man das nur von den aggressiven Trieben gelten läßt (...)" (Freud, Sigmund: Das Unbehagen in der Kultur, Gesammelte Werke Bd. 14, a.a.O., S. 498).

[3] Vgl.: Vries, Karl-Ludwig de: Moderne Gestaltelemente, a.a.O., S. 69.

[4] Vgl.: Taubes, Jacob: Religion und die Zukunft der Psychoanalyse, in: Psychoanalyse und Religion, herausgegeben. von Eckart Nase und Joachim Scharfenberg, Darmstadt 1977, S. 167-175.

[5] Freud zitiert in „Das Unbehagen in der Kultur" aus den Liedern des Harfners im „Wilhelm Meister": „Ihr führt ins Leben und hinein, / Ihr laßt den Armen schuldig werden, / Dann über-

Dieses Vorgehen korrespondiert mit den zahlreichen Versuchen in dieser Schrift, die melancholische Grundstimmung entweder durch ironische Brechungen oder durch ein emphatisches Bekenntnis zur Alleinheit der Natur aufzuheben.

Mit Döblins „Wende zum Einzelmenschen" wird auch eine Annäherung an Freuds anthropologisch fundierten Skeptizismus ganz offensichtlich. Schon 1926 hatte Döblin die pessimistische Grundstimmung der Freudschen Schriften als besonderes Charakteristikum hervorgehoben und festgestellt, daß dieser nicht „den Aberglauben an den großen Wert menschlicher Einrichtungen, an ihren Wert für die wirkliche Veränderung der Seele"[1] teile. Diese Feststellung machte Döblin noch vor der Entstehung von Freuds „Unbehagen in der Kultur" (1930), in der die kulturpessimistischen Züge seine Anthropologie besonders stark zum tragen kommen. Beiden gemeinsam ist auch der Bezug auf Schopenhauer im Spätwerk: Während Freud 1920 bekannte, mit seiner Todestrieb-Spekulation „unversehens in den Hafen der Philosophie Schopenhauers eingelaufen"[2] zu sein, beruft sich Döblin 1943 ebenfalls auf Schopenhauer und dessen Kritik an einem „ruchlosen Optimismus", der die Einsicht in die Existenz des Bösen und des Leidens in der Welt zu leugnen versuche.[3]

Die Einstellung zur Schuldproblematik war in der Forschung immer wieder Anlaß, auf tiefgehende Differenzen zwischen Freud und Döblin - insbesondere nach dessen Konversion zum Katholizismus - hinzuweisen.[4] Döblins Kritik an „einer medizinischen Psychotherapie in der christian science, die strikt sowohl das Leiden wie das Böse leugnet und als bloße Denkfehler korrigieren möchte"[5], ist aber durchaus nicht mit einer Kritik an der Psychoanalyse gleichzusetzen. Dasselbe gilt für seine kritischen Anmerkungen in den religionsphilosophischen Schriften, wo es heißt: „Das Schuldgefühl ist die Menschheit bis zum heutigen Tage nicht losgeworden. Es nimmt alle möglichen Formen an. Unsere Psychologen wollen es dem Menschen weganalysieren, aber sie bemühen sich vergeblich. Verstopfen sie

---

laßt Ihr ihn der Pein, / Denn jede Schuld rächt sich auf Erden" (Freud, Sigmund: Das Unbehagen in der Kultur, Gesammelte Werke Bd. 14, a.a.O., S. 493).
Döblin zitiert diese Verse ebenfalls und fährt fort: „Wir Armen haben immer Schuld. Solang wir arm sind, sind wir schuldig. Doch alle Armut, alle Schuld kommt nur daher, daß wir geduldig./ Und wieder in die Welt hinein, sie wird schon einmal anders werden, und anderen gehört die Pein, denn alle Schuld rächt sich auf Erden. / Und wieder in die Welt hinein, durch Kampf und Armut und Beschwerden, und immer schwächer wird die Pein, denn alle Schuld vergeht auf Erden" (UD 274).

[1] Döblin, Alfred: Sigmund Freud zum 70. Geburtstag, a.a.O., S. 88.
[2] Freud, Sigmund: Jenseits des Lustprinzips, Gesammelte Werke Bd. 13, a.a.O., S. 53.
[3] Briefe 297.
[4] Vgl. : Kiesel, Helmuth: Literarische Trauerarbeit, a.a.O., S. 77/78.
[5] Briefe 297.
Döblins Kritik bewegt sich auf derselben Ebene, auf der auch die Vertreter der „Frankfurter Schule" die Revision der ursprünglichen Intentionen Freuds durch die amerikanische Praxis der Psychoanalyse kritisierten (vgl. u.a.: Adorno, Theodor W.: Minima Moralia, Frankfurt/M. 1980, S. 73-75).

das Gefühl da, bricht es dort wieder durch. Es ist nicht zu beseitigen. Es gehört zur Natur unserer Menschheit."[1] Die Tatsache, daß Schuld zur „Natur des Menschen" gehört, widerspricht nicht Freuds Ansichten, sondern ist im Gegenteil grundlegender Bestandteil seiner Metapsychologie. Auch Freuds therapeutische Intention war keineswegs ein „Weganalysieren" von Schuldgefühlen, sondern die bewußte Annahme der existentiellen Tatsache der Schuld. Dieser Tatbestand war dem Freud-Kenner Döblin durchaus bewußt. In der November-Trilogie äußert einer der Protagonisten: "Mit Ödipusphantasien befaßte sich ja diese Epoche viel. Sie fühlte sich schuldig, belastet und wußte nicht wodurch."[2] Helmuth Kiesel interpretiert dieses Zitat als Beleg für eine Ablehnung der Psychoanalyse und ihrer Mytheninterpretation.[3] Berücksichtigt man aber, daß Döblin wenige Jahre später die Ödipus/Hamlet-Thematik selbst in seinem letzten Roman in den Mittelpunkt stellte, dann läßt sich dieses Zitat durchaus affirmativ deuten.

Döblins späte Reflexionen zur Schuldproblematik sind allerdings auch in hohem Maße geprägt von theologischen Überlegungen und der Lektüre Kierkegaards.[4] Aber auch in den religionsphilosophischen Schriften ist der (tiefen)psychologische Blick ständig präsent. Dort wird darauf verwiesen, daß das existentielle Problem der Schuld psychisch aus der Tatsache der (unbewußten) Gleichbewertung von Tat und Phantasie zu erklären ist, d.h. aus der determinierenden Kraft der psychischen Realität.[5]

Eine vorbehaltlose Akzeptanz der Grundtatsache der Schuld, die er in seinem literarischen Spätwerk in immer wieder neuen Varianten thematisierte, war Döblin

---

[1] RG 134.
[2] Döblin, Alfred: November 1918, 4 Bände., München 1978, Bd. 4 S. 609.
[3] Vgl. : Kiesel, Helmuth: Literarische Trauerarbeit, a.a.O., S. 311.
[4] Döblin hatte sich im Pariser Exil intensiv mit Kierkegaard auseinandergesetzt. Dessen theoretische Resultate interessierten ihn dabei nicht so „wie seine Art, die Richtung und der Wille" (SLW 299) seines Denkens. Die Geistesverwandtschaft, die Döblin hier feststellt ist nicht zuletzt bedingt durch den psychologischen Scharfblick, mit dem Kierkegaard tiefenpsychologische Einsichten - insbesondere hinsichtlich der Schuldproblematik vorwegnimmt. Aber auch die Radikalität dieses existenzialistischen Denkens, das Aufklärung und Selbstaufklärung (die im Hamlet-Roman von Edward geforderte „Redlichkeit") bis zu einem paradoxen Punkt betreibt, an dem der Sprung in die Metaphysik unausweichlich und logisch zwingend erscheint, mußte Döblin faszinieren. Das Kierkegaardsche Motiv der Differenz zwischen ästhetischer, ethischer und religiöser Lebenseinstellung bildete z.T. die Grundlage der Darstellung verschiedener Charaktertypen in der November-Trilogie (vgl. Riley, Anthony W.: Christentum und Revolution. Zu Alfred Döblins Romanzyklus „November 1918"), in: Leben im Exil, herausgegeben. von Wolfgang Frühwald und Wolfgang Schieder, Hamburg 1981, S. 91-103).
[5] „Man hat von Shakespeare gesagt: er hätte nicht die ganze Galerie seiner Figuren, darunter massenhaft Mörder und Wüstlinge zeichnen können, wenn er nicht das Zeug zu jedem in sich getragen hätte. Aber so steht es um jeden von uns. (...) Wir sind alle aus dem gleichen Stoff. Jeder von uns hätte alles getan haben können, was in den Strafgesetzbüchern steht" (RG 120).

wohl erst in dem Augenblick möglich, als er in der Religion gleichzeitig eine Möglichkeit umfassender Vergebung gefunden hatte. Auch hier zeigt sich eine Differenz zu Freuds pragmatischem Stoizismus. Man sollte dabei allerdings auch berücksichtigen, daß die Erfahrung eines menschlich nicht faßbaren Ausmaßes von Destruktivität und Schuld, die Döblin durchlitt, Freud weitgehend erspart blieb. In diesem Sinn ist Kiesel zuzustimmen, daß Döblin nicht Therapie, sondern Erlösung suchte.[1]

I.8. Die „Erbschaft"

Eine besondere Anziehungskraft übten auf Döblin Freuds Thesen über den Zusammenhang von Ontogenese und Phylogenese und über die Wirkungskraft einer archaischen Erbschaft aus: „Es wurde vor allem deutlich, daß unterirdisch in uns eine Art Gedächtnis verläuft, ein aktives Gedächtnis, das uns mit Instinkten belädt und bis auf Urväterzeiten zurückgeht. Er (Freud, I.M.) findet: ebenso wenig wie der Körper von heute auf morgen gemacht ist, von jeder Mutter selbständig neu geboren wird, sondern eine ungeheure Tiergeschichte hinter ihm steht, ebenso wird die Seele nicht in jedem Fall neu aufgebaut; die Seele hat eine ebenso ungeheure Vergangenheit, sie hat ja schließlich diesen Körper beseelt, und bis in die Tierzeit hinein senkt sie ihre Wurzeln. So hat Freud ein Stück Historie der Seele bloßgelegt."[2]

Diese Ausführungen Döblins beziehen sich auf Freuds Darstellung der Entstehung des Über-Ichs bzw. des Ichideals in „Totem und Tabu" (1912/13) und „Das Ich und das Es" (1923). Das Über-Ich ist Resultat des individualgeschichtlich durchlebten und überwundenen Ödipuskomplexes; gleichzeitig vollzieht sich in diesem individuellen Geschehen aber nur die Wiederholung und Verstärkung eines archaischen Ereignisses, die Ermordung des Vaters durch die Söhne der Urhorde und deren anschließende Identifizierung mit ihm, ein Ereignis, das Freud als tatsächliches historisches Geschehen hypothetisch annimmt. Individualgeschichte und Phylogenese greifen ineinander: „Was die Biologie und die Schicksale der Menschenart im Es geschaffen und hinterlassen haben, das wird durch die Idealbildung vom Ich übernommen und an ihm individuell wiedererlebt.

---

[1] Vgl.: Kiesel, Helmuth: Literarische Trauerarbeit, a.a.O., S. 77.
[2] Döblin, Alfred: Sigmund Freud zum 70. Geburtstag, a.a.O., S. 84.
Zum Problem der Erbschaft vgl.: Düsing, Wolfgang: Erinnerung und Identität, a.a.O., S. 124-127. Im wesentlichen stimme ich mit Düsings Aussagen überein. Seine These, Döblin habe den Begriff der „Erbschaft" von Freud übernommen (vgl.: ebd. S. 124), halte ich aber für spekulativ. Kiesel merkt zu Recht an, daß sich eine Übernahme nicht nachweisen lasse (vgl.: Kiesel, Helmuth: Literarische Trauerarbeit, a.a.O., S. 78 Anm. 316). In welcher Hinsicht Döblin gegen Freuds Erbschafts-Theorie opponieren zu müssen glaubte, führt Kiesel allerdings nicht aus. (Zur Bedeutung der Erbschaft vgl. auch: ebd. S. 61-63.)

Das Ichideal hat infolge seiner Bildungsgeschichte die ausgiebigste Verknüpfung mit dem phylogenetischen Erwerb, der archaischen Erbschaft, des einzelnen."[1] An anderer Stelle heißt es noch umfassender: „Den Kern des seelisch Unbewußten bildet die archaische Erbschaft."[2]
Freud argumentiert auf der Grundlage der lamarckistischen Vererbungstheorie, nach der nicht nur Dispositionen, sondern auch Inhalte und erworbene Eigenschaften durch Vererbung weitergegeben werden. Diese Theorie ist nicht nur wissenschaftlich umstritten, sondern auch insofern problematisch, als in ihr Natur und Geschichte nicht mehr gegeneinander abgegrenzt werden und so soziale und historische Prozesse tendenziell zugunsten (irrationaler) Vererbungsvorgänge nivelliert werden. Herbert Marcuse interpretiert deshalb Freuds „anthropologische Spekulation" in der symbolischen Bedeutung als eine Urgeschichte von Herrschaft.[3] In ihrer allgemeineren Bedeutung verweist sie einerseits auf die Übermacht der Natur im Subjekt und auf „das Weiterwirken der zwanghaft bindenden Macht des Ursprungs"[4] (der Mord am Urvater führt nicht zur Befreiung sondern zur unbewußten Identifikation), andererseits auf die überindividuelle Macht des Wiederholungszwanges, der Generation für Generation veranlaßt, das Unbewußte der Eltern auf einer gleichfalls unbewußten Ebene zu reproduzieren. Im Gegensatz zu Theorien Jungscher Provenienz schränkt Freud die Bedeutung von phylogenetischen, im Prozeß der Gattungsgeschichte ererbten Erinnerungen als Erklärung für individuelles psychisches Leiden allerdings stark ein, wenn er z.B. betont, daß er diesbezügliche Erklärungen nur für zulässig hält, „wenn die Psychoanalyse in Einhaltung des korrekten Instanzenzuges auf die Spuren des Ererbten gerät, nachdem sie durch die Schichtung des individuell Erworbenen hindurchgedrungen ist".[5] Freuds These von der archaischen Erbschaft dient in erster Linie der Verstärkung der Behauptung von der Ubiquität und Universalität des Ödipus-Komplexes.
Für Döblins Naturphilosophie hatte dagegen das Problem der phylogenetischen Erbschaft einen umfassendereren Stellenwert. Im theoretischen und literarischen Werk finden sich unzählige Metaphern, die diesen Komplex zum Gegenstand haben: „Sonderbar, ungeheuer wie Elefanten schleppen wir die ganze Vergangenheit der Erde, Pflanzen und Tiere mit uns herum".[6] Prähistorische Determinanten wirken ständig auf die Gegenwart ein. „Was trägt sich da durch die Zeitlichkeit, welch flatterhaft leichter, sündhaft geschüttelter, geschwollener

---

[1] Freud, Sigmund: Das Ich und das Es, in: Gesammelte Werke Bd. 13, a.a.O., S. 264/65.
[2] Freud Sigmund: 'Psychoanalyse' und 'Libidotheorie', Gesammelte Werke Bd. 13, a.a.O., S. 225/26.
[3] Marcuse, Herbert: Triebstruktur und Gesellschaft, Frankfurt/M. 1984, S. 64.
[4] Heinrich, Klaus: Die Funktion der Genealogie im Mythos, in: ders.: Parmenides und Jona, Frankfurt/M. 1966, S. 17.
[5] Freud, Sigmund: Aus der Geschichte einer infantilen Neurose, Gesammelte Werke Bd. 12, a.a.O., S.157.
[6] IüN 231.

Trieb. Getränkt ist das mit den ausgetobten Säften von Menschen-, Tier- und Pflanzengeschlechtern. So sieht die Erbschaft aus. Sie schlägt sich in geformten und weiterdrängenden Gestalten, Menschen und Einrichtungen, nieder."[1] Im Extremfall ist der Mensch durchdrungen von atavistischen Einflüssen, die die „Kraftquellen" seiner Vitalität bilden. Er ist „umdüstert von den Gewalten ältester Zeiten" und kann nur „wirken, sich ausstrahlen".[2]

Döblins gleichsam kosmologische Theorie der Resonanz, die er in „Unser Dasein" entwickelt, läßt sich sicher nicht vorbehaltlos mit Freuds „archaischer Erbschaft" identifizieren. Resonanz ist sowohl als naturphilosophischer als auch als produktionsästhetischer Begriff zu betrachten.[3] Sie ist das umfassende vitalistische Prinzip, das „Person" und „Welt" verbindet. „Wir haben ja eine einzige Lebenssubstanz, es ist die eine Welt, das eine Leben in allen Gestalten, und da können unter Umständen Dinge vieler und ferner Zeitabschnitte (...) in uns schwingen."[4] Resonanz wird nicht in erster Linie als räumliche verstanden, sondern in ihrer zeitlichen, vorgängigen Dimension und steht so in einem engen Zusammenhang mit dem Problem der „Erbschaft".

In seinem späten Aufsatz „Die literarische Situation" (1947) beschreibt Döblin noch einmal die verschiedenen Schichten, in denen sich die Motive für menschliches Fühlen und Handeln herausbilden. Die oberste Schicht bildet das spontane, oberflächliche Tagesdenken; darunter finden sich die Motive, die durch den Einfluß der Sozialisationsmechanismen bedingt sind. Die tiefste Schicht ist die Urgeschichte der Menschheit, die phylogenetische Erbschaft. „Darunter, (...) aus einer sehr frühen Zeit wirken gewisse allgemein menschliche Verhaltensweisen, die schon ethnologischer und anthropologischer Art sind, und ferner Impulse von biologischer und physiologischer Art, die aus der menschlichen Stammesgeschichte und aus seiner Leiblichkeit stammen."[5]

Wie Freuds Metapsychologie, so ist Döblins Naturphilosophie eine Theorie des Archaischen, eine „Manifestation des ewig Vorgängigen"[6]. Alles Erkennen ist Wiedererkennen; Bewußtsein entsteht durch die Simultaneität von Vergangenheit und Gegenwart: „Bewußtsein (...) ist der Ort, an dem die augenblicklichen, durch die Situation gegebenen Eindrücke mit älteren Eindrücken und den angeschlossenen Erlebnismassen zusammenstoßen."[7] Die Übermacht der Vergangenheit manifestiert sich auch in den Phantasien und Visionen der Romanfiguren, die

---

[1] UD 233.
[2] SPÄL 133.
[3] Kunst realisiert tendenziell die Aufhebung der Zeit; diese wird dadurch möglich, daß „die Erbschaft, die eingeprägt im Künstler außerordentlich fein und unbewußt schwingt und, wenn Umstände eintreten, stärker resoniert" (UD 254).
[4] UD 220.
[5] SÄPL 425/26.
[6] Vgl.: Ricoeur, Paul: Die Interpretation. Ein Versuch über Freud, Frankfurt/M. 1974, S. 450.
[7] UD 195.

zumeist statt auf Zukünftiges auf Vergangenes bezogen sind[1]; wie die halluzinatorische Belebung der Wahrnehmungsbilder im Traum haben sie einen „regredienten Charakter"[2].

Wiederum ist Döblins Haltung ambivalent: Das kollektive Unbewußte ist für ihn der Garant für eine raum-zeitliche Einheit, an der der Mensch trotz Individuation teilhat. Die Erbschaft bürgt für einen Sinn, an dem Döblin trotz seines geschichtsphilosophischen Pessimismus festhält. „Wenn so Erbschaft da ist (...), dann ist es aber unmöglich, daß das Ganze, das sich so bildet, sinnlos, sinnfremd ist. (...) Wir können nicht von Zielen sprechen. Aber vom Ich geborene Erbschaft auf Erbschaft."[3] Gleichzeitig manifestiert sich hier die Macht des Wiederholungszwanges, die die Autonomie des einzelnen einschränkt und ihm die Vollendung seiner Individuation verwehrt. Das autonome Ich wird dann letztlich doch wieder als gültige Instanz akzeptiert: „Da mögen meine Antriebe herkommen, woher sie wollen, von Vater Mutter, mögen an den Boden, an die Elemente geknüpft sein. Voran steht die Realität meines autonomen Privat-Ichs, das eine großartige Ursprünglichkeit ist und das alles dieses erst wichtig werden läßt, weil es in sie eintaucht und sie aufnimmt."[4] Dieses Ich aber ist charakterisiert durch die Resonanz, in der ständig Vergangenheit nachklingt. Nur durch Erinnerung und Vergegenwärtigung des Vergangenen im Sinne der von Freud geforderten Rekonstruktion der „Historie der Seele" kann sich Identität konstituieren. Dieser Sachverhalt, d.h. der Zusammenhang zwischen Erinnerung und Identität, determinierender Vergangenheit und Autonomie des Ichs, findet sich im literarischen Werk - und hier insbesondere im Hamlet-Roman - allerdings überzeugender gestaltet als in der naturphilosophischen Dialektik.

Wie Freud konstatiert auch Döblin ein Ineinandergreifen von überindividuellem, phylogenetischem Erbe und ontogenetischer, individueller Lebensgeschichte. Es ist in diesem Zusammenhang interessant, daß sich in „Unser Dasein", eingefügt in die naturphilosophischen Ausführungen, eine Fallstudie („Vater und Sohn") findet, die auf die Bedeutung der individuellen Erbschaft verweist. Ausgangspunkt dieser Studie ist der Selbstmord eines erwachsenen Sohnes. Anlaß ist der Verlust des Arbeitsplatzes, die eigentliche Ursache aber ein unbewußtes Schuldgefühl: Der Vater hat ihn in der Kindheit hart und grausam behandelt, weil er ihn unbewußt für den Tod der Mutter verantwortlich machte. Das so im Sohn erzeugte Schuldgefühl hat dessen weiteres Leben bestimmt und ihn zuletzt in den Selbstmord getrieben. In dieser kurzen Studie werden zentrale Motive der Psychoanalyse aufgenommen: das kindliche Trauma, der Wiederholungszwang, die Macht des unbewußten Schuldgefühls. Die Studie schließt bezeichnenderweise mit den Worten: „Der siegreiche Vater. Es liegt einer da, unter seiner Erb-

---

[1] Vgl.: Vries, Karl-Ludwig de: Moderne Gestaltelemente, a.a.O., S. 289.
[2] Vgl.: Freud, Sigmund: Die Traumdeutung, Gesammelte Werke Bd. 2/3, a.a.O., S. 538-554.
[3] UD 233.
[4] IüN 170.

schaft begraben."[1] Döblin erkennt also die Bedeutung von phylogenetischen und ontogenetischen Faktoren an.
Aber nicht nur Gattungs- und Lebensgeschichte stehen unter dem Bann der Vergangenheit; auch die konkrete historische Entwicklung verfällt einem geradezu mythischen Erbe. 1950 äußert sich Döblin in einem seiner Rundfunkbeiträge zu den Gründen, die wider besseres Wissen und Wollen ein vereinigtes Europa, für das er sich leidenschaftlich einsetzte, verhindern: „Das Gebiß, die Maske, die Kette heißt - die Vergangenheit. Der Gigant, der seine Häuser immer wieder umwirft, heißt Vergangenheit, die nicht vergangen sein will und uns die Gegenwart und die Zukunft stiehlt."[2] Dann folgt der leidenschaftliche Appell: „Protest, unermüdlicher Protest aller Heutigen und Lebenden gegen die Rückstände der Vergangenheit, Märtyrer und Helden zu diesem Kampf, dem einzigen menschenwürdigen, den wir Menschen zu führen haben, den Kampf der Lebenden gegen ihre Geschichte."[3] Diese Perhorreszierung der Vergangenheit muß sicher vor dem Hintergrund der unmittelbar zuvor durchlittenen Geschichte gesehen werden. Dennoch verweist die Verallgemeinerung, in der hier Vergangenheit gefaßt wird als eine Geschichte von Gewalt und Unterdrückung, die der Gegenwart in Form des Wiederholungszwanges ihren Stempel aufdrückt, auf eine Akzentverschiebung in bezug auf die Wertung der „Erbschaft". Wie noch zu zeigen sein wird, thematisiert Döblin im literarischen Spätwerk die „Erbschaft" in ihrer umfassenden philogenetischen, historischen und individualgeschichtlichen Bedeutung als einen Determinismus, dessen zerstörerische Kraft nur durch das Bewußtwerden des Unbewußten zu brechen ist.

I.9. Exkurs 2: Döblin und C.G. Jung

Die Bedeutung des phylogenetischen Erbes und des kollektiven Unbewußten für Döblin legt die Vermutung eines Einflusses der Theorien von Jung nahe, der diese Thematik ins Zentrum seiner tiefenpsychologischen Untersuchungen rückte. Diese Annahme wird durch die Interpretation Robert Minders bestätigt. Dieser meinte, die Grundlage des Hamlet-Romans bilde die „virtuos gehandhabte freie Anwendung der Jungschen Lehre von den Archetypen im Gegensatz zur Psychoanalyse Freuds, der Döblin immer schärfer die nationalistischen Züge vorzuwerfen sich gedrängt fühlte".[4]
Allerdings gibt es in den Schriften Döblins kaum Hinweise auf eine intensivere Beschäftigung mit Jung. Eine Ausnahme bildet ein Brief an Walter Muschg, in

---

[1] UD 325.
[2] RB 321.
[3] Ebd. S. 322.
[4] Minder, Robert: Alfred Döblin zwischen Osten und Westen, a.a.O., S. 204.

dem er schreibt: „Voll Freude las ich, was Sie über Freud schreiben. Sie haben aber in der Schweiz noch Jung, der auch nicht von Pappe ist."[1] Nur ein zweites Mal wird Jung erwähnt, nämlich in „Wissen und verändern" (1931); wo Döblin den angesprochenen „jungen Menschen" auffordert: „Erinnern Sie sich auch, was neuerdings der Schweizer Jung von den 'Archetypen', dem uralten, kollektiven Unterbewußtsein in uns, lehrt."[2] Im Zeitschriften-Erstdruck hatte Döblin statt dessen in diesem Zusammenhang auf Freud verwiesen.[3]

Im ganzen gesehen sind also die Hinweise auf Jung, verglichen mit der intensiven Beschäftigung mit Freud, marginal. Da Döblin mit einem breiten Spektrum der psychoanalytischen Literatur vertraut war und neben Freud auch Schriften von Sándor Ferenczi[4], Ernst Simmel[5], Franz Alexander[6], Georg Groddek[7] und Theodor Reik[8] rezipierte, ist das mangelnde Interesse am Werk Jungs eher erstaunlich.

Helmuth Kiesel vermutet zwar, daß sich Döblin ab 1930 mit Jung auseinandergesetzt habe, kommt aber dann ebenfalls zu der Feststellung, daß von einer leitenden Orientierung Döblins an Jung keine Rede sein kann.[9] Diese Einschätzung wird insbesondere durch die Ausführungen Döblins zu Jung und Freud in seinem Artikel „Die Psychoanalyse. Zu einer deutschen Kritik" (1939) bestätigt. Dieser Artikel ist eine Replik auf eine nationalsozialistisch orientierte Kritik Oswald Bumkes an der Psychoanalyse; Bumke war - wie Döblin - Schüler des Freud-Gegners Hoche, und Döblins Kritik an Bumke läßt sich auch als eine späte Abrechnung mit seinem Lehrer interpretieren. Zwar wird von Bumke die Tiefenpsychologie insgesamt abgelehnt, weil sie auf der unbewiesenen Annahme der Existenz des Unbewußten beruhe, Jung wird aber im Gegensatz zu Freud mit seiner Theorie der Archetypen in einem bequemen Brückenschlag zur Blut- und Bodenlehre teilweise anerkannt. Döblin weist die Inkonsequenz dieses Ansatzes nach und nimmt implizit für Freud und gegen Jung Stellung, indem er gegen Bumkes Polemik die Ubiquität des Ödipuskomplexes verteidigt und so gerade

---

[1] Briefe 488.
[2] Döblin, Alfred: Wissen und Verändern!, in: ders.: Der deutsche Maskenball von Linke Poot / Wissen und Verändern!, Olten 1972, S. 153.
[3] Ebd. S. 283 (Anmerkung zu S. 153).
[4] Vgl.: KS II 192, 261, 262, 391.
[5] Vgl.: ebd. S. 262.
[6] Vgl.: ebd. S. 262.
[7] Vgl.: ebd. S. 192, S. 261.
[8] Vgl.: ebd. S. 271.
[9] Vgl.: Kiesel, Helmuth: Literarische Trauerarbeit, a.a.O., S. 77-81. Trotz dieser Einschätzung meint Kiesel, daß es sich in bezug auf den „Hamlet" um den Versuch einer Verbindung von Freudschen und Jungschen Elementen handeln könnte. Der Einfluß Jungs sei allerdings insofern nicht nachzuweisen, weil Jungs Archetypen per definitionem auch autochthones Produkt jedes anderen Autors sein könnten (vgl.: ebd. S. 79-81). Ich meine dagegen, daß die im „Hamlet" verwendeten mythischen Bilder als projizierte Innenwelt der Protagonisten individuelle Konflikte widerspiegeln und nicht als Archetypen zu betrachten sind.

einen Aspekt der Freudschen Theorie, den Jung abgelehnt hatte, anerkennt. Der oben genannte Artikel relativiert gleichzeitig die Auffassung Minders - die auch von Kiesel geteilt wird -, Döblin habe mit seiner Hinwendung zum Religiösen auch eine Abkehr von der Psychoanalyse vollzogen. Noch einmal wird hier die Existenz des Unbewußten und seiner Mechanismen bestätigt: „Faktisch kehrt nur ein Teil der bewußt gewesenen Vorgänge usw. unverändert, nach dem Absinken, ins Bewußtsein zurück; ein Teil unterliegt sonderbaren Veränderungen, Entstellungen, Fragmentierungen, Verschmelzungen mit anderen Bildern usw. Dies demonstriert zu haben ist eine Großleistung der Psychoanalyse."[1] Gegen Bumkes Kritik der Unbeweisbarkeit des Unbewußten und der Unwissenschaftlichkeit der Psychoanalyse stellt Döblin lakonisch fest: „Wie 'beweist' man in der Psychoanalyse? Man demonstriert, macht plausibel. Aber Buncke (sic)[2] will nicht. Da ist nichts zu machen."[3]

Gegen Minders oben zitierte Auffassung vom Einfluß Jungs auf den Hamlet-Roman läßt sich einwenden, daß gerade in diesem Werk Freuds Erinnerungsmodell, d.h. das Bewußtwerden des (individuell) Verdrängten, als leitende Orientierung auszumachen ist. Auch die Gestaltung des Mythischen im „Hamlet" verweist deutlicher auf Freuds Psychologisierung des Mythos als auf Jungs Theorie des Archetypischen. Allgemein läßt sich sagen, daß das Überindividuelle des Unbewußten, dem Döblins Interesse galt, bei Freud selbst eine hinreichende Fundierung hat. Es beruht allerdings nicht auf der Konstruktion des Archetypischen, sondern hat seine Grundlage in der Definition des Unbewußten selbst[4].

I.10. Rückblick und Ausblick. Die Bedeutung der Psychologie im frühen und im späten literarischen Werk

Zu fragen bleibt, wie sich Döblins Verhältnis zur Psychoanalyse, das sich durch ein Ineinandergreifen von Affinität, Übernahme und Abgrenzung charakterisieren läßt, auf die literarische Produktion auswirkte. Hierzu ist anzumerken, daß dieser Einfluß erst nach der „Wende zum Einzelmenschen", die auch eine Wende zur Psychologie implizierte, voll zum Tragen kam, also nicht während der Zeit, in der sich Döblin am intensivsten mit den Schriften Freuds und anderer Analytiker auseinandersetzte. „Hamlet oder Die lange Nacht hat ein Ende", den Döblin selbst

---

[1] Döblin, Alfred: Die Psychoanalyse. Zu einer deutschen Kritik, in: Die Zukunft 2, Straßburg/Paris 24.2.1939.
[2] Döblin verwendet hier eine falsche Schreibweise des Namens (vgl. Kap. I.2. Anm.).
[3] Döblin, Alfred: Die Psychoanalyse, a.a.O.
[4] „(...) ich glaube nicht, daß wir etwas erreichen, wenn wir den Begriff eines 'kollektiven' Unbewußten einführen. Der Inhalt des Unbewußten ist ja überhaupt kollektiv, allgemeiner Besitz der Menschen" (Freud, Sigmund: Der Mann Moses und die monotheistische Religion, Gesammelte Werke Bd.16, a.a.O., S. 241).

als einen psychoanalytischen Roman[1] bezeichnete, entstand zu einer Zeit, in der religiöse und nicht psychoanalytische Probleme im Zentrum seines Denken standen. Die zentralen ästhetischen Kategorien seiner frühen Schriften entwickelte Döblin im sogenannten „Berliner Programm" (1913), das wesentlich beeinflußt war von psychiatrischen Vorstellungen der Hocheschen Schule.[2] Gegenstand der Literatur sollte die „entseelte Realität" sein, als dichterische Haltung wurde „Depersonation"[3] gefordert, eine Verschmelzung des Autors mit dem Gegenstand, die noch über eine mimetische Haltung hinausgeht und einer Aufhebung der Subjekt-Objekt-Spaltung, einer Sprengung der Ich-Grenzen gleichkommt. In seiner Position als Dichter leugnet Döblin die Differenz von innen und außen und jede Distanz zum Objekt, das introjiziert und damit vernichtet wird: „Was immer ich berühre, (...) hab ich gemordet, um sein Selbst gebracht"[4], bekennt der Musiker in den „Gesprächen mit Kalypso" (1910). Dieser dichterische Standpunkt gegenüber der Realität impliziert eine Ablehnung der Psychologie - in drastischen Worten: „Psychologie knallt(e) das Pathos nieder"[5]. Döblin nimmt eine kritische Haltung gegenüber der Tradition des Entwicklungsromans ein und lehnt die Verbindung von Darstellung und Reflexion[6] ebenso ab wie eine hermeneutische Einstellung des Autors zur dargestellten Realität. Der Dichter soll „gesättigt von Sachlichkeit"[7], durchdrungen von „entseelter Realität" schreiben, denn „alles nur verstehen heißt alles erniedrigen"[8]. Nicht Geschichten, d.h. ein durch einen -

---

[1] Vgl.: SLW 402.
[2] Vgl.: Forschungsbericht.
[3] Vgl.: SÄPL 123 und 630 Anm. 5.
  Kleinschmidt merkt an, daß der Terminus „Depersonation" eine Wortschöpfung Döblins zu sein scheint, und daß er bewußt die Nähe zum psychopathologischen Problem der „Depersonalisation" herstellt, sich aber gleichzeitig davon abgrenzt (vgl.: Kleinschmidt, Erich: Döblin-Studien I, a.a.O., S. 387).
[4] SÄPL 109.
  In den „Kalypso-Gesprächen" betont Döblin außerdem die Distanz der Musik zur Sprache. Die Musik sei eine Ausdrucksform, die sich von „Sprachähnlichkeit" abwende und im Extremfall „jedes Zeichenwertes bar abrollte und Geschehen selbst wäre" (ebd. S. 91). Sie ist daher der Dichtung hinsichtlich der Möglichkeit der Darstellung von Realität überlegen, denn „die Musik ist hier klüger als die Sprache. Gefühle kennt die Musik nicht, Gefühle kennt auch die Wirklichkeit nicht. Haß, Liebe, Neid sind Gedanken, - Gedanken derer, die hassen, neiden, lieben, gedankliche und sprachliche Trennungen und Erfindungen. (...) Dunkel kreisen sie um noch Dunkleres. Die Musik kennt keine 'Seele'; sie wandelt unter den wirklichen Dingen" (ebd. S. 73).
[5] SÄPL 125.
[6] Besonders scharf und polemisch formuliert Döblin seine Kritik am essayistischen Roman, am „Einbeziehen des Reflektiven in den Roman (SÄPL 138), aus Anlaß einer Kritik an Flakes Roman „Die Stadt des Hirns" (1919): „(...) das Reflektive ist nichts, die anschauliche Gestaltung und die Durchblutung des Gedankengangs mit dem Affekt ist alles" (ebd. S. 140).
[7] SÄPL 113.
[8] Ebd. S. 87.

wenn auch oft unbewußten - Motivationszusammenhang strukturiertes und verstehbares Geschehen, werden erzählt, sondern es geht allein um die Darstellung von „Abläufen".[1] Die Haltung des Dichters ist konsequenterweise die einer „urgeborenen Amoralität", die sich den „übermoralischen Seelenbewegungen"[2] zuwendet. Döblins ästhetische Forderungen, die die Ausschaltung von Reflexion und Moralität und die Auflösung von Ich-Grenzen implizieren, verweisen letztlich auf die Forderung einer Produktion aus dem Unbewußten, als die er selbst sein literarisches Schaffen immer wieder bezeichnete.[3]

Es scheint naheliegend, die explizit formulierte antipsychologische Haltung des frühen ästhetischen Programms mit einer anti-freudianischen Stoßrichtung in Verbindung zu bringen.[4] Dazu ist anzumerken, daß sich die Ablehnung der Psychologie gegen traditionelle motivationspsychologische Theorien und deren literarischen Niederschlag in einer „psychologischen Manier" richtet. Döblin wirft ihnen vor, daß sie die tatsächlichen Motive, nämlich die Determination aus den archaischen Schichten des Unbewußten, nicht erkennen.[5] Er befindet sich in Übereinstimmung mit Freud, der seine Psychologie des Unbewußten in Abgrenzung von der Bewußtseinspsychologie der Wundtschen Schule entwickelte[6], auf die sich auch Döblins Psychologiekritik bezieht. Die Aussagen des „Berliner Programms" stehen zwar tatsächlich im Widerspruch zu zentralen Theoremen der Freudschen Metapsychologie; aber auch Döblins eigener Standpunkt ist keineswegs so radikal, wie die Formulierungen des Programms suggerieren. So wird der implizite Agnostizismus und die Sprachskepsis durch Aussagen in anderen frühen Schriften relativiert.[7] Insbesondere hinsichtlich der „antihermeneutischen" Einstellung gegenüber psychopathologischen Phänomenen gibt es widersprüchliche Aussagen; schon früh hatte Döblin auch auf den exemplarischen Charakter

---

[1] Vgl. ebd. S. 121.
Zur Gegenüberstellung der Darstellung von Abläufen und Geschichten vgl.: Kreutzer, Leo: Alfred Döblin, a.a. O., S. 132.

[2] Die „urgeborene Amoralität" konstatiert Döblin bei Hermann Hesse (anläßlich des Romans „Demian"), einem Autor, der bekanntlich von der Psychoanalyse stark beeinflußt war, und er stellt sie als adäquate Wirklichkeitserfassung der „Reflektions-Dichtung" Flakes gegenüber (SÄPL 153).

[3] Vgl.: Kapitel I.1
Auf die Frage, ob ein „Schreiben aus dem Unbewußten" tatsächlich ein angemessenes produktionsästhetisches Theorem darstellt, kann hier nicht näher eingegangen werden. Ein psychoanalytisches Modell der ästhetischen Produktion bietet die Theorie einer „Regression im Dienste des Ichs", die große Affinität zu Döblins Beschreibung seines Arbeitsprozesses aufweist (vgl.: Kapitel I.1).

[4] Vgl. : Kleinschmidt, Erich: Döblin Studien I, a.a.O., S. 388.

[5] Vgl.: Kapitel I.4.

[6] Vgl.: Freud, Sigmund: Vorlesungen zur Einführung in die Psychoanalyse, Gesammelte Werke Bd. 11, a.a.O., S. 13/14.

[7] Vgl.: Kapitel I.4.

des Pathologischen[1] verwiesen. Nach der „Wende zum Einzelmenschen" mußte das „Berliner Programm" zudem in entscheidenden Punkten revidiert werden, und die frühe Psychologiekritik verweist darauf, daß gerade die Psychoanalyse die einzig adäquate Möglichkeit darstellte, eine Verbindung zwischen Dichtung und Psychologie doch noch herzustellen. In zweierlei Hinsicht zeichnet sich der Weg zu einer Psychologie des Unbewußten ab: Erstens sind die Motive, die die Literatur der „psychologischen Manier" nur als Oberflächenphänomene erfaßt, als Motive des Unbewußten für die Literatur in ganz anderer Weise relevant und darstellbar; und zweitens verweist - produktionsästhetisch betrachtet - die Forderung nach „Depersonation" des Dichters auf die Bedeutung der Mechanismen der Projektion und Introjektion, die für die psychoanalytische Theorie der Objektbeziehungen konstitutiv sind.

Für die Zeit nach der „Wende zum Einzelmenschen" liegt ein vergleichbar klares ästhetisches Konzept wie das „Berliner Programm" nicht vor. Thematisch stellen die naturphilosophischen Überlegungen hinsichtlich dieser Wende einen Übergang dar, der beide Aspekte - die anonyme, „entseelte" Realität und die Individuation des Menschen - in einer eher als ambivalent denn als dialektisch zu bezeichnenden Verbindung thematisiert. Hier entwickelt Döblin die Theorie der Resonanz, die im engen Zusammenhang mit Reflexionen zu einer Produktionsästhetik steht. Kunst ist Produktion aus dem Unbewußten, ein „Durchgriff der nichtmenschlichen - tierisch-pflanzlich-anorganischen - Welt auf menschliche Erzeugnisse".[2] Der Künstler ist in besonderem Maße prädestiniert, als Resonanzboden zu wirken; „die Erbschaft, die eingeprägt im Künstler außerordentlich fein und unbewußt schwingt und (...) stärker resoniert"[3], wird durch die künstlerische Gestaltung aus einer amorphen umgeformten Anonymität in eine Form überführt.

Erbschaft, archaischer Kern des Unbewußten und Resonanz werden in der Kunsttheorie synonym gebraucht. Der künstlerische Produktionsprozeß wird gefaßt als ein Ineinandergreifen von primärprozeßhafter Regression und sekundärprozeßhafter Gestaltung, so daß er gleichzeitig eine „Entlastung ins Elemen-

---

[1] 1904 kommentierte Döblin in einem Brief an Axel Juncker sein erstes Romanmanuskript, das erst 1919 unter dem Titel „Der schwarze Vorhang" veröffentlicht wurde, folgendermaßen: „Sexuell Pathologisches wird also auf ein normalpsychisches Verhalten zurückgeführt, als dessen Verschärfung, und eben durch diese Zurückführung begreiflich und künstlerisch darstellungsfähig" (Briefe 23). Entsprechend hatte für Freud die Pathologie die Funktion, „durch Isolierung und Übertreibung Verhältnisse kenntlich zu machen, die in der Normalität verdeckt geblieben wären" (Freud, Sigmund: Neue Folge der Vorlesungen zur Einführung in die Psychoanalyse, Gesammelte Werke Bd. 15, a.a.O., S. 129). Mit seiner Einschätzung, daß es zwischen Pathologie und Normalität nur graduelle Unterschiede gäbe und daß pathologische Phänomene tendenziell exemplarischen Charakter hätten, nahm Döblin schon früh eine oppositionelle Haltung gegenüber Hoche ein, der diese Tatsache entschieden bestritt.
[2] UD 242.
[3] Ebd. S. 254.

tare" und eine „Humanisierung" der menschlichen Natur darstellt.[1] So ist gerade in der Kunst die Möglichkeit angelegt, „Ich" und „Welt" in einer doppelten Bewegung zu verbinden, indem das „Ich" sich entäußert und gleichzeitig ein Stück „Welt" introjiziert und gestaltet. Obwohl an keiner Stelle explizit ausgeführt, scheint für Döblin - in der Tradition der idealistischen Ästhetik - die Kunst ein Versöhnungspotential zu repräsentieren; sie wird zu der Vermittlungsinstanz, die er in seiner naturphilosophischen Dialektik vergeblich aufzuweisen versuchte, indem sie zumindest virtuell Ich und Welt, Geist und Natur zu einer Einheit verbindet.

Das Thema der folgenden großen Exilromane ist der Mensch, seine Verstrickung in naturhafte Determination und sein Ringen um Autonomie. Die veränderte Thematik hat auch ästhetische Konsequenzen; Ästhetik war für Döblin keine abstrakte, formale Kategorie, sondern inhaltlich bestimmt: „Die Feststellung und das Maß des Künstlerischen aber liegt (...) im sogenannt Ästhetischen, das heißt dem allgemein Physiologischen, Anthropologischen, Et(h)nologischen, auch Historischen."[2] Auch wenn sich kein radikaler Bruch hinsichtlich der stilistischen Mittel konstatieren läßt, so wurde das Programm des „antipsychologischen Naturalismus" doch entscheidend revidiert. Gerade die Hinwendung zur Psychoanalyse ermöglichte es Döblin, thematisch eine Kontinuität zum Frühwerk zu bewahren. Die Infragestellung von Subjektivität, die in den frühen Erzählungen bis zum „Verschwinden des Subjekts"[3] radikalisiert wurde, bleibt auch für die Thematik des Spätwerkes bestimmend; nun aber wird die Heteronomie thematisiert vor dem aufklärerischen Hintergrund einer Autonomievorstellung, die zumindest als regulative Idee ständig präsent ist.

Anknüpfend an die These einer „Produktion aus dem Unbewußten" könnte man diese Periode als ein Schreiben bezeichnen, bei dem die Erkenntnisse der Tiefenpsychologie, das Wissen um die Problematik unbewußter Determination, ständig als Hintergrundwissen präsent sind. Der Unterschied wird augenfällig, wenn man Döblins Äußerungen anläßlich einer Rezension von Arnolt Bronnens „Vatermord", einem Theaterstück, das Inzest und Vatermord thematisiert, mit seiner eigenen Gestaltung der Ödipusthematik im „Hamlet" vergleicht. Döblin merkt an, daß Bronnen „etwas Vorhandenes, jedoch nicht so Verhandenes, aufgezeigt"[4] habe, d.h. unbewußte Phantasien als Realität dargestellt habe. Dieses Vorgehen ist für ihn durchaus legitim: Der Produktive „kann (...) Visionen herausstellen und Triebe traumhaft zu ihren Realitäten hinfinden lassen".[5] Im

---

[1] Vgl.: ebd. S. 243.
[2] SÄPL 143.
[3] Vgl.: Anz, Thomas: „Modérn wird módern". Zivilisatorische und ästhetische Moderne im Frühwerk Alfred Döblins, in: Stauffacher, Werner (Hg.): Internationale Alfred-Döblin-Kolloquien, Münster 1989, Marbach a.N. 1991, a.a.O., S. 34.
[4] KS II 81.
[5] Ebd.

„Hamlet" behandelt Döblin dagegen den Ödipus-Stoff nicht als Inszenierung einer unbewußten Phantasie, sondern als psychoanalytisches Motiv.

Zu einer zentralen ästhetischen Kategorie wird die *Erinnerung*. Will man einen Zusammenhang herstellen zu psychiatrischen Theoremen, so ließe sich sagen, daß Döblin noch einmal den Paradigmawechsel von einer räumlichen (gehirnanatomischen) zu einer zeitlichen, onto- und phylogenetischen Orientierung nachvollzieht - einen Paradigmawechsel, der von Freud maßgeblich geprägt wurde. Ein erster Ansatz zu einer ästhetischen Erinnerungstechnik[1] findet sich schon in den Kalypso-Gesprächen. Für die Musik ist die Zeitlichkeit grundlegend: Der einzelne Ton ist tot: „Musik muß den Tod des Tones aufheben, um zu sein"[2], „es wird nach einer Möglichkeit verlangt, die das Hintereinander des Zeitlichen in ein Nebeneinander verwandelt".[3] Das Bindeglied, das „die Gegenwart des in der Wirklichkeit nicht Gegenwärtigen ermöglicht"[4], ist das Gedächtnis. Der Terminus Erinnerungsspur, den Döblin in diesem Zusammenhang benutzt, verweist darauf, daß er hier auch auf seine psychiatrischen Studien rekurriert.[5] In der naturphilosophischen Kategorie der Resonanz wird die Bedeutung der Vergegenwärtigung des Vergangenen wieder aufgenommen; aber erst im literarischen Spätwerk wird die Simultaneität von Vergangenheit und Gegenwart zu einem zentralen Darstellungsmittel, das gleichzeitig die Romanhandlung bestimmt: Der „Kampf um die Erinnerung"[6] entscheidet über Autonomie oder Naturverfallenheit der Romanfiguren. Vergangenheit wird dabei thematisiert unter dem dreifachen Aspekt der individuellen und historischen Vorgeschichte und des Emanzipationsprozesses von der Natur, wobei alle drei Dimensionen ineinandergreifen. Es geht darum, die stets präsente „Erbschaft" als unbewußt determinierende Kraft aufzuzeigen - und zwar nicht als zeitliches Kontinuum, sondern im Sinne einer Verwandlung des Nacheinanders ins Gleichzeitige: Der Hamlet-Roman thematisiert die Rekonstruktion der Vergangenheit anhand der Spuren, die sie der Gegenwart aufprägt; das breite geschichtliche Panorama des „Amazonas" wird entfaltet, um die gegenwärtige Wiederkehr des Verdrängten zu demonstrieren.

Die Gestaltung des Pathologischen im Spätwerk tritt ebenfalls in den Dienst der Erinnerungstechnik. Wie schon erwähnt, hatte Döblin zwar schon früh den exem-

---

[1] Wolfgang Düsing definiert Erinnerungstechnik als narrative Vermittlung von Erinnerungsprozessen (vgl.: Düsing, Wolfgang: Erinnerung und Identität, a.a.O., S. 11) und grenzt die moderne, „assoziative Erinnerungstechnik", die an die Subjektivität der Romanfiguren gebunden ist, von der traditionellen „epischen Erinnerungstechnik" ab, in der von Vergangenem mit „epischer" Distanz berichtet werde (vgl.: ebd. S. 19).
[2] SÄPL 32.
[3] Ebd. S. 64.
[4] Ebd. S. 64/65.
[5] Vgl.: Kapitel I.2.
[6] Vgl.: Mitscherlich, Alexander: Der Kampf um die Erinnerung, Psychoanalyse für fortgeschrittene Anfänger, München 1975.

plarischen Charakter psychopathologischer Phänomene erkannt und betont, daß „Pathologisches (...) auf ein normalpsychisches Verhalten zurückgeführt, als dessen Verschärfung, und eben durch diese Zurückführung begreiflich und künstlerisch darstellungsfähig"[1] werde. Dennoch hatte die Darstellung psychopathologischer Charaktere im Frühwerk noch eine andere Funktion: Sie sind durch ihre Nähe zum Unbewußten Medien der transzendierenden Überwindung von Rationalität; entsprechend der Charakterisierung Dostojewskis durch Döblin sind sie „von vorneherein auf den Boden des Triebmäßigen gestellt".[2] Gleichzeitig sind sie in ihrem Ringen um Autonomie nicht nur zum Scheitern verurteilt, sondern auch der Autonomieanspruch selbst erweist sich als pathologisch.[3] Die „Neurotiker" im Spätwerk - insbesondere die Kriegsneurotiker Edward und Becker - sind dagegen Statthalter der Vergangenheit, von Erinnerungen an individuelle und kollektive Katastrophen heimgesucht; sie leiden unter Reminiszenzen und Wiederholungen, die auf eine „historische Wahrheit"[4] zurückweisen, und der Grad ihrer Autonomie - und gleichzeitig der ihrer Umgebung, für die sie eine Art Katalysator-Funktion haben - ist abhängig von der Integration des Vergangenen ins Gegenwartsbewußtsein und der damit verbundenen Trauerarbeit.

Abzugrenzen von diesem Typus des eher neurotischen Protagonisten sind die als „psychotisch" zu charakterisierenden Romanfiguren mit ihren Wahnbildungen und Halluzinationen wie z.B. Alice im „Hamlet", Rosa Luxemburg in der November-Trilogie und Therese im „Amazonas". Auch hier läßt sich eine deutliche Differenz zum frühen Werk konstatieren. Dort wurde wahnhaftes Erleben zunächst als relativ isoliertes, mit psychiatrischer Detailtreue geschildertes Phänomen beschrieben, das wenig rekonstruierbaren Bezug zur Lebensgeschichte und Psyche der Protagonisten hatte.[5] Im Alexanderplatz werden dann die Wahnschilderungen im Sinne von Epiphanie-Erlebnissen verwendet, die gleichfalls nicht aus der Psyche der Romanfinuren ableitbar sind, sondern als äußere Erleuchtung oder Offenbarung erscheinen.[6] Die Halluzinationen der „Psychotiker" des Spätwerkes hat Kiesel zu Recht als „rationalistische Konstruktionen" bezeichnet und auf die „Re-Mediatisierung" des Wahns in den späten Romanen verwiesen.[7] Die dargestellten Halluzinationen sind tiefenpsychologisch konstru-

---

[1] Briefe 23.
[2] Vgl.: Kapitel I.4.
Hinzuweisen wäre auf die Parallele, die sich ergibt, wenn man die Funktion des Pathologischen im Frühwerk mit Döblins Beschreibung der epischen Funktion des Weiblichen vergleicht. Jeweils steht die Nähe zum Unbewußten, zur Natur, zum anonymen Urgrund im Vordergrund (vgl.: Kapitel I.6).
[3] Vgl.: Kapitel I.6.
[4] Vgl.: Freud, Sigmund: Konstruktionen in der Analyse, Gesammelte Werke Bd. 16, a.a.O., S. 56.
[5] Vgl.: Kreutzer, Leo: Alfred Döblin a.a.O., S. 132.
[6] Vgl.: Kiesel, Helmuth: Literarische Trauerarbeit, a.a.O., S. 209-214.
[7] Vgl.: ebd., S. 220-224.

ierte Manifestationen einer nach außen projizierten Innenwelt und gleichzeitig als Heilungsversuch der beschädigten Psyche der Protagonisten zu verstehen.[1] Döblin hatte erkannt, daß diese Form der Schilderung wohnhaften Erlebens eine adäquate Möglichkeit darstellte, die immer abgelehnte Psychologie doch noch episch nutzbar zu machen. So können die Darstellungen der „Psychotikerinnen" Alice, Rosa Luxemburg und Therese als exakte Charakterstudien verstanden werden, in denen die psychische Struktur der Protagonistinnen anhand (wahnhafter) Projektionen konstruiert wird. Der dämonische Inhalt ihrer Halluzinationen ist Ausdruck abgespaltener Triebwünsche, und die zerrissene Psyche der Protagonistinnen; Besessenheit und Dämonie, sind so gleichzeitig ein Medium, das melancholische Grundthema des Spätwerks - die Zerrissenheit von Geist und Trieb, Mensch und Natur und die Sehnsucht nach Versöhnung - literarisch zu gestalten.

Da im Spätwerk nicht mehr „Abläufe", sondern (Lebens-)Geschichten - auch die in der Neurose und Psychose inszenierten unbewußten Phantasien sind als Lebensgeschichten aufzufassen - im Vordergrund stehen, ist eine antihermeneutische, eine von „Realität gesättigte" Haltung des Dichters, wie sie Döblin früher gefordert hatte, nicht mehr adäquat. De Vries merkt zu Recht an, daß der sinnverstehende und sinnrekonstruierende Zugang zur Psychologie im tiefenpsychologischen Sinn programmatisch für Döblins literarisches Spätwerk - insbesondere für den Hamlet-Roman - sei.[2] Döblins Beschreibung einer psychoanalytisch-hermeneutischen Zugangsweise könnte man als neue Programmatik den Forderungen des „Berliner Programms" gegenüberstellen: „Es soll da der Mensch, (...) in eine zivilisierte Person umgewandelt werden. Man wird zugeben, daß das eine besondere Aufgabe ist und daß dazu ganz besondere Hilfsmittel notwendig sind. Mit

---

Einerseits stellt Kiesel zu Recht fest, die Wahnbilder im Spätwerk seien an ein „wahrnehmendes und deutendes Subjekt im Roman" (ebd. S. 223) gebunden und „beanspruchen (...) Realitätsgehalt und Gültigkeit auch für ein anderes, weniger mystisch disponiertes Bewußtsein" (ebd.). Andererseits seien sie aber keine „bloße Projektion eines neurotischen Bewußtseins oder (...) gegenstandslose Halluzination eines Wahnkranken" (ebd.). Weswegen die Halluzinationen und Projektionen eines Wahnkranken gegenstandslos sein sollen, erklärt Kiesel nicht. Gerade weil sie sinnvoll sind und auf den inneren Konflikt des „Kranken" verweisen, kann sich das Subjekt des Romans intellektuell mit ihnen auseinandersetzen.

[1] „Was wir für die Krankheitsproduktion halten, die Wahnbildung, ist in Wirklichkeit der Heilungsversuch, die Rekonstruktion". Die vorausgehende Krankheit war der Rückzug von der Realität, die Ablösung der Libido von geliebten Personen. Dagegen ist der Wahn der „Heilungsvorgang, der die Verdrängung rückgängig macht und die Libido wieder zu den von ihr verlassenen Personen zurückführt. Er vollzieht sich bei der Paranoia auf dem Wege der Projektion. Es war nicht richtig zu sagen, die innerlich unterdrückte Empfindung werde nach außen projiziert, wir sehen vielmehr ein, daß das innerlich Aufgehobene von außen wiederkehrt" (Freud, Sigmund: Psychoanalytische Bemerkungen über einen autobiographisch beschriebenen Fall von Paranoia, in: Gesammelte Werke Bd. 8, a.a.O., S. 308).

[2] Vgl.: Vries, Karl-Ludwig de: Moderne Gestaltelemente, a.a.O., S. 91.

Beichte ist es nicht getan. (...) Schwere Widerstände sind zu brechen; es kommt zu starken Erschütterungen des Seelenlebens. Dabei wird nicht hypnotisiert, nicht grob suggeriert, sondern nur geführt, aufgedeckt und unermüdlich gedrängt."[1]
Auch die „amoralische" Haltung des Dichters, verbunden mit dem Verdikt der Reflexion, hat für das Spätwerk keine Gültigkeit. Nicht nur der auktoriale Erzähler wird wieder verstärkt eingesetzt[2], sondern es wird auch durch die ethisch orientierten Protagonisten (Edward, Becker) eine ständig präsente Reflexionsebene eingeführt. Außerdem verwendet Döblin verstärkt eine antithetische Struktur, durch die schon die Naturphilosophie gekennzeichnet war, indem er z.B. - in Anlehnung an Kierkegaard - den Ästheten (Gordon, Stauffer) mit dem Ethiker (Edward, Becker) konfrontiert. Dieses Vorgehen ist durchaus im Sinne Freuds als eine Aufspaltung des Autors in abgespaltene Partial-Ichs zu verstehen[3]; die Dialogform hat aber auch die Funktion, den Leser zur Stellungnahme aufzufordern.[4] In den Religionsgesprächen wird diese Form des Ringens um eine Synthese zum tragenden Gestaltungsprinzip.[5]
Die zunehmende „Psychologisierung" im Spätwerk wird auch in der Gestaltung der mythischen Elemente deutlich. 1950 kritisierte Döblin den zeitgenössischen literarischen Rückzug in die Mythologie als „Mythomanie", die das Vakuum, das der Verlust von verbindlichen Weltanschauungen hinterlassen hatte, füllen sollte.[6] Auf den ersten Blick scheint diese Einschätzung unverständlich, da in Döblins

---

[1] Döblin, Alfred: Sigmund Freud zum 70. Geburtstag, a.a.O, S. 86.

[2] Zur Wiedereinsetzung des Erzählers vgl. : Pott, Wilhelm Heinrich: Literarische Produktivität Untersuchungen zum ästhetischen Verfahren bei Arno Holz, Alfred Döblin, Bertholt Brecht und Alexander Kluge, Frankfurt/M. 1984, S. 244/45; Thomann Tewarson, Heidi: Alfred Döblin, a.a.O., S. 102.

[3] „Der psychologische Roman verdankt im ganzen wohl seine Besonderheit der Neigung des modernen Dichters, sein Ich durch Selbstbeobachtung in Partial-Ichs zu zerspalten und demzufolge die Konfliktströmungen seines Seelenlebens in mehreren Helden zu personifizieren" (Freud, Sigmund: Der Dichter und das Phantasieren, Gesammelte Werke Bd. 7, a.a.O., S. 220/21).
Kleinschmidt merkt zu Recht an, daß dieses Schreibmodell sich mit dem Konzept der „Depersonation", das Döblin im „Berliner Programm" entwickelte, nicht in Übereinstimmung bringen läßt (vgl.: Kleinschmidt, Erich: Döblin-Studien I, a.a.O., S. 387).

[4] Zur Bedeutung des Dialogs vgl. : Balve, Johannes: Innerer Dialog und Redevielfalt bei Alfred Döblin in: Stauffacher Werner (Hg.): Internationale Alfred-Döblin-Kolloquien, Münster 1989, Marbach a.N. 1991, S. 57-72.

[5] Die Religionsgespräche, in denen Döblin die Argumente des Agnostikers mit denen des Christen konfrontiert, sind ein beeindruckendes Beispiel einer inneren Spaltung - nicht im pathologischen Sinn, sondern als Dokument eines verzweifelten Ringens um Synthese und Identität. Sie sind Zeugnis eines dramatischen inneren Kampfes um den Glauben angesichts der Theodizee-Problematik, so daß Brechts zynische Haltung in bezug auf Döblins Konversion wenig angebracht erscheint. (Zu Brechts Reaktion vgl.: Kiesel, Helmuth: Literarische Trauerarbeit, a.a.O. 188-192; Serke, Jürgen: Alfred Döblin. Ein Ketzer wird Katholik, in: ders.: Die verbrannten Dichter, Frankfurt/M. 1980, S. 232-250.)

[6] Vgl.: Das Goldene Tor, Heft 5 1950, S. 394

Spätwerk dem Mythos ein zentraler Stellenwert zukommt; tatsächlich hat aber der Mythos dort eine völlig andere Funktion. Hatte Döblin im Frühwerk tendenziell auf sprachlicher Ebene durch die Verschmelzung, von mythischen Elementen mit äußerer und innerer Realität selbst einen Mythos geschaffen[1], so werden im Spätwerk mythische Elemente zunehmend isoliert und übernehmen eine Spiegelfunktion, auf die reflexiv Bezug genommen werden kann. Außerdem werden Mythen häufig in einer Form eingeführt, die ihrer Dekonstruktion gleichkommt; durch ironische Brechung oder Entpoetisierung ihres ursprünglichen Inhalts findet eine ständige Entmythologisierung statt. Die „archaische Erbschaft" wird so erinnert, gleichzeitig aber der Zwang zur Wiederholung gebrochen. Der erzählte Mythos ist Teil der melancholischen Grundhaltung der späten Romane: Er hält die Erinnerung an den verlorenen Ursprung wach und verweist gleichzeitig auf die Unmöglichkeit einer Restitution der verlorenen Einheit. Andererseits werden die Mythen psychologisiert, indem sie sich entweder als Projektion der psychischen Konflikte der Protagonisten erweisen[2] oder aber als „Konstruktionen" verwendet werden, d.h. im Sinne Freuds als ein Identifizierungsangebot zu verstehen sind, das es ermöglicht, Unbewußtes bewußt zu machen.[3] Die Säkularisierung und Psychologisierung des Mythos hatte für Döblin auch deswegen einen so hohen Stellenwert, weil er - wie Thomas Mann[4] und Ernst Bloch[5] - die Gefahr der Funktionalisierung mythischer Elemente durch den Faschismus klar erkannt hatte, der das Bedürfnis der Massen nach irrationalen mythischen Identifikationsangeboten aufgriff und so „nach der greulichen

---

[1] Vgl.: Schmidt-Henckel, Gerhard: Der Dichter als Demiurg: Alfred Döblin; in ders.: Mythos und Dichtung, Bad Homburg/Berlin/Zürich 1967, S. 156-187.

[2] Freud ordnete die Mythenproduktion der animistischen Phase zu, in der Gedanken und Wünsche im Glauben an die „Allmacht der Gedanken" auf die Außenwelt projiziert werden. Die animistische Weltanschauung ist für ihn die folgerichtigste, die das Wesen der Welt restlos erklärt (vgl.: Freud, Sigmund: Totem und Tabu, Gesammelte Werke Bd. 9, a.a.O., S. 93-121).

[3] Vgl.: Freud, Sigmund: Konstruktionen in der Analyse, Gesammelte Werke Bd. 16, a.a.O., S. 41-56.
Für Freuds Selbstanalyse stellte der Ödipus-Mythos eine Art Konstruktion dar, die die Deutung eines fehlenden Gegenübers ersetzen mußte.

[4] Thomas Mann schreibt im Exil an Karl Kerényi: „(...) was sollte mein Element derzeit wohl sein als Mythos und Psychologie. (...) denn tatsächlich ist Psychologie das Mittel, den Mythos den faschistischen Dunkelmännern aus den Händen zu nehmen und ins Humane 'umzufunktionieren'" (Kerényi, Karl: Romandichtung und Mythologie. Ein Briefwechsel mit Thomas Mann, Zürich 1945, S. 82).

[5] Bloch war schon 1931 der Meinung, daß die „verelendete Mitte" zur Reaktion abliefe, weil sie dort „mythisch bedient" würde, während der Vulgärmarxismus „das 'Irrationale' nicht besetzt, sondern bloß auskreist (vgl.: Bloch, Ernst: Poesie im Hohlraum, in: ders.: Literarische Aufsätze, Frankfurt/M. 1984, S. 133-34).

Nüchternheit der vorigen Periode einen chronischen erbärmlichen Rauschzustand"[1] produzierte.

Wie die Mythen und deren Destruktion in den Dienst der Emanzipation von Naturverfallenheit treten, so verändert sich der Stellenwert von Natur überhaupt. Im Frühwerk repräsentierte die Alleinheit der Natur einerseits Sinnhaftigkeit und die Erfüllung symbiotischer Wünsche, war aber gleichzeitig auch der „tonnenschwere Tank", der „über den Menschen rollt"[2] und Widerstand sinnlos erscheinen läßt. In den Naturbeschreibungen des Spätwerkes treten - wie noch zu zeigen sein wird - die zerstörerischen und gewalttätigen Seiten der Natur stärker in den Vordergrund. Die regulative Idee einer Emanzipation des Menschen von Naturverfallenheit, die im Spätwerk an Bedeutung gewinnt, hat außerdem zur Folge, daß nicht nur der ontologische Status der Natur literarisch thematisiert wird; in den Vordergrund tritt ihre Spiegelfunktion als das abgespaltene „Andere", als Projektion von innerer auf äußere Natur. Auch die metaphorische Bedeutung der Natur verändert sich; der immer wiederkehrende Hinweis auf die „Bestie Mensch"[3] und auf die „Animalität" des Menschen wird im Spätwerk ausgeweitet zu einer umfassenden Metaphorik der Unmenschlichkeit. Der Mensch kann sich aus der gesellschaftlichen Ordnung, die „eine Art Käfig und Gefängnis"[4] darstellt, nur um den Preis eines Zivilisationsbruches befreien, der ihn zurückwirft auf „mörderische Natur". Gleichzeitig aber ist auch der „Kollektivwahn" des Faschismus, der das „Finstere im Menschen aufgewühlt" hat, mit seinem bürokratisch-rational organisiertem Massenmord Resultat einer „entfesselten Sachlichkeit"[5]; es ist der Punkt an dem es zu einer Wiederkehr des Verdrängten kommt, an dem die Verleugnung von Naturabhängigkeit und die Beherrschung von innerer und äußerer Natur in Naturverfallenheit umschlägt.

---

[1] Vgl.: SPG 377.
[2] SLW 291.
[3] Vgl.: RG 122.
[4] UD 470.
[5] Vgl.: RB 123/24.

II. Die literarische Suche nach den „Wurzeln des Übels"

II.1. Amazonas / Die Suche nach dem Land ohne Tod[1]

II.1.1. Einleitung: Im Spannungsfeld zwischen Regression und Naturbeherrschung

Schon auf den ersten Seiten dieser umfangreichen Trilogie, in der ein zeitlich und räumlich ausgedehntes Panorama entfaltet wird, findet sich eine mythische Legende, die in verdichteter Form die Thematik des gesamten Werkes vorwegnimmt: Ein Indio-Mädchen wird mit einem reichen Mann verheiratet, der sie zu harter Arbeit zwingt, für die die Zeit eines Tages nicht ausreicht. Als sie sich bei ihrer Mutter beschwert, befürchtet diese, „die Tochter könnte zu den Brüllaffen gehen"[2], die ihr schon vorher bei der Arbeit geholfen hatten. Sie beauftragt ihren Sohn, der Sonne ein Bein zu brechen, so daß diese langsamer geht und der Tochter mehr Zeit für ihre Arbeit läßt. Die befürchtete Regression wird so durch einen gewaltsamen Akt der Naturbeherrschung verhindert.[3]

Dieser Mythos führt die beiden Extreme eines Verhältnisses des Menschen zur äußeren und inneren Natur thematisch ein: Die geschlechtliche Vereinigung mit dem Tier symbolisiert das äußerste Maß an Naturverfallenheit, der Angriff auf die Sonne, die in der gesamten Trilogie - gemeinsam mit den Symbolen des Wassers und der Erde - die Macht der Natur darstellt, repräsentiert dagegen eine extreme Form der prometheischen Hybris gegenüber der Natur. Der Leitgedanke der Trilogie, den die mythische Legende ausdrückt, entspricht dem aporetischen Diktum der „Dialektik der Aufklärung": „Die Menschen hatten immer zu wählen

---

[1] Nachgewiesen wurde, daß der ursprüngliche Titel des Werkes „Das Land ohne Tod" lautete, unter dem auch die Erstausgabe 1947/48 bei Keppler in Baden-Baden erschien (vgl.: Brüggen, Hubert: Land ohne Tod, a.a.O., S. 8/9; Walter, Hans-Albert: Editorische Nachbemerkungen des Herausgebers; in: Döblin, Alfred: Das Land ohne Tod, Frankfurt/.M. 1992, S. 1035-1039). Obwohl auch inhaltlich dieser Titel überaus stimmig erscheint, werde ich im folgenden, den Herausgebern der „Gesammelten Werke" entsprechend, das Werk als „Amazonas" titulieren. Ähnlich verhält es sich in bezug auf die Frage, ob es sich um eine Trilogie oder um einen zweibändigen Roman handelt. Auch hier war die ursprüngliche Konzeption zweiteilig, allerdings wurde schon für die Erstausgabe eine Dreiteilung gewählt.
[2] A I 12.
[3] Ein Vergleich der Fassung der Legende bei Koch-Grünberg, die Döblin als Vorlage gedient hat (vgl.: Sperber, George Bernard: Wegweiser im „Amazonas", a.a.O., S. 106), mit der Gestaltung in der Amazonas-Trilogie macht deutlich, worauf es Döblin in seiner literarischen Gestaltung der ursprünglichen Fassung ankam: In der Fassung von Koch-Grünberg fehlt das Element der Faszination der jungen Frau durch das Tierreich und die von der Mutter gefürchtete Flucht in die Regression, die bei Döblin zum eigentlichen Motiv wird, die Sonne anzugreifen.

zwischen ihrer Unterwerfung unter die Natur oder der Natur unter das Selbst."[1]
Die leitende These meiner Untersuchung der Amazonas-Trilogie ist, daß das gesamte Panorama von der Amazonenherrschaft über die Beschreibung der spanischen Konquistadoren und der Jesuitenrepublik bis zur Schilderung der Situation im präfaschistischen Deutschland entfaltet wird, um in immer wieder neuen Varianten die Dialektik von Naturverfallenheit und Naturbeherrschung aufzuzeigen. Dabei handelt es sich nicht um eine „Generalabrechnung" mit der europäischen Zivilisation[2], und es wird keinerlei Schwarz-Weiß-Malerei betrieben. Der Titel des dritten Teils läßt keinen Raum für Mißverständnisse: „Der neue Urwald", der Rückfall in die Barbarei des sich ankündigenden Faschismus ist ein Akt der Regression, und der „Urwald" als Symbol von Naturverfallenheit ist eindeutig negativ konnotiert. Die „hymnische Feier" der Natur, die „Anbetung der natürlichen Urmächte"[3], die Anlaß gewesen sind, die Intention dieses Werkes mißzuverstehen oder sie sogar ins Gegenteil umzudeuten[4], hat Döblin selbst als „Rückfall" bezeichnet.[5]
Alle im Werk dargestellten historischen Ereignisse und Personen - und letztlich auch ihr Scheitern - sind dadurch charakterisiert, wie sich ihr Verhältnis zur äußeren und inneren Natur gestaltet, und die Kontinuität dieser Thematik gewährleistet, daß das Werk trotz der oft irritierend erscheinenden Einführung immer neuer historischer Konstellationen und individueller Schicksale eine innere Stringenz bewahrt. Die Fülle des erzählten Stoffes ermöglicht es gerade, die Thematik der Dichotomie zwischen Natur und Kultur, Trieb und Geist nicht einseitig zugunsten von Objektivität oder Subjektivität aufzulösen, sondern ein facettenreiches Panorama aufzuzeigen, in dem möglichst viele Varianten der Verflechtung und dialektischen Beziehung beider Pole durchgespielt werden.

---

[1] Adorno, Theodor W. und Horkheimer, Max.: Dialektik der Aufklärung, a.a.O., S. 32.

[2] Döblin selbst hat diese Interpretation nahegelegt, indem er seine Trilogie als „epische Generalabrechunung mit unserer Civilisation" bezeichnete (vgl.: SÄPL 352). Kiesel greift diese Selbstcharakterisierung auf und macht sie zum Leitgedanken seiner Untersuchung (vgl.: Kiesel, Helmuth: Literarische Trauerarbeit, a.a.O.,. S. 231-270). Der Leitgedanke der Zivilisationskritik verführt aber dazu, Natur oder naturverbundene indianische Lebensweise zu Gegenmodellen eines gescheiterten Zivilisationsprozesses zu stilisieren.

[3] Vgl.: SLW 298 und Kapitel I.4.

[4] Zur Geschichte der zahlreichen Fehlinterpretationen in der Kritik und Forschung, die sich auch in der Editionsgeschichte niedergeschlagen haben, sei auf die Darstellung von Hubert Brüggen verwiesen, der zu Recht schlußfolgert, daß fünfzig Jahre Rezeption wenig mehr als einen Scherbenhaufen hinterlassen haben (vgl.: Brüggen, Hubert: Land ohne Tod, a.a.O., S. 50). Brüggen nimmt als erster eine konsequent kritische Haltung gegenüber Interpretationen ein, die die Hypostasierung einer Natureinheit in den Vordergrund stellen. In zahlreichen Einzelfragen stimme ich mit den Ergebnissen seiner Untersuchung überein. Sein Leitgedanke - die Gegenüberstellung von Subjektivierung und Personalität - klammert allerdings die Dimension von innerer und äußerer Natur, die Gegenstand meiner Untersuchung ist, weitgehend aus.

[5] Vgl.: SLW 298.

Zunächst ist zu untersuchen, welches Bild der „Natur" Döblin in seinem Roman entwirft; danach sollen die unterschiedlichen Varianten der Beziehung des Menschen zu innerer und äußerer Natur aufgezeigt werden. Die entscheidende Frage aber ist, welche Bedeutung diese Konstellationen für das zentrale Problem der Wiederkehr des Verdrängten, der Diagnose eines „neuen Urwalds" im präfaschistischen Deutschland der zwanziger Jahre haben.

II.1.2. Das Naturbild

II.1.2.1. Erlösungsbedürftige Natur

Döblins Naturschilderungen sind gekennzeichnet durch eine extreme Anthropologisierung. Aber nicht ein nach harmonischen Gesetzen geregeltes Naturgeschehen steht dem Menschen gegenüber, sondern eine amorphe naturale Machtfülle, die aber gleichzeitig eine vitale Eigendynamik entfaltet. Parallel zur Anthropologisierung der Natur erfolgt eine ständige Naturalisierung der „Bestie" Mensch, der „ungezähmten, gierigen Menschentiere"[1]. Schon durch diese beiden Gegenbewegungen ist die enge Verflechtung zwischen Mensch und Natur allein durch die stilistische Gestaltung ständig präsent. Menschliche Aggressivität, Krieg und Naturgewalt werden in der Beschreibung häufig zu einer unlösbaren Einheit verdichtet. Ein Angriff von Konquistadoren auf die Jesuiten wird wie folgt beschrieben: "Dann näherte sich die Welle der Mamelus. (...) Der Höllenschein des Verbrechens flammte auf. Der Urfeind kam, zusammen alles Böse, der wüste, unheimliche Wald, das grüne brandende Meer, aus dem Schlangen, Insekten, Tiger, Affen, Vögel, Menschen auftauchten, braune, weiße. "[2]

Trotz der anthropologisierenden Beschreibung und der engen Verbindung von Mensch und Natur ist das entworfene Naturbild „unmenschlich". Das dumpf Triebhafte und der ziellos vorwärts drängende Wille, die in den unzähligen Beschreibungen der alles verschlingenden Wassermassen der Amazonas-Flüsse immer wieder bildhaft erscheinen, repräsentieren ein inhumanes Prinzip, das sich

---

[1] A I 121.
 An anderer Stelle werden die weißen Eroberer charakterisiert als „böse Tiere, schändliche gemeine Teufel" (A I 136), „lauter wilde Tiere" (A I 149).
 Zur Gleichsetzung von Mensch und Tier vgl.: Kiesel, Helmuth: Literarische Trauerarbeit, a.a.O., S. 245 Anm. 91.
[2] A II 183.

normativen Kriterien entzieht. Selbst dort, wo Natur so extrem personalisiert wird, daß sie in Form von Geistern und Göttern zur Darstellung kommt, steht diese Anthropomorphisierung in einem eigenartigen Kontrast zum Schweigen, zur Stummheit, Angst und Totenstille, die in der Wildnis herrschen: „Die Bäume, die starben und versanken. Die Winde, hochgeschleudert, ihr schreiender Schmerz, abschmelzend von Schnee und Eis die Bäche. Leidend alles. (...) Schreckliche, sprachlose Welt."[1] Das vitale Prinzip scheint untrennbar verbunden mit dem Zerfall[2], und statt einer Idylle herrscht hier der Tod: „(...) keine lieblichen Blumen sind zu sehen, und da sind die Wälder, die langsam zurück in den moorigen Boden einsinken und sterben."[3] Die Natur ringt um Artikulation, um dem Leiden zu entkommen: „Der Wald, sprachlos, leidend, begann zu lallen"[4], und das Meer „röchelt nach Worten wie ein Taubstummer".[5] Sprache verweist auf die Möglichkeit, sich aus einem amorphen, undifferenzierten Zustand zu befreien; die Natur der Amazonaswälder spricht nicht, sondern sie klagt.[6] (Daß gerade die Sprache ein entscheidender Faktor ist, der es dem Menschen ermöglicht, sich von Natur zu emanzipieren und eine erste Differenzierung zwischen Innen- und Außenwelt vorzunehmen, wird noch zu untersuchen sein.)

Die Ambiguität der von Döblin beschriebenen Natur - sie ist Glücksversprechen und Unheilsdrohung zugleich - erinnert an Adornos ambivalente Charakterisierung des Naturschönen, das Freiheit und Zwang gleichermaßen symbolisiert: „Die Anamnesis der Freiheit im Naturschönen führt irre, weil sie Freiheit im älteren Unfreien sich erhofft. Schön gilt allen der Gesang der Vögel; kein Fühlender der nicht vom Laut einer Amsel nach dem Regen gerührt würde. Dennoch lauert im Gesang der Vögel das Schreckliche, weil er kein Gesang ist, sondern dem Bann gehorcht, der sie befängt."[7]

Es ist auffällig, daß der von Döblin beschriebenen Natur nicht - in der Nachfolge der Romantik - ein Sinntext inhärent ist, der es dem Menschen ermöglicht, im „Buch der Natur" zu lesen. Natur ist gleichzeitig reine Vitalität, die sich z.T.

---

[1] A I 110.
   Sebald (miß-)versteht diese Darstellung einer erlösungsbedürftigen Natur als „morbide Faszination" (Sebald, Winfried Georg: Der Mythos der Zerstörung, a.a.O., S. 102), und er behauptet, daß Döblin alles daran setze, „das kranke Leben, in dem die Reinheit der Erde in Verwesung übergeht, sympathetisch zu evozieren" (ebd.).

[2] Vgl.: A II 333.
[3] A II 337.
[4] A I 111.
[5] A III 142.
   Zum Schweigen in der Natur vgl. auch: A I 27, A I 48, A I 146, A I 173, A I 267, A III 146.
[6] „Sprachlosigkeit: das ist das große Leid der Natur (...). Die Klage ist aber der undifferenzierteste, ohnmächtige Ausdruck der Sprache, sie enthält fast nur den sinnlichen Hauch; und wo auch nur Pflanzen rauschen, klingt immer eine Klage mit. Weil sie stumm ist, trauert die Natur" (Benjamin, Walter: Über die Sprache überhaupt und über die Sprache des Menschen, in: ders.: Angelus Novus. Ausgewählte Schriften 2, Frankfurt/M. 1988, S. 24).
[7] Adorno, Theodor W.: Ästhetische Theorie, Frankfurt/M. 1973, S. 104/105.

sinnlos verausgabt[1] und moralischen Wertmaßstäben entzieht und stummes Leid und Tod. Das bedeutet, daß die oben beschriebene Doppelbewegung von Anthropologisierung der Natur und Naturalisierung des Menschen nicht auf ein utopisches Versöhnungspotential verweist. Anders als bei Bloch, der in der Nachfolge von Hegel und Marx die Versöhnung von Mensch und Natur durch die (positiv gewendete) Naturalisierung des Humanen und gleichzeitige Humanisierung der Natur als utopischen Horizont sieht[2], ist für den späten Döblin Natur das prinzipiell antikulturelle und die Humanität bedrohende Prinzip, dessen Macht allerdings nicht negiert werden kann. Döblins Naturbild der späten Romane ist antiutopisch, weil es in bezug auf das Naturverhältnis des Menschen sowohl Naturbeherrschung als auch Regression als Utopie verwirft. Da er aber gleichzeitig am Prinzip einer Hoffnung auf Versöhnung festhält - alle Protagonisten suchen diese, finden sie aber nicht -, ist sein Spätwerk geprägt durch das melancholische Grundthema, der immer ersehnten und doch a priori zum Scheitern verurteilten Versöhnung.[3]

---

[1] In der Natur herrscht ständiger Kampf - nicht nur gegen die weißen Eindringlinge - sondern auch ein der Natur immanenter Überlebenskampf: „Sie sahen große Käfer fliegen, ähnlich Schaben, manchmal saßen ihnen dicke Spinnen auf dem Rücken, der Käfer flog geängstigt auf ein Kraut, saß, die Spinne ließ nicht los, schwoll an, und nun war der Käfer nur noch ein Gehäuse" (A I 26). Genau durch dieses Prinzip eines permanenten Kampfes und nicht das der Harmonie sieht später Edward im „Hamlet" die Natur gekennzeichnet (vgl.: Kapitel II.2.5).

[2] Thomas Wolf verweist ausführlich auf die antiutopische Intention schon im Frühwerk (vgl.: Wolf, Thomas: Die Dimension der Natur im Frühwerk Alfred Döblins, Regensburg 1993, S. 88-92). Einen Widerspruch sehe ich darin, daß Wolf einerseits zu recht meint, daß Döblins Naturästhetik „schlechterdings nichts Versöhnliches" (ebd. S. 91) habe, daß er aber andererseits den Tod, der ja bei Döblin nichts anderes bedeutet als die Wiederherstellung einer Natureinheit, als „erlösendes Moment" interpretiert (ebd. S. 74).
Aufschlußreich wäre es, das antiutopische Denken Döblins mit dem Thomas Manns zu kontrastieren. Wie Peter Szondi am Beispiel der Erzählung „Die vertauschten Köpfe" aufgezeigt hat - hält dieser an der Utopie der Versöhnung fest und stellt eine Synthese zwischen Geist und Natur her. Im Gegensatz zu Döblin verleugnet er den Bruch und die damit einhergehende Melancholie. Damit verlegt er aber die Tragik auf eine andere Ebene: Der vollkommene Mensch, der alle Gegensätze in sich vereinigt, ist vollständig einsam, weil er keine Sehnsucht und kein Gegenüber mehr kennt (vgl.: Szondi, Peter: Thomas Manns Gnadenmär vom Narziß, in: ders.: Schriften II, Frankfurt/M. 1978, S. 235-242).

[3] Vgl.: Kapitel I.5.
Eine ganz andere Position vertritt Fritz Pohle, der das Werk als naturphilosophisches Bekenntnis Döblins interpretiert (vgl. Pohle, Fritz: „Das Land ohne Tod". Alfred Döblins Kolumbusfahrt in der Pariser Nationalbibliothek. Versuch einer Annäherung, in: Alfred Döblin: „Das Land ohne Tod", hrsg. v. Hans-Albrecht Walter, Frankfurt/M. 1992, S. 995). Die große Natur sei die - positiv konnotierte - letzte Instanz allen Geschehens (vgl.: ebd. S. 896). Die Schwäche dieser Interpretation zeigt sich u.a. daran, daß Pohle die Tatsache, daß diese Natur als weiblich dargestellt wird und die Amazonen eine besonders enge Verbindung zu ihr haben, nicht erklären kann (vgl.: ebd. S. 898). Er merkt an, daß die Geschlechterkampf-Thematik, die im Roman einen zentralen Stellenwert hat, sich nicht auf die naturphilosophische Konzeption des Autors zurückführen ließe (vgl.: ebd. Anm. 61

Was bedeutet im Zusammenhang mit der Dimension der Natur die Suche nach dem „*Land ohne Tod*" - eine Suche, die nicht nur ein gemeinsames Bindeglied zwischen Indios und Europäern bildet[1], sondern als Leitgedanke der gesamten Trilogie anzusehen ist?[2] Diese „geheimnisvolle Fahrt", von einem Indio-Stamm schon vor der Bedrohung durch europäische Konquistadoren „zum erstenmal versucht, und dann noch vielmals unternommen"[3], ist gleichzeitig auch das eigentliche Motiv der weißen Eroberer, die „aus dem Kampf gegen den Tod entstanden"[4] waren. Es ist ein Land, in dem es weder Alter noch die Notwendigkeit zu arbeiten gibt[5], in dem also die Zwänge der Ananke aufgehoben sind. Symbolisiert wird es durch eine Vaterfigur, einen Baum, der den Menschen schützend mit seinen Ästen umschließt und in den Himmel trägt. Hier wird ein anderes Naturbild entworfen, das im Kontrast steht zu den reißenden Wassermassen der Amazonasströme und zur alles verschlingenden Erde - beides negativ konnotierte mütterliche Symbole, die dem Menschen den Tod bringen. Denn die Natur der Amazonaswälder, die Regression aber nicht Erlösung verspricht, erweist sich selbst als erlösungsbedürftig. Als im zwanzigsten Jahrhundert die Indios einen letzten Versuch unternehmen, das „Land ohne Tod" zu erreichen, schließt sich die Natur dieser „Fahrt" an: „Die dichten Wälder, die weinen und brüllen, wollen nicht stehnbleiben (...) und bitten, nehmt uns mit. Die sprachlose Welt lallte und blickte hinter den Menschen her. Sie bewegte sich hinter ihnen wie der Riesenschweif eines Kometen. Sie baten: Nehmt uns mit zum *Vater*."[6]

Im Gegensatz zur erlösungsbedürftigen Natur repräsentiert das „Land ohne Tod"" die Hoffnung auf eine Wiederherstellung der ursprünglichen symbiotischen Einheit Mensch-Natur ohne den Preis einer zwangsläufig damit verbundenen Naturverfallenheit, die nicht nur Regression und Identitätsaufgabe bedeutet, sondern letztlich den Tod. Döblin zeigt jedoch, daß das „Land ohne Tod" nicht existiert, daß Glücksversprechen und Regression, Symbiosewünsche und Todesdrohung unlösbar miteinander verknüpft sind. Ein einziges Mal scheint im Roman das ersehnte Land erreicht zu sein. Aber das Ziel wird aus der Innenperspektive eines halluzinierenden Indios beschrieben, der als einziger der Gruppe dieses Land wahrnimmt. Die ersehnte Erlösung erweist sich also als Wahn im wörtlichen Sinn: als psychotisches Erleben, in dem die Grenzen zwischen Innen- und Außenwelt durchlässig geworden sind.

S. 1008/9). Zu dieser Feststellung ist er gezwungen, weil er die Verbindung zwischen äußerer und innerer Natur, die für das Werk konstitutiv ist, nicht berücksichtigt.

[1] Im Gespräch zwischen Las Casas und Puerto wird das gemeinsame Ziel von Indios und Weißen deutlich: „'Wenn die Wilden so reden, vom Land ohne Tod und dem Wunderbaum, wir haben auch so gedacht.' 'Und habt das Land auch nicht gefunden.' 'Nein'" (A I 248).

[2] Vgl.: Kapitel II.1.1.

[3] A I 16.

[4] A I 96 und 109.

[5] Vgl.: A I 17.

[6] A III 177.

Auch dort, wo das gesuchte Land auf Erden gefunden scheint - in Loreto, der ersten Missionssiedlung der Jesuiten, ein Jerusalem und Land Kanaan, wo sich indianischer Animismus und Christentum harmonisch zu verbinden scheinen -, ist diese Hoffnung trügerisch. Schon vor der Bedrohung von außen ist diese Siedlung von innen bedroht: Der Wahnsinn bricht ein mit Selbstverbrennung[1] und Ekstase[2], und die „Priester hatten mit Bekehrten zu tun, die auf den Feldern liegenblieben, entrückt schienen und jammerten (...)".[3] Emanuelle erkennt frühzeitig, daß „die Kraft, die in Loreto sie alle bezwang"[4], Maladonata ist - Sinnbild weiblicher Vitalität und sinnlicher Verführung, personifizierte Natur. Von Anfang an hat Emanuelle sie mehr gefürchtet als weiße Eroberer oder feindliche Indios, denn sie war es, die seiner Meinung nach den Tod Marianas herbeigeführt hat, seines alter egos, Opfer von Triebverfallenheit und Regression. Er haßt diese Frau, die „rote Katze"[5], die „seinen Willen aufpeitschte und ihm seinen Willen Stück für Stück davontrug".[6] Im Tod ist er dann ihrem sinnlichen Begehren hilflos ausgeliefert[7]; hier wird der Tod nicht als direkte Rückkehr zur Natur, sondern indirekt, als verschlingende Weiblichkeit dargestellt.

Auch der letzte Versuch eines „Aufschwungs zum Himmel", einer Fahrt in das „Land ohne Sterben und ohne Leid"[8], der am Schluß der Trilogie beschrieben wird, endet in den verschlingenden Strudeln der Wassermassen, in die der Flußgeist die wenigen Überlebenden dieser „Fahrt" lockt. Das „Land ohne Tod" existiert nicht. Die Erlösungswünsche richten sich auf eine Einheit mit der Natur, in der das Glücksversprechen der Triebbefreiung und Regression aufscheint; erreicht wird diese Einheit nur im *Tod*. Der Urwald ist - nicht nur in der Amazonas-Trilogie, sondern auch im übrigen Spätwerk - eine Todesmetapher.[9] Ist aber der allgegenwärtige Tod tatsächlich die Erlösung des Menschen aus der Individuation, die naturphilosophisch gewendete unio mystica, wie es im Frühwerk Döblins angelegt schien? Trifft es zu, daß „bei Döblin (...) der Tod (...) die Krönung des individuellen Lebens (ist), weil er die Diskontinuität, die mit der Geburt

---

[1] Vgl.: A II 176.
[2] Vgl.: A II 177.
[3] A II 177.
[4] A II 173.
[5] A II 164.
[6] A II 165.
[7] Vgl.: A II 193.
[8] A III 180.
[9] Die Halluzinationen eines sterbenden Soldaten im „November" weisen zurück auf die Naturschilderungen der Amazonas-Trilogie: „An den Wänden des Gewölbes kriechen Schlingpflanzen, sie hängen in den Raum hinein, es ist ein Urwald, und dies sind die Tropen, und da klettern Affen, Untiere mit schrumpfigen Hälsen, sie steigen aus dem Morast (...). Schwestern kommen, stützen den Kopf des Fliegers, halten Wein vor seinen Mund. Sein Gesicht - wessen Gesicht - wird länger und länger. Seine Lippen fallen auseinander. Er öffnet den Mund nicht. Sie rufen. Sie rufen ihn an. Aber der Urwald hat ihn verschlungen" (Döblin, Alfred: November 1918, München 1978, Bd. 1, S. 15/16).

begann, 'aufhebt' und das Einzelwesen für immer von seiner Vereinzelung befreit", und daß ihm damit „eine wahre Heilsfunktion der restitutio in integrum"[1] zukommt? Vorsichtiger formuliert: Ist die „teilnahmslos allem Menschlichen vorgelagerte Natur (...) nicht mehr ausschließlich eine Bedrohung für das Subjekt, sondern gleichermaßen eine jenseitige Verheißung"?[2]
Betrachtet man die Todesbeschreibungen der Amazonas-Trilogie näher, so ist von Erlösung wenig zu spüren; der Tod ist das Ende eines Kampfes, in dem die Natur siegt - eine aggressive Natur, die sich triumphierend ihr Recht nimmt. So wird das Ende der ersten Konquistadoren lakonisch kommentiert: Alfinger „zerschmetterte ein Felsblock (...). Darauf hatte die Erde sein Fleisch, Haut und Knochen und wucherte weiter mit ihnen"[3]; mit Queseda „beschäftigte sich die Lepra (...) und zerpflückte ihn gliedweise"[4], und von ihm bleibt „ein Misthaufen, ein Kreuz darüber"[5]; Federman ertrinkt, „seine blauen Augen warf das Meer dem Himmel zurück mit dem Magen beschäftigte es sich auf seine Art, es blies darauf Trompete".[6] Der Erzählerkommentar läßt keinen Zweifel, daß der Tod keine Erlösung bringt: „Ach dieser Boden, wie er an ihnen kaute, wie ihm die Brust schwoll: die Menschen wußten schon nichts anderes, als sich an ihn zu wenden."[7] Las Casas

---

[1] Gathge, Roderich: Die Naturphilosophie Alfred Döblins: Begegnungen mit östlicher Weisheit und Mystik, in: Stauffacher, Werner: Internationale Alfred Döblin-Kolloquien Marbach a.N. 1984 - Berlin 1985, Bern/ Frankfurt a.M./New York/ Paris 1988, S. 42.
Auch Mutschler betont, daß die „Auslöschung des Strukturierten in vegetativer Anonymität" als „lustvolle Auflösung" zu interpretieren sei (vgl.: Mutschler, Friedrich: Alfred Döblin a.a.O., S. 42). Und Sebald spricht sogar vom „utopisierten Tod" (Sebald, Winfried Georg: Der Mythus der Zerstörung, a.a.O., S. 107), von einer „monumentalen Utopie des Todes" (ebd. S. 160). Zu dem entgegengesetzten Urteil gelangt Wichert: „Im Amazonas widerfährt denen, die aus Abscheu vor der geschichtlichen Welt den Weg in die Natur aufsuchen, ebenfalls nicht Erlösung, sondern Mord" (Wichert, Adalbert: Alfred Döblins historisches Denken, a.a.O., S. 83).

[2] Wolf, Thomas: Die Dimension der Natur im Frühwerk Alfred Döblins, a.a.O., S. 74.
Wolf liefert eine differenzierte Analyse der Natur- und Todesproblematik im Frühwerk. Er sieht eine Entwicklung von „Die Ermordung der Butterblume", wo am Schluß die „Rückkehr zur Natur eher dystopisch zu deuten ist und nichts anderes bedeutet als Wahnsinn und Verlust der spezifisch menschlichen „Natur" (vgl.: ebd. S. 29), bis hin zum Wallenstein. Ferdinands Tod, sein Versinken in der Anonymität des Waldes, bleibt zwiespältig, ist Bedrohung und Heilsversprechen zugleich (vgl.: ebd. S. 74). Folgt man der Analyse Wolfs, so läßt sich die Entwicklung zur Hypostasierung der Alleinheit der Natur im frühen Werk, die mit „Berge, Meere und Giganten" abgeschlossen erscheint, mit einer gegenläufigen Entwicklung im mittleren und Spätwerk kontrastieren. Immer stärker tritt die menschliche Individuation als zwar leidvolles aber unhintergehbares Faktum in den Vordergrund, erscheinen Regression und Symbiose als Bedrohung und schuldhafte Verstrickung.

[3] A II 62.
[4] Ebd.
[5] A II 63.
[6] Ebd.
[7] A II 64.

hingegen, der erste, der den Indios mit humanitärem Engagement entgegentritt, widersetzt sich bis zuletzt dem endgültigen Sieg der Regression: Als der Flußgeist Sukuruja ihn im Tod auf den Armen in den Wald tragen will, weint er, befreit sich mit einem Schrei und wirft sich auf Kreuz und Rosenkranz. Hatten die gewalttätigen Konquistadoren von Anfang an - wie noch zu zeigen sein wird - nur den Tod gesucht, so stellt der Tod der Jesuiten das Ende eines inneren Kampfes gegen die eigene triebverhaftete Natur dar, die - weil sie verleugnet und abgespalten wird - letztlich den Sieg davonträgt. Auch Marianas Ende ist keine Erlösung: Er wird vom Flußgeist, einem „zornigen Antlitz an einem dicken Schlangenleib"[1], in die Tiefe gezogen. „Er klagte sie (die Schlange, I.M.) auf dem felsigen Grund an, schluchzte, jammerte nach seinen Gefährten, dann blickte er sich um, im Wasser, auf dem Grund, dann wurde ihm vieles klar, und dann war er nicht mehr Mariana."[2]

Natur bedeutet Zerstörung und Tod; und der Tod garantiert nicht die ersehnte Erlösung, indem er die Individuation rückgängig macht und eine symbiotische Einheit restituiert. Was also bleibt von der „hymnischen Anbetung der natürlichen Urmächte[3], der Hypostasierung einer „Umarmung und Vermählung mit dem herrlichen Anonymen"[4]? Döblins Naturschilderungen entfalten tendenziell eine Eigendynamik, die dem Leser suggestiv den Sog der Regression und die Stärke der Symbiosewünsche vor Augen führt. Es spricht ein Autor, der nach seinen eigenen Worten den Abgrund zwischen sich und dem „Anderen" nicht ertragen konnte[5] und immer in die Gefahr gerät, diesen Abgrund durch eine Rückkehr zum Ursprungsmythos zu verleugnen. Der Gesamtzusammenhang - Indikator der Autorenintention ist der gesamte Handlungsverlauf - verweist aber immer wieder auf die Vergeblichkeit und Gefährlichkeit der Erlösungswünsche und auf eine melancholische Grundhaltung.[6] Damit erweisen sich sowohl der Vorwurf einer Ästhetisierung von Zerstörung und Tod[7] als auch der einer Hypostasierung der

---

Ein Zitat aus „Unser Dasein" liest sich wie eine Kommentierung der Todesdarstellungen im „Amazonas": „Da lese ich eine Schilderung vom Krieg, wie die Toten nachts auf dem Feld liegen und die Auflösung fortschreitet und die Erde nimmt sie wieder an. Aber aus dieser Erde sind wir gekommen, nicht damit wir so zurückkehren! Der Schriftsteller schreibt, wie sie blicklos liegen, Augen haben, die keine mehr sind, er gebraucht kein Wort der Klage um diese, er sieht sie wie Blätter in die Erde einschmelzen" (UD 436/37). Döblin beschreibt aber, im Gegensatz zum zitierten „Schriftsteller", die Grausamkeit dieser Form der „Einschmelzung" in Natur.

[1] A II 103.
[2] A II 104.
[3] Vgl.: SLW 298.
[4] Vgl.: UD 230 (vgl. auch: Kapitel I.5).
[5] Vgl.: Kapitel I.5.
[6] Vgl.: ebd.
[7] Sebald schließt seine Untersuchung mit der Feststellung: „Damit wird das Grausame in der Kunst, zumindest im Falle Döblins, selber zum Ästhetikum" (Sebald, Georg: Der Mythos der Zerstörung, a.a.O., S. 160). Xuelai Xu widerlegt in seiner Untersuchung über die Semantik

Alleinheit der Natur und einer „Absage an das Humane"[1] als der Intention Döblins genau entgegengesetzt. Berücksichtigt man außerdem, daß Döblin - wie noch zu zeigen sein wird - das Verhältnis des Menschen zu äußerer und innerer Natur immer auch unter dem Aspekt der Schuld thematisiert und daß sowohl Regression als auch prometheische Leugnung von Naturabhängigkeit unter normativen Kriterien betrachtet werden, so ist deutlich, daß der Standpunkt des Autors durch den Gesamtzusammenhang immer eindeutig bleibt und die von Döblin im „Berliner Programm" geforderte „Amoralität" des Dichters[2] hier nicht durchgehalten wird.

---

des Krieges diese Gleichsetzung von Gewaltdarstellung und Gewaltaffirmation (vgl.: Xu, Xuelai: Zur Semantik des Krieges im Romanwerk Alfred Döblins, Regensburg 1992, S. 5-7).

[1] Weyembergh-Boussart, Monique: Alfred Döblin, a.a.O., S. 75.

[2] Kiesel weist darauf hin, daß durch die Verleugnung des Erzählers wenig Distanz zu den berichteten Gewalttaten der Konquistadoren zu existieren scheint (vgl.: Kiesel, Helmuth: Literarische Trauerarbeit, a.a.O., S. 238). Er meint aber zu Recht, daß die Sprache hier in jedem Augenblick eindeutig sei und Zweifel am Standpunkt des Autors nur schwer nachvollziehbar seien (ebd. S. 239). In noch viel höherem Maße stellt sich das Problem der Distanzlosigkeit in bezug auf die Naturschilderungen und die damit verbundenen regressiven Erlösungswünsche. Hier ist aber meines Erachtens die Distanz durch den Gesamtzusammenhang stets gewährleistet, der auf das Scheitern und die Unerfüllbarkeit dieser Wünsche verweist. Kiesel meint dagegen, daß die Distanzlosigkeit hier die Funktion habe, „primitive Gesellschaften" suggestiv zu vergegenwärtigen und experimentell als Gegenmodell zum „zivilisierten" Europa vorzuführen (ebd. S. 240).

II.1.2.2 Natur als Projektion

Die Untersuchung der Dimension der Natur bleibt allerdings unvollständig, wenn man nicht berücksichtigt, daß Döblin - anders als in seinen naturphilosophischen Werken - im „Amazonas" nicht in erster Linie den ontologischen Status von Natur thematisiert; in der Fiktionalisierung konstituiert sich das Naturbild (auch) als Projektion[1] von innerer Triebnatur auf äußere Realität. In der Natur begegnet der Mensch sich selbst. Die ersehnte Versöhnung zwischen Mensch und Natur bedeutet also in erster Linie Versöhnung des Menschen mit sich selbst, es geht um eine „Versöhnung mit dem Verdrängten"[2], mit abgespaltener innerer Natur. Daß die Naturbeschreibung nie eine objektive ist, sondern abhängig ist von der Perspektive des Betrachters, macht die Ambiguität der geschilderten Natur noch in anderer Weise verständlich. Sie repräsentiert immer beides: Vitalität und stummes Leid, befreite Sinnlichkeit und Triebverfallenheit.

So ruft die grausame Amazonenkönigin Truvanare in einem Blutrausch den Mond an und die „wilden Tiere, die durch die Wälder schweifen und das Lebende zerreißen"[3], während Toeza, die längst an der Legitimität der grausamen Amazonenherrschaft zweifelt, im selben Moment mit einer Vogelstimme den schwarzen Tiger ruft, der sich friedlich neben sie legt. Die Ambivalenz des Menschen in seinem Verhältnis zur Natur, d.h. die Gleichzeitigkeit von Symbiosewünschen und Todesängsten, wird nicht nur dort deutlich, wo die Natur aus wechselnden Innenperspektiven der Romanfiguren dargestellt wird, sondern auch die Erzählerkommentare sind ausgesprochen ambivalent. Die Idylle ist ständig bedroht von der Zerstörung; in der Beschreibung werden beide häufig zu einer Einheit verdichtet: „Es sind schöne hoffnungsvolle Tage, man hütet sich vor den Blutegeln, die sich an den Beinen festbeißen."[4]

---

[1] Jules Grand untersucht die Bedeutung der Projektionen am Beispiel des Hamlet-Romans (Grand, Jules: Projektionen, a.a.O.). Einerseits stellt er fest, daß Döblin hier eigene, z.T. widersprüchliche Einstellungen in die Protagonisten hineinprojiziere. Die Projektion auf der produktionsästhetischen Ebene läßt sich allerdings zutreffender als therapeutische Ich-Spaltung beschreiben, weil dieser Vorgang kein unbewußter Abwehrmechanismus, sondern ein bewußtes künstlerisches Verfahren darstellt. Andererseits sind die erzählten Binnengeschichten im „Hamlet" zu Recht als Projektionen zu betrachten, da sie einen (Zerr-) Spiegel der inneren Konflikte der Romanfiguren darstellen.

[2] Freud, Sigmund: Erinnern, Wiederholen und Durcharbeiten, Gesammelte Werke Bd. 10, a.a.O., S. 132.
Anzumerken ist, daß der Aspekt der Versöhnung mit dem Verdrängten im Werk Freuds nur selten angesprochen wird. Auch das oben angeführte Zitat steht in Kontrast zu dem dort folgenden Hinweis, daß man beim Patienten, bei dem im Verlauf der Analyse die Abwehr geschwächt und das Verdrängte konflikthaft bewußt werde, durch die Bemerkung „trösten" könne, „daß man keinen Feind umbringen kann, der abwesend oder nicht nahe genug ist" (ebd.).

[3] A I 277.
[4] A I 165.

Besonders deutlich wird die Projektion am Beispiel des Naturbildes des Jesuiten Mariana. Dieser junge Christ, der so sensibel die eigenen sinnlichen Bedürfnisse wahrnimmt, daß es schließlich zu einer wahnhaften Abspaltung dieser inakzeptablen Ich-Anteile kommt, empfindet die Natur schon als einen übermächtigen Feind, als die anderen Jesuiten diese noch unterschätzen.[1] Eine andere Art der Projektion zeigt sich in der veränderten Naturbeschreibung am Ende des zweiten Teils der Trilogie. Die hier geschilderte Natur ist eine domestizierte, die aus der Perspektive potentieller ökonomischer Verwertung beschrieben wird.[2] Daß sich aber nicht die Natur selbst, sondern die Perspektive des Betrachters geändert hat, wird deutlich, wenn man die Beschreibung am Schluß der Trilogie betrachtet; trotz fortgeschrittener Naturbeherrschung erscheint hier Natur wiederum in ihrer ursprünglichen „Wildheit", sie wird zum Spiegelbild der Naturverfallenheit des Menschen der Neuzeit.

Aber nicht nur die Natur steckt „voll solcher Spottbilder auf den Menschen"[3]; auch Religionen und Weltanschauungen erweisen sich letztlich als Projektionen: Sie entstehen, indem die Menschen „den Himmel mit den blühenden und trunkenen, inbrünstigen, wogenden Gestalten ihres Innern"[4] erfüllen.

Besonders deutlich aber wird die Projektion dort, wo die Charakterisierung des Menschen als Natur aus der Perspektive des Anderen erfolgt, der im Gegenüber das eigene Fremde, d.h. das Abgespaltene oder Verleugnete erblickt. Der weiße Eindringling ist für den Indio ebenso ein „Untier", wie der „Wilde" in der Wahrnehmung der Europäer auf bloße Natur reduziert wird. Diese gegenseitigen Projektionen muten z.T. paradox an, weil hier ständig Eigenschaften, die normalerweise der Natur zugeordnet werden, auf den Menschen übertragen werden (und umgekehrt). So kommentiert ein Weißer die Aktivitäten der Indios, denen er kannibalistische Absichten unterstellt, mit den Worten: „Das tun sie ohne Hunger, weil sie Tiere sind."[5] Der skrupellose Quesada hingegen sieht bei den Indios „Bilder, die er wie Blumen zu einer versöhnenden Begrüßung entgegennahm und auflas"[6]. Es handelt sich bei diesen „Bildern" aber um sado-masochistische Szenen des Geschlechtskampfes, die ihn zu der Aussage bewegen: „Sie haben menschliche Sitten, diese Heiden."[7] Die eigene Inhumanität wird hier nicht nur abgespalten und projiziert, sondern auch in ihr Gegenteil, in einen Beweis der „Kultiviertheit" der „Heiden", umgedeutet.

---

[1] Vgl.: Kapitel II.3.4.
[2] Vgl.: A II 333-336.
[3] Vgl.: A III 34/35.
[4] A II 316.
 Giordano Bruno sieht in der Abschaffung der Weltsicht als Projektion die grundlegende Intention der Aufklärung, die nicht verwirklicht wurde (vgl.: Kapitel II.4.3).
[5] A I 23.
[6] A I 132.
[7] A I 133.

Das Bild des Indios, das Döblin im „Amazonas" entwirft, ist ebenso abhängig vom Blick des Anderen wie das der Natur. In der Wahrnehmung der Weißen werden sie durchgehend reduziert auf Natur: Die Konquistadoren benutzen sie als Projektionsfläche für die eigene Naturverfallenheit, während sie den ersten Jesuiten als Kinder erscheinen[1] und so das vermeintliche Glücksversprechen der Regression repräsentieren, dem man gleichzeitig Widerstand entgegensetzen muß. Die immanente Perspektivität in der Charakterisierung der Indios, die den Weißen als Teil der Natur gegenübertreten, verweist auf die Heterogenität, die seit der Entdeckung der neuen Welt alle Schilderungen des Exotischen durchzieht: Dem Bild des „bösen Wilden", das als Legitimation der Gewalttaten gegen die Eingeborenen immer wieder beschworen wurde, steht die Schilderung des „bon sauvage" gegenüber, kulturkritisch zum Korrektiv des zivilisierten „Unbehagens in der Kultur" stilisiert.

So ist das Bild von „Kultur" und „Natur", das Döblin hier entwirft, immer auch ein Spiel der Projektionen, durch das sich die Dichotomie von Trieb und Geist konstituiert. Insofern die Projektion zum künstlerischen Gestaltungsprinzip wird, ließe sich sagen, daß Döblin hier sein literarisches Programm zu seiner eigentlichen Konsequenz führt: Die durch einen auktorialen Erzähler traditionellerweise gewährleistete psychologische Motivation der Romanfiguren wird abgeschafft und ersetzt durch die Schilderung der äußeren Realität; diese wiederum ist aber nichts anderes als entäußerte Innenwelt. Radikale Entpsychologisierung fällt also in letzter Konsequenz mit umfassender Psychologisierung zusammen[2]. Angelegt ist diese Lösung schon im Berliner Programm, denn der vom Autor geforderte „Fanatismus der Selbstverleugnung" ist gleichzeitig ein „Fanatismus der Entäußerung": „Ich bin nicht ich, sondern die Straße, die Laternen, dies und dies Ereignis, weiter nichts."[3] Die Grenze zwischen Innenwelt und Außenwelt ist

---

[1] Vgl.: A II 121, 140, 171.

[2] Gerhard Kurz sieht in der Verabsolutierung der Psychologie durch ihre Abschaffung ein Charakteristikum des Expressionismus, das für Kafka von großer Bedeutung sei (vgl.: Kurz, Gerhard: Traum-Schrecken. Kafkas literarische Existenzanalyse. Stuttgart 1980, S. 134). Im engeren Sinn handelt es sich bei diesem Tatbestand um die Ersetzung der traditionellen Motivationspsychologie durch literarisierte Tiefenpsychologie. Denn diese hat aufgezeigt, daß die grundlegenden Mechanismen des Realitätsbezuges die der Projektion und Introjektion sind - Mechanismen, die einerseits Grundlage jedes normalen Individuationsprozesses darstellen, andererseits aber in maligner, regressiver Form auch in jeder Psychopathologie anzutreffen sind. In diesem Sinn ist Freuds Aussage zu verstehen, daß der Animismus als Denksystem, das auf der projektiven Beseeltheit der äußeren Natur basiere, nun als psychologische Theorie wiederkehre (vgl.: Freud, Sigmund: Totem und Tabu, Gesammelte Werke Bd. 9, a.a.O., S. 96).
Wolf weist allerdings zu Recht darauf hin, daß die „Verneinung der psychologischen Weltschau" durch radikale Entäußerung realiter nicht durchgehalten werden kann (vgl.: Wolf, Thomas: Die Dimension der Natur, a.a.O., S. 66).

[3] SÄPL 122.

tendenziell aufgehoben. Insofern bilden Erzählen und Deuten eine Einheit, und der Standpunkt des Erzählers ist implizit im Erzählten enthalten.[1]

II.1.3. Naturverhältnisse

II.1.3.1. Vollständige Regression: Die Amazonen

Döblin entwirft in seinem Roman Modelle eines möglichen Verhältnisses des Menschen zur äußeren und inneren Natur. Eines dieser Modelle ist der Amazonenstaat. Die Amazonen praktizieren das, was in der einleitend erwähnten Legende durch einen Akt von Naturbeherrschung noch verhindert werden konnte: die vollständige Regression in Form einer Verschmelzung mit der Natur - symbolisch dargestellt durch die geschlechtliche Vereinigung Toezas mit dem schwarzen Jaguar, die am Beginn der Amazonenherrschaft steht[2]. Auch wenn Döblin dem Aufbegehren der Frauen eine gewisse Legitimität einräumt, so ist die Bewertung dieser durch Unmenschlichkeit und Machtgier getragenen Herrschaft eindeutig. Die Unterdrückten werden nach der Befreiung selbst zu grausamen Herrscherinnen.
Die Amazonen vollziehen nicht nur eine mimetische Annäherung an die Natur, indem sie sich deren Symbole aneignen, sondern sie identifizieren sich mit ihrem naturhaften Anteil so vorbehaltlos, daß sie selbst Natur werden. Sie „verwandelten (...) sich in Vögel, Schildkröten, Fledermäuse"[3], „das war Taumel, Lust, Wildheit, Schmerz, Raserei".[4] Schmerz und Lust, Vitalität und „Raserei" sind im Prozeß der Regression untrennbar miteinander verbunden. Auch Leben und Tod, Wachstum und Destruktion bilden eine Einheit: Eine der Führerinnen begründet den Herrschaftanspruch der Frauen folgendermaßen: „Alles Lebendige kommt vom Weib. Darum müssen wir auch töten."[5] Die Legitimationsbasis der Herrschaft ist begründet in der Affinität zur Natur; die Amazone fährt fort: „Du lebst an unserem großen Strom. Er ist die Mutter der Meere. Er ist am Verhungern. Er geht jedes Jahr auf Beute aus und muß sich vollschlingen. Der Wald ist auch am Verhungern. Die Erde und die Geister brauchen Blut, sonst geben sie

---

[1] Vgl.: Vries, Karl-Ludwig de: Moderne Gestaltelemente, a.a.O., S. 133.
[2] Auch hier ist die Modifizierung der benutzten Quelle aufschlußreich. Bei Koch-Grünberg ist die Rede von einem als Jaguar verkleideten Mann, also nicht von einer realisierten Sodomie (vgl.: Pohle, Fritz: „Das Land ohne Tod", a.a.O., S. 893/94).
[3] A I 80/81.
 Vgl.: Brüggen, Hubert: Das Land ohne Tod, a.a.O., S. 59.
[4] A I 81.
[5] A I 75.

keinen Mais, Manioca und Zuckerrohr."[1] Das anthropomorphisierte Naturbild, das hier entworfen wird, ist gekennzeichnet durch ein Ineinandergreifen von Projektion und Identifikation: Die Frau verwandelt sich in Natur - eine Natur allerdings, in die sie zuvor ihre eigene Grausamkeit und Machtgier hineinprojiziert hat. Nicht zufällig ist eines der Herrschaftsmittel der Amazonen gegenüber den Männern das Herausschneiden der Zungen, wodurch sie diese der Sprache berauben - eben jenes Mediums, das die Separation des Menschen von der Natur gewährleistet. Paradoxerweise gelingt es den Frauen, gerade durch den Akt einer (symbolischen) Kastration auch den Mann auf Natur (d.h. auf Fortpflanzungsfunktion) zu reduzieren.

Auf das Frauenbild, das Döblin hier entwirft, wurde bereits an anderer Stelle eingegangen.[2] Anklänge der Ambiguität - Stärke und Schwäche zugleich, evoziert durch die Nähe zur Natur -, die für das Weiblichkeitsbild des frühen Döblin charakteristisch ist, finden sich auch in der Beschreibung der Frauenvölker des "Amazonas".[3] Dennoch ist gerade die Charakterisierung der Amazonenherrschaft ein Beleg dafür, daß Döblin in keiner Weise einer regressiven Rückkehr zur Alleinheit der Natur das Wort redet. Im Gegenteil: Das Beispiel der Amazonen zeigt, daß „Rückkehr zur Natur" nichts anderes bedeutet als unsublimierte Sexualität und ungehemmte Aggressivität.

Am Ende werden die Amazonen - ebenso wie alle anderen, die sich entweder regressiv in Natur zurückverwandeln oder aber sich im aussichtslosen Kampf dieser widersetzen - von den Naturmächten verschlungen. Toeza, die durch ihre Verbindung mit dem schwarzen Panther einst die Amazonenherrschaft begründete, ihre grausamen Auswüchse aber verurteilte, flieht: „Toeza lief mit, die große Mutter, gebückt, ohne Ringe, ohne Schnüre, ohne Federn. Bogen und Pfeile, Schild und Lanze fielen ihr nach und nach aus den Händen. Sie zog Gras und Moos und Blattwerk über sich, im Laufen, im Sinken. Laut weinte sie, wild schrie sie."[4] Beschrieben wird die Assimilation an das Amorphe; aber die Rückkehr zur Alleinheit der Natur, der Sieg der Faszination der Regression, kann keinesfalls als ein Akt der Erlösung interpretiert werden. Das Ende der Amazonen wird erzähltechnisch verbunden mit dem Sieg einer gewalttätigen Natur: „Gewitterstürme tobten. Blitz und Donner begrüßten die, die in den Wald und die Wasser kamen."[5] Und die personifizierte Natur, der Wassergeist Surukuja,

---

[1] Ebd.
[2] Vgl.: Kapitel I.6.
[3] Erst die Beschreibung der „neuen Amazone" - Therese im „Neuen Urwald" - verweist eindeutig auf die Gleichsetzung von Regression und Pathologie (vgl.: Kapitel II.1.4.2). Noch deutlicher manifestiert sich diese Gleichsetzung in der Darstellung von „Alice" im „Hamlet" (vgl.: Kap. II.2.4.1).
[4] A 1 281.
[5] Ebd.

triumphiert: „Er sprang mit seiner schweren Keule auf einen schwimmenden Stamm (...). Er setzte sich auf einen Delphin und jauchzte."[1]

II.1.3.2. Animismus - Die Indios

Trotz der negativ konnotierten Beschreibung der Amazonenherrschaft besteht kein Zweifel daran, auf welcher Seite die Sympathien des Autors bei der Thematisierung des grausamen Kampfes der weißen Konquistadoren gegen die indianischen Ureinwohner stehen. Dennoch werden die Indios in keiner Weise idealisiert oder zu einem Ursprungsideal in einem gescheiterten Zivilisationsprozeß stilisiert[2]. Die negativen Züge werden nicht ausgegrenzt; die beschriebenen Menschenopfer, die insbesondere Alte und Kinder treffen[3], und die geschilderte grausame Tötung vergewaltigter Frauen[4] belegen das.

Die Indios zeichnen sich gegenüber den Weißen - den Usurpatoren ebenso wie den Jesuiten - durch ein anderes Verhältnis zur Natur aus, dessen Schilderung Döblin umfangreiche Teile seiner Trilogie widmet. Aber auch hier handelt es sich nicht um die Hypostasierung einer Einheit mit der Natur - diese repräsentieren im negativen Sinn die Amazonen -, sondern um die Beschreibung erster Schritte zu Autonomie und Separation bei gleichzeitigem Bemühen, eine kommunikative Beziehung zur äußeren Natur zu erhalten. Denn die animistische Weltsicht steht am Beginn aller Bestrebungen, durch kulturelle Praktiken der Übermacht der Natur zu entkommen: „(...) wenn in den Elementen Leidenschaften toben wie in der eigenen Seele, wenn selbst der Tod nichts Spontanes ist, sondern die Gewalttat eines bösen Willens, wenn man überall in der Natur Wesen um sich hat, wie man sie aus der eigenen Gesellschaft kennt, dann atmet man auf, fühlt sich heimisch im Unheimlichen, kann seine sinnlose Angst psychisch bearbei-

---

[1] Ebd.
[2] Eine Idealisierung der Indios konstatiert insbesondere Erhardt. Er sei hier zitiert, weil die Fehlinterpretation, die sich durch die gesamte Forschungsliteratur zieht, hier besonders kraß zutage tritt: „Döblins Indios sind sanfte, unschuldige Kinder. Der Autor hat bewußt die zur damaligen Zeit modische Darstellungsweise übernommen, um so wirkungsvoller das negative Gegenbild zu demonstrieren: die wilden, verdorbenen Weißen" (Erhardt, Jacob: Alfred Döblins Amazonas-Trilogie, a.a.O., S. 23). Es fragt sich allerdings, wie sich dieses Urteil mit der anschließenden Feststellung, daß die Stammeskultur der Indios von den Trieben diktiert sei (ebd. S. 24), vereinbaren läßt. Letztlich lassen sich beide Interpretationen nicht am Text belegen. Dasselbe gilt für Sebalds Feststellung, daß „das ganze Arsenal einer unverdorbenen Natürlichkeit, wie sie, vom Einfluß der Zivilisation verschont, in den entlegenen Wäldern des Amazonas überlebt", aufgerufen werde und das Bild des 'noble sauvage', das längst historisch widerlegt sei, erneut restituiert werde (Sebald, Winfried Georg: Der Mythos der Zerstörung., a.a.O., S. 45).
[3] Vgl.: A I 118, 190, 197, 199, 267.
[4] Vgl.: A I 147.

ten."[1] Animismus steht für Freud nicht im Widerspruch zur Naturbeherrschung, sondern kann als „Ersatz einer Naturwissenschaft durch Psychologie"[2] betrachtet werden und ist insofern Vorläufer der Technik[3]. Es ließe sich also sagen, daß Naturbeherrschung schon mit den ersten Schritten zur Ausdifferenzierung von Natur und Kultur einsetzt, denn „jeder kleine Zauber ist schon ein Stückchen Naturbeherrschung"[4]. Bei den Praktiken der Indios handelt es sich aber um eine doppelte Bewegung: Beseelung der unbelebten Natur, d.h. Projektion, und mimetische Einfühlung im Sinne einer Identifikation. Die Indios gebrauchen die List der Vernunft, um die Natur für ihre Interessen günstig zu stimmen. Der Gebrauch dieser List setzt aber die Anerkennung der Überlegenheit der äußeren Natur und der eigenen inneren Naturverhaftetheit voraus.

Das Medium, dem im Zusammenhang mit der ersten Ausdifferenzierung von Natur und Kultur zentrale Bedeutung zukommt, ist die Sprache, denn Benennung bedeutet Identifizierung und schafft eine erste Distanz zwischen Subjekt und Objekt. „Mit der Benennung verlieren die Gegenstände ihren Schrecken als Naturmächte. Die Sprache führt etwas Menschliches an die Gegenstände heran, das den Naturzwang virtuell aufhebt."[5] Anzumerken ist allerdings, daß der Sprache eine Ambivalenz inhärent ist: Die Identifizierung bildet die Voraussetzung für eine Distanz, die es erlaubt, aus einer symbiotischen Einheit herauszutreten und eine kommunikative Beziehung erst möglich macht, gleichzeitig bildet sie aber auch die Grundlage eines instrumentellen und tendenziell vergewaltigenden Zugriffs auf das Objekt. Die unterschiedlichen Möglichkeiten des Verhältnisses des Menschen zu äußerer und innerer Natur, die Döblin in seiner Trilogie vorstellt, korrespondieren immer mit einem bestimmten Gebrauch der Sprache. Die Beziehung der Indios zur Natur ist abhängig von der Möglichkeit ihrer Identifizierung, wobei offensichtlich auch einzelne Teile umbenannt bleiben und somit tabuisiert werden: „Die Farbigen leben zwischen tausend Arten Tieren, die sie kennen und sonderbar benennen, manche nennen sie nicht, man weiß schon, sie haben mit denen ein Geheimnis."[6] Wo sie die Naturobjekte nicht mehr kennen und nicht mehr benennen können, sind auch die Indios diesen hilflos ausgeliefert. Die Indios flüchten in unbekannte Gebiete: „Es gab für die Flüchtigen

---

[1] Freud, Sigmund: Die Zukunft einer Illusion, Gesammelte Werke Bd. 14, a.a.O., S. 338.
[2] Ebd. S. 338.
[3] Vgl. : Freud, Sigmund: Neue Folge der Vorlesungen zur Einführung in die Psychoanalyse, Gesammelte Werke Bd. 15, a.a.O., S. 178.
[4] Heinrich, Klaus: Arbeiten mit Ödipus. Begriff der Verdrängung in der Religionswissenschaft. Dahlemer Vorlesungen Bd. 3, Basel/Frankfurt/M. 1993, S. 84.
[5] Schmid Noerr, Gunzelin: Das Eingedenken der Natur im Subjekt. Zur Dialektik von Vernunft und Natur in der Kritischen Theorie Horkheimers, Adornos und Marcuses, Darmstadt 1990, S. 129.
 Zur Bedeutung der Namensgebung vgl. auch: Brüggen, Hubert: Das Land ohne Tod, a.a.O., S. 56.
[6] A I 165/66.

keine Hilfe, keine Hilfe von den Feldern, keine Hilfe von den Tieren, keine Hilfe von den Bäumen. Die Berge und Tiere und Bäume kannte man nicht, und sie kannten einen nicht. Viele Menschen weigerten sich weiterzugehen."[1] Die dann folgende Naturschilderung - die nicht für sich steht, sondern immer als Projektion des Naturverhältnisses der jeweils geschilderten Protagonisten zu verstehen ist - macht deutlich, wie bedrohlich die Natur auch für die Indios ist, wenn ihre animistischen Praktiken nicht mehr greifen. „Furchtbares Gebirge. (...) Es donnerte um die Menschen, Steine sausten herab. Dann prasselte ungeheurer Regen."[2]

Es ist aufschlußreich, daß für Döblin das Problem von Namensidentität und -verlust auch im Zusammenhang mit der Mann-Frau-Beziehung von Bedeutung ist. Für die junge Amazone Tije, die sich in einen Indio verliebt hat, diese Liebe aber nicht mit der Ideologie der Amazonen vereinbaren kann, sind sexuelle Vereinigung, Tod und Namensverlust gleichbedeutend. Auch die weise Kudurra stellt diesen Zusammenhang her; sie sieht allerdings auch das lustvolle Potential, das sich im Erleben der Entgrenzung realisiert, und rät der jungen Amazone: „Fürchte dich nicht vor ihm. Die Königin und die Priesterinnen machen euch zu große Furcht. Es ist schön, beim Mann zu sterben. (...) Dann bekommen wir beide, Frau und Mann, einen anderen Namen."[3] Tije allerdings fürchtet den Verlust der eigenen Identität und weist den Geliebten mit den Worten zurück: „Man schickt mich her und uns alle her, damit wir uns von euch töten lassen. Damit wir unseren Namen mit eurem teilen. Ich will nicht. Bleib du Guarikoto, ich bin, die ich heiße."[4]

Insofern die Identifizierung durch Namengebung Distanz bedeutet, sind die Indios den Weißen überlegen, denn im Gegensatz zu den Ureinwohnern sind diese in bezug auf die Sprache der Natur „Analphabeten"[5]. Ihnen steht die Natur als gewalttätige amorphe Kraft gegenüber, der sie keine Distanzierungs- und

---

[1] A I 206.
An anderer Stelle fragt ein Indio-Häuptling nach dem Namen der Tiere der Weißen, die auf die Indios großen Eindruck machen: „'Und das Tier, wie ist sein Name?' fragte der Häuptling ergriffen. 'Sie nennen es Pferd.' Der Häuptling: 'Wer weiß, wie wirklich sein Name ist? Euch verraten sie nicht seinen wirklichen Namen. Ist das Tier böse?' 'Es ist sanft und läßt sich von ihnen leiten. Es geht wie ein Lama in seinen Stall.' Zweifelnd neigten die Häuptlinge den Kopf: 'Wir möchten seinen Namen wissen.'"(A I 36).
[2] A I 206.
[3] A I 273.
[4] A I 273.
[5] Vgl.: A II 76 und 78.

Differenzierungsmöglichkeiten entgegensetzen können. Dadurch sind sie letztlich der Naturverfallenheit stärker ausgesetzt als die „Wilden".

Daß aber das animistische Naturverhältnis keineswegs idealisiert wird, zeigt die Schilderung des Reiches Cundinamarca, in dem der Animismus zu einer differenzierten Naturreligion kultiviert wurde. Hier ist das Leben selbst zu einem Ritual geworden, dessen einziger Bezugspunkt der Tod bildet: „Auf Fäden, dünn wie das Netz der Spinnwebe, geht der Mensch in den Tod."[1] Der differenzierte Todes-Kult in Cundinamarca ist das außerordentlich kunstvoll gewobene Spinnennetz, auf dem der Mensch sich in einer streng ritualisierten Weise bewegt und dennoch ständig vom Absturz bedroht ist.[2]

Ein ganz anderes Modell des Naturverhältnisses als das animistische repräsentiert der Inka-Staat. Das Schicksal der Inkas ist besonders aufschlußreich für die Thematik eines Ineinandergreifens von Naturbeherrschung und Naturverfallenheit. Zunächst ist es erstaunlich, wie negativ Döblin das Bild dieser Hochkultur zeichnet; hier ist das Verhängnis des Zivilisationsprozesses bereits antizipiert. Erscheint das Inka-Reich zunächst als Land, in dem die Gesetze der Ananke überwunden sind[3], so wird schnell deutlich, daß dieses Reich nicht von den Weißen zerstört wurde, sondern an inneren Konflikten zugrunde ging[4]. Die Natur, gegen die hier eine bis ins Detail ausgearbeitete Ordnung und Machthierarchie aufgeboten wird, rächt sich; nicht mehr beherrschbare Aggressionen zersetzen den Staat von innen, d.h. die innere Natur entzieht sich der mühsam errichteten Kontrollmechanismen, und es kommt zu einer Wiederkehr des Verdrängten.

Es ist aber bezeichnend, daß die Flucht der überlebenden Inkas in den Urwald und zu den anderen Indios - die Rückkehr zum Ursprung - nicht als Erlösung, sondern als qualvoller Prozeß der Identitätsauflösung beschrieben wird. Je weiter die Inkas in die Natur vordringen, desto bedrohlicher wird der Verlust von Sprache und Erinnerung, den beiden entscheidenden Komponenten, durch die sich Identität konstituiert. Cuzumarra erschrickt über die Erkenntnis, daß ein „Zauberer" ihm die Worte und die Erinnerung gestohlen hat.[5] Seine Gefährten klagen: „'(...) zu weit sind wir nach Süden gezogen in diesen heißen Wald, an

---

[1] A I 202.
[2] Fritz Pohle hat in seiner Quellenstudie nachgewiesen, daß Döblins Interesse nicht den Episoden indianischen Widerstandes gegen die Weißen galt, sondern den „Episoden der Kapitulation und des politisch-kulturellen Suizids" (Pohle, Fritz: „Das Land ohne Tod", a.a.O., S. 920). In diesem Zusammenhang stellt Pohle fest, daß es die Autorintention sei, „den Untergang der Cundinamarca-Kultur als Ergebnis auch ihrer eigenen Dekadenz darzustellen" (ebd. S. 922).
[3] „In unserm Land brauchte sich kein Mann und keine Frau und kein Kind zu sorgen, woher er seine Nahrung, seine Kleidung, seine Wohnung bekam." (A I 33)
[4] Cuzumarras Gefährten erkennen: „Die Uneinigkeit war schon vorher bei uns, zu der Zeit als unsere Eltern und Großeltern arbeiteten und die Ordnung herrschte, und als über uns Führer für fünf Familien, zehn Familien gesetzt waren." (A I 57)
[5] Vgl.: A I 48/49.

diesen furchtbaren Strom. (...) Wir haben keinen Gedanken mehr an die Heimat. (...) Manchmal sprechen wir von den Weißhäuten und was sie uns und unsern Verwandten angetan haben, dann vergessen wir es wieder, lachen und sind andere. Wir folgen dir, Cuzumarra, aber wir wissen nicht, wozu wir folgen. Hilf uns."[1] Cuzumarra und seine Gefährten werden durch ihren Identitätsverlust anfällig für die triebhaften Übergriffe der Amazonen; sie werden von ihnen zuerst zu willenlosen Sexualobjekten degradiert und dann getötet. Der Kampf gegen Regression und Tod wird als verzweifeltes Ringen um Erhaltung der Identität beschrieben. Cuzumarra klagt: „(...) ich weiß nicht mehr, was ich sprechen soll, ich verliere meine Worte, (...) wir sind verzaubert, ein Zauberer hat alles gestohlen."[2] Als die Amazonen ihm seine Niederlage vor Augen führen, versucht er verzweifelt und vergeblich, sein „Ich"[3] zu beschwören; danach unterwirft er sich den Amazonen und wird im folgenden beschrieben als der, „der einmal Cuzumarra war"[4]. Der psychische Tod im Sinne des Verlustes der Integrationsfähigkeit des Ichs und der Reduktion auf vegetatives Leben antizipiert den leiblichen Tod, durch den der Prozeß der Regression vollendet wird.

Ebenso wie die Sprache ein entscheidendes Mittel ist, der Regression eine Grenze zu setzen, so dient auch die *Erinnerung* dazu, den Rückfall in Geschichtslosigkeit und damit Naturverfallenheit zu verhindern. Der Tod - er ist letztlich das Faktum, durch das sich die Unhintergehbarkeit von Naturabhängigkeit am stärksten manifestiert - bedeutet nicht nur den Verlust der Dimension des Zukünftigen, sondern mit ihm werden Zukunft *und* Vergangenheit zugunsten von zeitloser Natur nivelliert. „So waren sie alle hin (...). Keinen Vater, keine Mutter, keine Kinder hatten sie. Sie waren ohne Ahnen und Nachfolger."[5] Natur und Tod bedeuten Vergessen: „Der Boden nimmt sie auf . (...) Vergessen die tausend Leben, die jeder gelebt, der Kummer, tägliche Mühe und Enttäuschung (...). Die Wasser, die Sukuruja wirft, rinnen durch sie. Vergessen die tausend Leben."[6] Die Natur tilgt alle Spuren der Erinnerung: „Über die Wassermassen strich der Meerwind, der vom Osten heraufkam, und fegte die Schiffsspuren weg, blies, schäumte: Es war nichts! (...) Der Sturm rollte nach Osten und schrie auf das Meer hinaus: Ihr seid nicht dagewesen."[7]

Die Indios dagegen beziehen ihre Stärke nicht aus der Nähe zur Natur, sondern aus der Verbundenheit mit den Ahnen, d.h. aus dem Bewußtsein ihrer (Unheils-) Geschichte, das sie am Leben erhält: „Unsere Kraft ist nicht groß. Das Starke an

---

[1] A I 54.
[2] A I 69.
[3] Vgl.: A I 71.
[4] A I 82.
[5] A I 196.
[6] A III 176.
  Auch „Alice" im Hamlet-Roman sehnt sich nach dem Vergessen, das durch die Flüsse des Hades symbolisiert wird (vgl.: Kapitel II.2.4.1).
[7] A I 34.

uns ist nur die Erinnerung (...)."[1] Es ist das Bewußtsein der Geschichtlichkeit des Seins, das den Menschen von Natur unterscheidet.

Dabei geht es nicht nur um die kollektive Geschichte, sondern auch um individuelle Lebensgeschichte. So wird z.B. im „Amazonas" das Motiv eines determinierenden lebensgeschichtlichen Traumas, das später im "Hamlet" von zentraler Bedeutung sein wird, in der Figur des Jesuiten Emanuell thematisiert[2]. Seine determinierende Kraft erhält das Trauma aber dadurch, daß es unbewußt ist, d.h. durch das Fehlen einer Erinnerung, die als identitätsstiftende Kraft wirken könnte. Der Vorwurf, Döblin habe im Frühwerk und in seiner Naturphilosophie Geschichte auf Naturgeschichte reduziert, trifft auf das Spätwerk mit Sicherheit nicht zu.[3] Hier werden Sprache und Bewußtsein der Historizität als die Faktoren identifiziert, die den Menschen vor einer todbringenden „Umarmung mit dem herrlichen Anonymen"[4] bewahren. Der Verlust von Sprache und Erinnerung dagegen - Rückfall in Geschichtslosigkeit und Sieg der Regression - wird als schuldhaftes Versagen gedeutet. Auch wenn in der Beschreibung die lustvolle Dimension der Entgrenzung immer präsent ist, so lassen die Kapitelüberschriften, in denen der Autor am deutlichsten spricht[5], keinen Zweifel am Standort des Erzählers. Das Kapitel, das den Tod Cuzumarras schildert, trägt die Überschrift: „Kreisende Kondore, hört das Bekenntnis meiner Schuld".[6] An der Beschreibung des Untergangs von Cuzumarra wird zudem besonders deutlich, daß Döblin an keiner Stelle der Trilogie ein Gegenmodell zum Verhängnis des Zivilisationsprozesses entwickelt, das in der Beschreibung des Unterganges des Inka-Reiches antizipiert scheint.[7]

---

[1] A I 40.
Zum Geschichtsbewußtsein der Indios vgl. auch: Wichert, Adalbert: Alfred Döblins historisches Denken, a.a.O., S. 93.
[2] Vgl.: Kapitel II.3.4.
[3] Vgl.: Kapitel I.3.
[4] UD 230.
[5] Vgl.: Kiesel, Helmuth: Literarische Trauerarbeit, a.a.O., S. 237.
[6] A 1 76.
[7] Die Auffassung, daß Döblin „positive Gegenbilder" zum Verhängnis des Zivilisationsprozesses entwerfe, vertritt insbesondere Elshorst (vgl.: Elshorst, Hansjörg: Mensch und Umwelt im Werk Alfred Döblins, a.a.O., S. 89-106). Angesichts des vorgeführten (notwendigen) Scheiterns dieser „Gegenbilder" erscheint es unverständlich, hier „realisierbare Ideale" (ebd. S. 99) zu vermuten. Kiesel nimmt Elshorsts These zunächst auf, wendet allerdings ein, daß die Gesellschaft der Indios nicht zur reinen Idylle verklärt werde (vgl.: Kiesel, Helmuth: Literarische Trauerarbeit, a.a.O., S. 243). Die Geschichte der Amazonen und die des Inka-Staates interpretiert Kiesel zu Recht als Geschichten „der gescheiterten Versuche, dem Elend und Leid des menschlichen Daseins zu entkommen" (ebd. S. 244). Letztlich sind aber alle „Gegenbilder", auch die der Indio-Gemeinschaft und des Jesuiten-Staates, als derartige gescheiterte Versuche anzusehen.

II.1.3.3. Triebverfallenheit - Die Konquistadoren

Sie kommen aus dem „wilden Europa"[1], um in die Wildnis des neuen Kontinents einzudringen. Dabei erweisen sich die ökonomischen Motive der Usurpation als vordergründig - sie gewinnen erst mit der Wende zur Neuzeit wirkliche Bedeutung[2]. Die eigentliche motivationale Basis der ersten weißen Eroberer ist die Triebnatur, und so entlarven sich letztlich nicht nur die missionarische Legitimierung, sondern auch die ökonomischen Interessen als Rationalisierungen. Quesada, der die ökonomischen Interessen der spanischen Krone zu wahren versucht, kann seine Soldaten nicht von Vergewaltigung und Mord zurückhalten. „Die Soldaten auf ihren Pferden, die ungezähmten gierigen Menschtiere (...) lachten Hohn und Vergnügen. Wenn man doch erst dreinschlagen könnte. Blut, feste Weiber, stramme Weiber, eine Hüfte packen."[3] „Es trieb sie und trieb sie. Sie wußten nicht, wie es nennen, sie sagten: wir müssen der Krone Spanien ein neues Reich erobern, wir müssen Gold suchen, wir müssen unseren Glauben von dem gespenstigen Gott verbreiten. Aber sie jagte es nur, die Erde zu suchen, immer mehr Erde, Meere, Flüsse, Völker, um sich zu vernichten und zu verlieren."[4] Stereotyp wiederholt sich der Hinweis auf das (unbewußte) Motiv der weißen Eroberer: Vernichtung und Selbstvernichtung. „Aber was Gold! Was Gold! Sie wollten mehr. Sie wollten Tod, für andere und für sich."[5] So erscheinen sie als Verkörperungen des Todestriebes, d.h. einer nach außen gerichteten Aggression und einer nach innen gerichteten Selbstzerstörung, die die regressive Auflösung in Natur zum Ziel hat. Ständig schwanken sie zwischen diesen beiden Haltungen: Wird der Sog der Regression, der Wunsch nach Assimilation an das Amorphe, übermächtig, so erscheint die Gewalttat als Rettung. „Die Truppe erholt sich (dann) auf fürchterliche Weise."[6]

---

[1] Vgl.: A I 197, A I 241.

[2] Die Priorität der ökonomischen Interessen setzt für Döblin erst in der Neuzeit nach dem Verlust des Einflusses der Kirche ein. Natur ist nun nicht mehr nur Bedrohung und Projektionsfläche menschlicher Triebverfallenheit, sondern sie wird aus der Perspektive ökonomischer Verwertbarkeit beschrieben (vgl.: Kapitel II.1.2.2).

[3] A I 121/22.
Auch Adalbert Wichert führt dieses Zitat als Beleg dafür an, daß Döblin letztlich „Handlungen auf Leidenschaften zurückführt" (Wichert, Adalbert: Alfred Döblins historisches Denken, a.a.O., S. 80). Er sieht in diesem Tatbestand aber keinen anthropologischen Pessimismus angelegt, sondern merkt an, daß die Triebe für Döblin „nichts den Menschen Herabsetzendes" (ebd.) bedeuten. Diese Aussage ist nicht nur insofern unverständlich, als daß das Zitat gerade die „Inhumanität" der menschlichen Triebnatur deutlich macht, es steht auch im Widerspruch zu Wicherts berechtigter Einschätzung, daß Döblin keineswegs Natur idealisiere, sondern daß er „vom ersten bis zum letzten Roman keinen Zweifel" daran lasse, daß „Grausamkeit und Gewalt (...) Eigenschaften der Natur" (ebd. S. 83) seien.

[4] A I 96.

[5] A I 190, vgl.: auch: A I 217, A I 267, A II 167.

[6] A I 176.

Der Weg der Konquistadoren in den Urwald wird nicht - wie der Cuzumarras oder Marianas[1] - als Prozeß der Identitätsauflösung beschrieben; die „ungezähmten Menschentiere" haben sich von ihrer naturalen Herkunft noch kaum gelöst. Die Tatsache, daß sie „begnadigte Todeskandidaten"[2] sind, verweist darauf, daß ihre Individuation nur eine scheinbare, zumindest aber eine zeitlich begrenzte ist. Ihr Krieg gegen die Natur, der „hoffnungslose Kampf mit dem Wald"[3], ist von Anfang an zum Scheitern verurteilt, weil sie selbst undifferenzierter Teil dieser Natur sind. „Dies waren nach Gestalt Menschen, mit der Leichenfarbe der kranken nördlichen Länder. Aber wirklich wie Tiere sahen sie aus mit ihren Tiger-, Löwen- und Hirschfellen. Wie Tiere stürzten sie auf den Feldern und in der Stadt auf Nahrung."[4]

Der Kampf gegen die Natur richtet sich auch gegen die eigene Leiblichkeit, allerdings nicht - wie bei den Jesuiten - im Sinne einer Sublimierung oder einer Verleugnung von Triebabhängigkeit. Alfinger nimmt - nach einer Verwundung durch einen Giftpfeil - einen grausamen Kampf gegen seinen Körper auf: Er brennt sich „von der Hüfte bis zum Knie herunter das Fleisch aus"[5] und gießt anschließend Öl in die Wunden. Vorher aber erwägt er die Möglichkeit, sich zu retten, indem er seinen Kopf auf einen Pferdeleib verpflanzt[6]. Es wiederholt sich das Motiv der indianischen Legende, die Aufhebung der Individuation durch die Vereinigung mit dem Tier, verknüpft mit der Illusion, so den individuellen Tod zu überwinden. Hier von Regression zu sprechen, ist insofern unzutreffend, als eine durch verinnerlichten Triebverzicht gekennzeichnete Kulturentwicklung (bzw. individuelle Ich-Stärke), d.h. ein Status, vor dessen Hintergrund die Rede von einer Regression erst sinnvoll wäre, noch gar nicht erreicht ist. Es handelt sich eher um einen Kreislauf: Natur wird wieder zu Natur. Und dieser Kreislauf bedeutet keineswegs die Wiederherstellung einer Alleinheit mit der Natur, sondern (Selbst-) Zerstörung. Die Suche nach Vitalität, die die weißen Eroberer veranlaßt, ein Europa zu verlassen, das dieser Vitalität nicht genug Raum läßt, fällt mit der Todessehnsucht zusammen, so daß triebbestimmtes Leben und todbringende Regression gleichbedeutend sind. Die Natur kennt zwar keine Triebeinschänkungen, "aber

---

[1] Vgl.: Kapitel II.1.3.2.
[2] A I 121.
[3] A I 145.
Die spanischen Eroberer dringen als Soldaten in den Wald ein und führen einen Krieg gegen die Natur, wobei die Indios ununterscheidbarer Bestandteil dieser Natur sind. „Es geht nicht ohne Krieg. Der Krieg fängt an. (...) Es kam der Wald, Dornen, Käfer, Würmer, Skorpione, Hitze, Nässe, Hunger, Durst, Erschöpfung. Sie hatten Bluthunde zur Jagd auf die Wilden mitgebracht" (A I 108).
[4] A I 150.
[5] A I 91.
[6] Vgl.: A I 90.

sie hat ihre besonders wirksame Art, uns zu beschränken, sie bringt uns um, kalt, grausam rücksichtslos, wie uns scheint, möglicherweise gerade bei den Anlässen unserer Befriedigung".[1]

Döblin betont an mehreren Stellen, daß diese Menschen nicht schlechter waren als andere: „sie waren, wie sie waren, und hatten nicht anders werden können".[2] Hier wird sein anthropologischer Pessimismus besonders deutlich. Einerseits ist „jeder Einzelne virtuell ein Feind der Kultur"[3]. Daß die Konquistadoren sich nicht grundlegend von den anderen „zivilisierten" Europäern unterscheiden, ist aber auch ein Hinweis darauf, daß sie das repräsentieren, was auch diese verdrängt, abgespalten oder projiziert haben. Im „Neuen Urwald" finden sich direkte Hinweise auf diesen Mechanismus der Ausgrenzung des eigenen Fremden: Die Verbannung eines „Verbrechers aus Leidenschaft" (eines Nachfahren der Konquistadoren) wird folgendermaßen kommentiert: „Sie (die 'zivilisierten' Europäer, I.M.) stoßen ihn jetzt aus, die Fratze ihrer Leidenschaften. (...) Es graust sie, wenn sie von ihm lesen. Aber sie weiden sich daran. Sie ahnen etwas. Weg, sagen sie. Es wächst in ihnen nach."[4] Im Zusammenhang mit der „rückwärts wandernden Kolonisation"[5], d.h. mit der Rückkehr der Nachfahren der ersten Eroberer nach Europa und ihrem Versuch der Einflußnahme auf dessen Kolonialpolitik, werden die Rückkehrer, „der Stolz der Heimat"[6], als „grausiges, verwirrendes Naturspiel"[7] wahrgenommen. Nicht ohne Ironie schildert Döblin, wie hier dem „wilden Europa" der Spiegel vorgehalten wird.

Betrachtet man die Darstellung der spanischen Konquistadoren unter dem Gesichtspunkt der Zivilisationsflucht, einem zentralen Motiv der Literatur nicht nur des Expressionismus, so sind diese nicht nur „Anti-Helden"[8], deren Suche nach Ursprünglichkeit im Identitätsverlust endet, sondern sie verkörpern ein antizivilisatorisches Prinzip schlechthin, dessen Bewertung durch den Autor eindeutig ist.

---

[1] Freud, Sigmund: Die Zukunft einer Illusion, Gesammelte Werke Bd. 14, a.a.O., S. 336.
[2] A I 88.
[3] Freud, Sigmund: Die Zukunft einer Illusion, Gesammelte Werke Bd. 14, a.a.O., S. 327.
[4] A III 140.
[5] A II 342.
[6] A II 351.
[7] Ebd.
[8] Vgl.: Reif, Wolfgang: Zivilisationsflucht und literarische Wunschträume. Der exotische Roman im ersten Viertel des 20. Jahrhunderts, Stuttgart 1975, S. 99.

II.1.3.4. Gescheiterte Autonomie - Die Jesuiten

Scheiterten die ersten weißen Eroberer daran, daß sie in keiner Weise fähig waren, kulturell notwendigen Triebverzicht zu leisten, so ist das Problem der Jesuiten die Leibfeindlichkeit des Christentums, die sie veranlaßt, ihre eigenen sinnlichen Bedürfnisse abzuspalten und als projizierte dämonische Eigenschaften der äußeren Natur zu bekämpfen. Döblin zeichnet ein äußerst differenziertes Bild der jesuitischen Missionare; das humanitäre Engagement der Jesuiten wird durchaus anerkannt; vom späteren Übertritt des Autors zum Katholizismus ist die Charakterisierung der Jesuiten aber noch nicht geprägt.[1]

Kiesel hat das Scheitern der Jesuiten auf deren Orientierung an der Doktrin der Genesis zurückgeführt, die den Herrschaftsanspruch des Menschen über die Natur festschreibt[2]. Den Jesuiten geht es aber nicht in erster Linie um Herrschaft über äußere Natur; das Feindbild „Natur", das sie errichten, wird erst vor dem Hintergrund einer Abspaltung und Projektion der eigenen Triebverfallenheit verständlich. Die Jesuiten versuchen der „Qual dieses Lebens"[3], die sich aus der unversöhnten Dichotomie von Natur und Geist ergibt, durch den Kampf gegen die innere Natur zu entrinnen: „In ihrem Widerwillen und ihrer Sehnsucht (...) töteten (sie) den Leib ab, der sie in dieses Unglück gezogen hatte."[4] Das humane Ideal, das die Jesuiten unbestreitbar weißen Usurpatoren, europäischen Imperialisten und indianischen Ureinwohnern gegenüber behaupten, bleibt also insofern defizitär, als es nicht den ganzen Menschen in seiner Sinnlichkeit und Moralität, als Trieb- und Geistwesen, erfaßt.

Der Bischof von Chiapas, Las Casas, ist der erste, der den Dämon „Natur" als solchen klar benennt. Er warnt die christianisierten Indios: „Ich beschwöre euch, geht nicht in die Wälder. Der Teufel haust da."[5] Aber: „Die Dunklen waren widerspenstig, der Satan hatte seine Hand im Spiel, lockte sie immer wieder in den Wald, wo er mit seinen Dämonen hauste. Der satanische Wald."[6] Klar stellt sich für Las Casas die Alternative: „Wer ist stärker: Christus oder der Wald?", und er beschließt, den „Kampf mit dem Wald und den Tieren an Ort und Stelle aufzunehmen"[7]. Seine missionarische Tätigkeit wird ironisch unter der Kapi-

---

[1] Döblins skeptisch wohlwollende Einstellung zum Christentum im „Amazonas" läßt sich durch ein Zitat, das er den Jesuiten in den Mund legt, charakterisieren: „Von den Menschen kann das Heil nicht kommen: dann kann Hilfe nur werden, wenn wir die Menschen fester an den ewigen Gott im fernen weiten Himmel binden. Es ist ein großer Umweg nötig, aber er ist nötig." (A II 10, Hervorhebung I.M.)
[2] Vgl.: Kiesel, Helmuth: Literarische Trauerarbeit, a.a.O., S. 254/255.
[3] A II 315.
[4] A II 316.
[5] A I 225.
[6] A I 240.
[7] A I 241.

telüberschrift „Waldpredigt"[1] beschrieben; es handelt sich um eine Predigt, die nicht nur im Wald stattfindet, sondern auch gegen denselben gerichtet ist.

Mariana, die Schlüsselfigur in bezug auf das Naturverhältnis der Jesuiten, fürchtet die Natur, diese „furchtbare, teuflische Macht"[2] noch stärker, weil er unbewußt wahrnimmt, daß das Problem nicht die äußere Natur, sondern die eigene Triebverfallenheit ist. Den Zusammenhang von innerer und äußerer Natur deutet er im Gespräch mit dem Oberen Emanuel de Nobrega an: „Wenn Ihr glaubt, Euch damit (mit der Hitze, I.M.) abzufinden, indem Ihr schwitzt und sagt: es ist die Natur, und die Sonne scheint nun einmal so stark, so begeht Ihr denselben Fehler, wie wenn Ihr eine Hoffart, einen Trotz an seiner Stelle laßt. Auch das ist Natur."[3] Auch Emanuel hat das eigentliche Motiv von Marianas Kampf gegen die „Natur" erkannt; er stellt die Frage: „'Liebst du ein indianisches Weib? Hast du Gelüst nach einer?'"[4] Entsprechend der von Döblin immer wieder thematisierten Dialektik von (angemaßter) Autonomie und Naturverfallenheit ist der „kleine, bitterböse Fanatiker"[5] Mariana, dessen Abwehr gerade deswegen so rigide ist, weil die Triebgefahr als stark und bedrohlich empfunden wird, für den Sog der Regression in besonderer Weise anfällig.

Zunächst finden Mariana und die anderen Jesuiten im Kontakt mit den Indios zu einer eher hedonistischen Lebenseinstellung: „Sie waren in einem Land, das ihnen gefiel, und ihnen allen gefiel das Leben, und sie gefielen sich selbst (...)."[6] Diese Einstellung steht im Kontrast zu ihrer asketischen Grundhaltung; schon ihre schwarze Kleidung soll zeigen, „daß sie mit dem Leben keine Freundschaft unterhielten".[7] Es ist charakteristisch, wie Döblin, der sich mit Erzählerkommentaren in diesem Werk sehr zurückhält, hier den Erzählerstandort indirekt deutlich macht, indem er durch einige eingeschobene Zeilen die Schilderung einer regressiven Naturidylle mit der Gefahr eines barbarischen Einbruchs konfrontiert: „Und dann zeigten ihnen diese Nomaden noch eine Art, den Durst zu löschen: sie schossen Hirsche, schnitten ihnen den Hals ab und tranken das Blut."[8] Dann wird gezeigt, wie Mariana nach und nach unter die Herrschaft seiner Triebnatur gerät: Bekennt er zunächst, daß er sich förmlich bezwingen muß, nicht mit den Indios in den Wald zu gehen[9], so fällt er schließlich „wie eine reife Frucht"[10]. Die Regression wird beschrieben als Sehnsucht nach körperlicher Nähe[11], dann als ein Ein-

---

[1] A I 223.
[2] A II 12.
[3] A II 11.
[4] A II 61.
[5] A II 48.
[6] A II 50.
[7] A II 64.
[8] A II 50.
[9] Vgl.: A II 61.
[10] A II 91.
[11] Vgl.: A II 96.

tauchen in Bewußtlosigkeit und als psychotische Spaltung. Zwei Seelen ringen miteinander[1], exterritorialisierte Ich-Anteile werden als Stimmen wahrgenommen, die Mariana in den Urwald locken[2].
Auf Marianas Tod, sein Eingehen in die Natur, das keine Erlösung bedeutet, wurde an anderer Stelle schon eingegangen[3]. Emanuel interpretiert Marianas Tod als Verrat: Er ist „zum Feind übergegangen"[4]. Gleichzeitig erkennt er, daß Mariana ein Teil seiner selbst ist: „Der Tod Marianas hat Emanuel umgeworfen. Ein furchtbares Licht ist auf Emanuel gefallen. Wieder ist ein Vorhang in ihm aufgerissen; er sieht, wer er ist, und will es nicht sehen und kann es nicht sehen. (...) Dazu kam Emanuel: zu fühlen, daß er auch Mariana war."[5] Mariana ist sein „Spiegelbild"[6], die Projektion seiner abgespaltenen Wünsche, die sich aus seinen Träumen erschließen lassen[7]. Das Bild Marianas wird im Bewußtsein Emanuels assoziativ verknüpft mit zwei anderen Vorstellungen: mit dem Bild Maladonatas - personifizierte weibliche Natur und Verführung und Bedrohung zugleich - und mit der Erinnerung an die Vergewaltigung seiner Frau und die Ermordung ihrer Familie, deren Zeuge er wurde, als er als Hauptmann unter Alba im Kampf gegen Rom diente. Dieses Trauma ist verdrängt, es taucht in bildhaften Assoziationen auf und erinnert an das ursprüngliche Motiv Emanuels, sich der asketisch, leibfeindlichen Position der Jesuiten zuzuwenden und so der Konfrontation mit der Triebnatur zu entkommen. Je stärker er versucht, dieses Ereignis aus „einem andern Leben"[8] ins Unbewußte zurückzudrängen, desto größer wird die Angst, durch das Versagen Marianas, das er nicht verhindern konnte und als eigene Niederlage interpretiert, selbst dem Wiederholungszwang eines Rückfalls in Naturverfallenheit zu erliegen. „Und empört, gequält von der Schande, die er erlitten hatte, schluchzte er und schlug sich ins Gesicht (es war eine Dorfkammer, es liegt jemand im Bett). (...) Du, will es nicht, fang nicht alles von vorne an."[9] Durch die Verdrängung erhält die traumatische Erinnerung den Status eines Naturzwanges, den Emanuel assoziativ mit den Symbolen der

---

[1] „Eine seiner Seelen ging den Weg, den die andern sie nicht gehen ließen."(A II 91)
[2] Vgl.: A II 96.
[3] Vgl.: Kapitel II.1.2.1.
[4] A II 102.
[5] A II 102/103.
[6] A II 191.
[7] Mariana taucht im Traum als der Verführer auf, der ihn zur Regression verlocken will. Emanuels Reaktion ist ambivalent: „Wie lange werde ich mich mit dir befassen, Bruder Mariana, um an dir herumzurätseln. Nun kommst du wieder. Du willst mich doch nicht zu dem verlocken, was du getan hast?" (A II 124/125) Dennoch schläft er mit den Gedanken an Mariana „glückselig" ein.
[8] A II 100.
[9] A II 102.

Regression verknüpft: mit der Rückkehr in den Wald, Marianas Tod und den Indios mit „ihren tierischen Bildern und Tänzen".[1]
Gegen das „Leiden des Menschen ohne Bewußtsein"[2] beschwört Emanuel „das göttliche Wort", die Sprache, die einerseits Differenz und Individuation ermöglicht, andererseits aber durch die Gestalt Christi auch die verlorene Einheit restituiert. „Wo das Wort Jesu nicht anklingt, da ist kein Ich genannt. Wo es aber klingt, ist jedes Ich genannt. Und ist Gewinn und Frieden, den die Natur nicht geben kann. Alles Ich ist zugleich genannt. Alles ist mit dem *einen* Namen bei seinem *eigenen* aufgerufen. Kein tieferes Bewußtsein ist möglich."[3] Daß auch Emanuel scheitert, zeigt allerdings, daß die Erlösungsvorstellung des Christentums für Döblin (noch) nicht als Weg zur Aufhebung der Dichotomie angesehen wurde.

Wird die erste Generation der Jesuiten dargestellt in ihrem konflikthaftem Ringen um Anerkennung von äußerer und innerer Natur, so treten die hybriden Züge im Naturverhältnis der zweiten Generation unter der Führung von Montoya deutlicher zu Tage. In ihrem Kampf gegen die Natur knüpfen sie an die Planungs- und Ordnungsstrategien ihrer Vorgänger an, die gekommen waren, „ein neues Gesetz zu erfüllen, das des planenden Menschen, des Meisters über die Natur"[4]. Nach zweckrationalen Kriterien errichten sie eine „unerbittliche Ordnung, der Natur aufgeprägt"[5]: „Man schrieb eine genaue Ordnung vor. Man duldete kein wildwucherndes Gras, genau wurden Straßenreihen mit dem Seile gezogen, Plätze abgesteckt (...)."[6] In den Augen des an den Idealen der Antike orientierten Bischofs Felix sind sie „Besessene", die „ihre Besessenheit mit dem Metermaß und dem Zirkel" durchführen[7].

Montoyas Ende ist „finster"[8]. Sein Sterben symbolisiert - wie der Tod aller anderen Romanfiguren - die spezifische Form seines Scheiterns am Konflikt zwischen Naturverfallenheit und Autonomie. Als er versucht, die geschlechtlichen Beziehungen der Indios einem Regelsystem zu unterwerfen und bei der katholischen

---

[1] A II 102.
[2] A II 105.
[3] A II 105 (Hervorhebung I.M.).
[4] A II 157.
[5] A II 331.
[6] A II 168.
[7] A II 283.
  Aber der Ordnungsfantismus der zweiten Generation ist nicht nur eine Projektion des Humanisten Felix. Der Erzähler schildert Montoyas Jesuiten so: "Es gab für Montoya und seine Leute nicht mehr den Wald, die Steppe, den Fluß mit den unzähligen Insekten, Vögeln, Fischen, Tigern. Da war nichts, was ihnen Furcht einflößte. Der düstere Schatten, die zauberische Verwirrung, in die den jungen Mariana geworfen hatten, zuletzt mußte er sich hingeben und starb. Wie raschelte, klirrte und sang Maladonata die rote Katze, um Emanuell. (...) Das war vorbei. Hart, stolz und kalt bezog Montoya mit den Vätern seine Burg" (A II 231/32).
[8] Vgl.: A II 319.

Kirche nur auf eine ironische Reaktion stößt, beginnt er selbst, an seiner angemaßten Gottähnlichkeit[1] zu zweifeln. Gleichzeitig verliert er seine sinnliche Wahrnehmung und Vitalität: „Montoya wurde dürrer (...). Er lebte eine Weile völlig stumm, er war taub geworden. So starb er. Er war zuletzt ein Alpdruck für seine Umgebung."[2]

Bei der letzten Generation der Jesuiten ist von der ursprünglichen Sensibilität für das Leiden an der dichotomischen Struktur menschlicher Existenz nicht mehr viel zu spüren. Der Kampf scheint gewonnen; im Zuge der Säkularisierung sind Macht und Geld in den Vordergrund des Interesses gerückt. Dieser Prozeß hat einerseits den Riß zwischen Indios und Jesuiten vertieft, andererseits das Band zwischen jesuitischen Siedlungen und europäischer Kolonialpolitik enger geknüpft. Die ursprüngliche ambivalente Faszination der Naturnähe der Indios ist einer distanzierten Arroganz gewichen. Zeugte z.B. die Wahrnehmung der Indianer als „Kinder" zunächst noch von der Sensibilität der Jesuiten für das (vermeintliche) Glücksversprechen der Regression, so dient diese projektive Charakterisierung nun der Legitimierung des eigenen Machtanspruchs gegenüber den „kindlichen" Indios mit ihren „Täubchengehirnen".[3] Die Annäherung an die Macht- und Geldpolitik der Europäer ist ein Anlaß für den Untergang der Siedlungen, wenn auch die eigentliche Ursache für das Scheitern der Jesuiten in internen Konflikten zu suchen ist.

Die tiefere Ursache für das Scheitern der Jesuiten ist letztlich in ihrem Versuch begründet, eine innerweltliche Erlösung zu realisieren, in der die dichotomische Existenz des Menschen aufgehoben ist. Der Untergang der Jesuiten kündigt sich in dem Moment an, wo sie meinen, in der Reduktion Loreto das „Land ohne Tod", die Versöhnung von Mensch und Natur, gefunden zu haben[4]. Die vermeintliche Idylle schlägt um in „Schwarm und Entzückung", und wenig später fällt auf sie der „Schatten des Todes"[5].

---

[1] „Weißhaarig, knochig, wirkte er als Apostel unter den Dunkeln, die ihn fürchteten wie einen Gott" (A II 320).

[2] A II 323.

[3] A II 330.
Der machtgierige Jesuit La Roca schildert dem Visitor, wie er mit den Indios „fertig wird": „Das ist der springende Punkt. Angst. Da haben Sie es. Und ahnungslos sind sie, kein Kind bei uns ist so kindisch" (A II 330).

[4] „'Alle Dinge nehmen ein Ende', sagte Emanuel zu Cataldino, 'und -' 'Was willst du sagen: und?' 'Und es stellt sich der irdische Tod und etwas anderes ein. Das was wir jetzt leben. In diesem Land ist kein Tod.' Cataldino: 'Es ist vielleicht Frucht eines früheren Lebens.' 'Glaubst du? Wir wären seligzupreisen, wenn wir es verdient hätten.'" (A II 172).

[5] Der Umschlagpunkt, der das Scheitern der Jesuiten markiert, wird insbesondere an den Kapitelüberschriften deutlich. Die Schilderung der Idylle trägt die Überschrift: „Herz, tu dich auf" (A II 166). Das nächste Kapitel ist „Schwarm und Entzückung" (A II 173) überschrieben, und dann folgt der Titel „Schatten des Todes" (A II 177).

Die Schilderung der Flucht der letzten Jesuiten vom „neuen Kontinent" macht deutlich, daß der Mensch der Übermacht der Natur nicht entkommen ist; diese scheint sich für die Verleugnung ihrer Existenz zu rächen. Die für die gesamte Trilogie charakteristische narrative Gestaltung der Umklammerung des Menschen von Natur dokumentiert ein längeres Zitat:
„Sie blickten auf das schäumende, unendliche Wasser. Die fliegenden Fische. Die Kapverdischen Inseln. Wolkenumlagert der Pik von Teneriffa. Noch überall Palmen, die letzten Palmen.
Der Gottesstaat, der großartige, der einzig menschenwürdige Versuch, von Pater Emanuel begonnen, war mißglückt.
Wie der ungeheure Ozean sie umgab, die gierigen Wasser ihr Segelschiff umkreisten, der brausende Wind in die Leinwand stieß, um das Schiff niederzudrücken. Es will uns verschlingen. Tränen, Tag und Nacht. Klagen und Gebete, Verzweiflung."[1]

II.1.3.5. Hybris - „Ich der König"

Paradox erscheint zunächst, daß „Ich der König" - gemeint ist der spanische Herrscher - einerseits der König „Ich" ist, d.h. die Hypostasierung der Subjektivität[2] repräsentiert, anderseits aber gar kein bestimmtes Individuum gemeint ist; es ist austauschbar, denn „er trug bald den Namen Philipp, bald Karl"[3]. „Ich der König" symbolisiert den Gegenpol zur vollständigen Regression der Amazonen: die vollständige Individuation, die aber eine Selbsttäuschung ist, weil - wie Döblin in seiner Naturphilosophie immer wieder betont - die Individuation des Menschen notwendig eine unvollständige bleibt[4]. Deshalb ist es auch nur konsequent, daß Regression und angemaßte Individuation zwei Extreme bilden, die letztlich zum selben Resultat führen: zur Identitätszerstörung. Döblin demonstriert, daß die Apotheose des Ichs in seiner Negation kulminiert[5].

---

[1] A II 374
[2] Auch Horkheimer vergleicht das „Ich" mit einem Herrscher, weil es mit „Funktionen von Herrschaft, Kommando und Organisation verbunden ist" (Horkheimer. Max: Die Revolte der Natur, in: ders.: Zur Kritik der instrumentellen Vernunft, Frankfurt/M. 1985, S. 104). „Das Ichprinzip scheint sich im ausgestreckten Arm des Herrschers zu manifestieren, der seinen Männern zu marschieren befiehlt oder den Angeklagten zur Hinrichtung verurteilt" (ebd.).
[3] A II 218
[4] Vgl.: Kapitel I.5.
[5] Vgl.: Horkheimer, Max: Die Revolte der Natur, a.a.O., S.118.

Der erste in der Reihe der spanischen Herrscher, der den Jesuiten wohlgesonnen ist, in den Kolonien aber ein „Schauerkabinett"[1] entfesselter Triebe sieht, befindet sich im Kampf gegen die „Verrücktheit, dieses Chaos, das einem wie Sand immer wieder unter den Fingern zerläuft".[2] Döblin greift hier zu satirischen Mitteln, um die Ohnmacht und Lächerlichkeit eines Menschen zu entlarven, der seine eigene Naturabhängigkeit verleugnet und gleichzeitig projektiv die gesamte Umwelt auf Natur reduziert. „Nun, sagt Ich der König, als er sich abends in das Bett legt und seine sehr blassen, mageren Arme und Beine betrachtet, das magere Fleisch reicht vollkommen aus, um die Dinge der Welt zu leiten. Die Menschen haben Fett und Hitze. Sie sind eine völlig wirre, dumme und hilflose Gesellschaft. Ich glaube, wenn man sie nicht leitete, sie könnten keinen einzigen graden Schritt machen. (...) Sie haben Triebe, und das ist das Alles dieser Tierchen. Ich danke Gott, daß er mich geschaffen hat."[3] Aber die Natur vereitelt alle „Umsicht" und „weisesten Vorschriften"[4]: „Es war zum Weinen, wenn man die ausgezeichneten Absichten, gefaßt im Kabinett des Königs, mit dem Ende vergleicht, das sie erlitten."[5] Seine Gesandten und Gouverneure sterben kurz vor der Abfahrt, erleiden unterwegs Schiffbruch oder scheitern an der Naturgewalt der Amazonas-Flüsse.

Wie bei allen anderen Romanfiguren sind die entscheidenden Charakteristika dieser Figur das Verhältnis zur eigenen Körperlichkeit und zur Sprache. Das entfremdete Verhältnis zur Sinnlichkeit wird im oben angeführten Zitat deutlich. Die Sprache des Königs - der den Beinamen „der Stumme" trägt[6] - ist reduziert auf ihre instrumentelle Funktion, auf das „überwachen, anordnen (...) dirigieren"[7]. Ansonsten schweigt der König und würde am liebsten auch die Beichte schriftlich ablegen, weil er in der kommunikativen Funktion etwas „Dienerhaftes"[8] vermutet, das sein Stolz nicht zuläßt.

Die nachfolgenden Herrscher sind tatsächlich „merkwürdige Figuren"[9], deren Regentschaft an den Größenwahn eines Psychotikers erinnert: „Ferdinand der Schlafsüchtige"[10], der stumme, verrückte Philipp[11] und der „geile König"[12] auf dem Thron von Portugal. Letztlich erweisen sich diejenigen, die die Macht haben, als völlig ohnmächtig, weil sie die Naturabhängigkeit verleugnen und so dem Naturzwang unterliegen. Sie alle sind nicht selbsttätig Handelnde, sondern

---

[1] A II 111.
[2] Ebd.
[3] A II 112/13.
[4] Vgl.: A II 109.
[5] A II 108.
[6] Vgl.: A II 353.
[7] A II 108.
[8] Vgl.: ebd.
[9] A II 345.
[10] Vgl.: A II 345-351.
[11] Vgl.: A II 369.
[12] A II 379.

Marionetten, die Aufgaben exekutieren, die ihnen zuwachsen.[1] Geschichte vollzieht sich unter dem Bann des Wiederholungszwangs.

II.1.3.6 Ästhetisierung. - Der Bischof Felix

Der Schilderung der verschiedenen Personen, die unter dem Titel „Ich der König" firmieren und die nicht als historische Personen, sondern als stilisiertes Extrem prometheischer Hybris zu betrachten sind, widmet Döblin nur wenige Seiten seines Romans; dann ist ihre Lächerlichkeit entlarvt. Dagegen nimmt die Charakterisierung des humanistisch orientierten Bischofs Felix breiten Raum ein[2]. Felix hält an der Möglichkeit einer Versöhnung zwischen Geist und Trieb, Mensch und Natur fest. Er ist ein Vordenker der Renaissance, des Versuches, die tiefe Zäsur zwischen dem Menschen und der extrahumanen Natur, die das Christentum konstruierte, durch ein Anknüpfen an ein antikes Naturbild zu überbrücken. Eine ästhetisierte und anthropomorphisierte äußere Natur, die Harmonie und nicht blinde Triebhaftigkeit repräsentierte, wäre die Voraussetzung dafür, daß der Mensch sich in ihr wiedererkennen kann, ohne mit seiner eigenen Triebverfallenheit konfrontiert zu werden. Gleichzeitig soll die innere Natur des Menschen anerkannt werden - allerdings nicht als triebhaft animalische, sondern humanisiert und ästhetisch stilisiert in Form von Eros und körperlicher Kraft und Schönheit. Felix' Leitgedanke lautet: „Die Welt lebt von der Mitte"[3]; aber dieses Ideal läßt sich nicht verwirklichen. Auch historisch führte der Versuch des Humanismus, eine Synthese zwischen christlichem Spiritualismus und Hellenismus herzustellen, allenfalls zu einer zerbrechlichen Harmonie[4].

Der Bischof vertritt dieses Ideal nicht nur theoretisch, sondern er versucht, es zu leben. In der Gemeinschaft mit seiner Geliebten Clelia, seiner Tochter Ada und dem Diener Alfio scheint die Utopie einer Harmonie von homoerotischer und heteroerotischer Erfüllung und geistig-intellektueller Verbundenheit verwirklicht.

---

[1] „Er (der König, I.M.) mußte sich aber, ob er wollte oder nicht, in den Dienst der Aufgaben stellen, die ihm zuwuchsen, und sie exekutieren." (A II 379)

[2] Vgl.: Kiesel, Helmuth: Literarische Trauerarbeit, a.a.O., S. 269.
Die Parallele zum Schuldirektor im „November" ist offensichtlich. Auch im Hamlet-Roman wird das griechische Naturverhältnis thematisiert als ein ästhetisches, das die Trennung von Geist und Natur aufhebt. Hier wird von den Griechen behauptet: „Sie verwarfen überhaupt unsere Trennung von Tatsachen, Einbildungen, Phantasmen. Ja sie stellten die Dinge auf den Kopf: eine Tatsache wie ein Baum, ein Tier wurde bei ihnen erst 'tatsächlich' durch - nun ja, durch Einbildung (...)" (H 521).

[3] A II 278.

[4] Vgl.: Altenhofer, Norbert: Die exilierte Natur, in: Helmut Brackert und Fritz Wefelmeyer (Hg.): Naturplan und Verfallskritik. Zu Begriff und Geschichte der Kultur; Frankfurt/M. 1984, S. 205/206.

Der trügerische Charakter dieses Ideals einer Versöhnung von Trieb und Geist ist allerdings in der Figur des Alfio schon angelegt, denn das friedliche Zusammenleben von Alfio, Felix und Clelia wurde ermöglicht durch die Kastration des Dieners, durch die gewaltsame Ausschaltung der menschlichen Triebnatur. „Nachher (nach der Kastration, I.M.) hatte sich die finstere Gewalt ruhig verhalten und sich zurückgezogen, Alfio lebte in Frieden und konnte sich Clelias freuen."[1] Daß die Idylle „irdischer und himmlischer Liebe"[2], die in der Darstellung einen breiten Raum einnimmt, brüchig. ist, wird oft nur durch kurze lakonische Einschübe angedeutet[3] - ein Verfahren, das auch für die Naturschilderungen in diesem Roman charakteristisch ist.

Der jesuitische Kampf gegen die Natur erscheint dem Bischof „barbarisch"[4]: „Sie haben sogar die Tiere zu schlechten Menschen gemacht. Sie haben ihnen alle Schönheit und Freiheit genommen."[5] „Menschen zu Affen machen, Tiere zu dummen Menschen machen, so war es nicht gemeint."[6] Sein Ideal der Vervollkommnung des Menschen durch seine Verbundenheit mit der Harmonie der Natur scheint durch das Naturverhältnis der Jesuiten geradezu konterkariert.

Das Scheitern des Bischofs kündigt sich schon früh an. Zunächst muß er dem Vorgehen der Jesuiten eine gewisse Legitimität einräumen, denn diese haben es mit „den elementaren Schwierigkeiten des Lebens", mit „Bestialitäten"[7] zu tun. Ist der Glaube an eine Aufhebung der dichotomischen Struktur der menschlichen Existenz hier schon brüchig, so verliert er ihn wenig später völlig, als er mit den Aggressionen der Konquistadoren konfrontiert wird - eine Begegnung mit der „Unterwelt"[8], dem Symbol für das Unbewußte, für die Triebverfallenheit. Felix scheitert schließlich an einer Natur, die seinem ästhetischen Ideal in keiner Weise entspricht: Der Scharlach tötet sein Kind; sein Diener Alfio, den „die Wut und

---

[1] A II 309.
[2] A II 262.
[3] „Es war übrigens nicht ganz sicher, ob das Töchterchen Clelias auch wirklich von Felix stammt" (A II 254).
Brüggen sieht das Ideal menschlicher „Personalität" im Bischof Felix verwirklicht, der allerdings daran scheitere, daß Privatwelt und geschichtliche Außenwelt sich nicht integrieren lassen (vgl.: Brüggen, Hubert: Land ohne Tod, a.a.O., S. 106 und 153). Wenn man allerdings den Bischof auch privat als gescheitert ansieht und damit das einzige von Brüggen angeführte Beispiel einer Herausbildung eines wirklichen Ichs in Zweifel zieht, so wird auch die Instruktivität des Leitgedankens von Brüggens Untersuchung (vgl.: Kapitel II.1.1. Anm.) fragwürdig. Letztlich läßt sich im gesamten Werk kein Beispiel einer integrierten Persönlichkeit finden, die den Konflikt zwischen Naturabhängigkeit und Autonomie wirklich gelöst hätte; eine gelungene „Personalität", die Brüggen als Gegenmodell zur Subjektivierung ansieht, wäre dann allenfalls als regulative Idee oder utopischer Horizont präsent.
[4] Vgl.: A II 260.
[5] A II 259.
[6] A II 259.
[7] A II 268.
[8] A II 293 und 299.

der Rausch" blind machen, versucht, von „finsterer Gewalt"[1] beherrscht, den Jesuiten Gonzales zu töten; seine Geliebte wird in einer Straßenschlägerei totgetreten. In dieser Form mit der Realität der (menschlichen) Natur konfrontiert, erkennt Felix den illusorischen Charakter seiner Ideale: Im Kampf zwischen der „weißen und farbigen Barbarei" und den Jesuiten wird es keine Versöhnung geben. „Wir andern können die Barbarei nicht mehr in Zaum halten, (...) es kommt in der Welt zur Entscheidung zwischen den vorgerücktesten und entschlossensten Stellungen, zwischen Jesuiten und Barbaren. Wir Mittleren spielen nicht mit."[2] Daß es dazu nicht kommt, wurde im vorhergehenden Kapitel gezeigt: Jesuiten und „weiße Barbaren" gleichen sich einander an - verbunden durch das neue universale Bindungsglied, das Geld.

In der Figur des Bischofs Felix ist die Kritik einer ästhetisierenden Lebenseinstellung, wie sie Döblin in späteren Werken - beeinflußt durch seine Kierkegaard-Lektüre - übt, schon angelegt. Denn Felix ist - ebenso wie die Dichter Stauffer und Gordon im „November" und „Hamlet" - Eskapist; die Realität existiert für ihn allein als ästhetisches Phänomen, nicht als Umwelt, in die der Mensch handelnd einzugreifen vermag. Felix „zieht sich auf das Altenteil der Phantasie zurück"[3]; das Urteil der Jesuiten über ihn lautet: „Er schadet keinem. Er tut überhaupt nichts. Er blickt sich überall um und weicht aus."[4] Auch die Problematik einer ästhetischen Weltsicht thematisiert Döblin unter einem moralischen Aspekt; sie verweist - ebenso wie Hybris und Regression - auf schuldhaftes Versagen.

---

[1] A II 309.
[2] A II 314.
[3] A II 256.
[4] A II 250.

II.1.4. Der „neue Urwald"

II.1.4.1. Perpetuierte Heteronomie

Auf die Problematik der von Walter Muschg vorgenommenen Abtrennung des Dritten Teils der Trilogie von den übrigen soll hier nicht eingegangen werden. Mir scheint es evident, daß ein solcher Eingriff nicht nur illegitim ist, sondern daß im Fall des „Amazonas" das Verständnis des Gesamtwerkes gerade durch den Bezug der ersten beiden Teile zum „neuen Urwald" des zwanzigsten Jahrhunderts erst gewährleistet ist[1].
Im „Neuen Urwald" versucht Twardowski, der sich selbst als das Gewissen der Zeit bezeichnet[2], die für das veränderte Weltbild der Neuzeit Verantwortlichen zur Rechenschaft zu ziehen. Nicht den objektiven Wahrheitsgehalt wissenschaftlicher Erkenntnisse zweifelt er an, sondern die Legitimität eines identifizierenden Denkens, das die Spaltung zwischen Subjekt und Objekt endgültig festschreibt.[3]
Während Kopernikus und Galilei widerrufen, beharrt Giordano Bruno auf dem Standpunkt, daß das wissenschaftliche Weltbild der Neuzeit dem Menschen Möglichkeiten der Befreiung aus der Heteronomie seiner Existenz eröffnet hat. Twardowski führt ihm daraufhin Ausschnitte der gesellschaftlichen Realität am Ende der Weimarer Republik vor Augen. Was er ihm zeigt, sind die neuen - und

---

[1] Heute scheint in der Forschung eine Übereinstimmung hinsichtlich der Ablehnung von Muschgs Eingriff zu herrschen. Unterschiedlich wird aber immer noch der inhaltliche und stilistische Zusammenhalt der Teile der Trilogie beurteilt. Einerseits wird versucht, den inhaltlichen Zusammenhang besonders herauszustellen (vgl.: Elshorst, Hansjörg: Mensch und Umwelt, a.a.O., S. 102; Sperber, George Bernard: Wegweiser, a.a.O., S. 197/198; Wichert, Adalbert: Alfred Döblins historisches Denken, a.a.O., S. 99 und 213/214; Brüggen, Hubert: Land ohne Tod, a.a.O., S. 150; Kort, Wolfgang: Alfred Döblin, a.a.O., S. 110; Kobel, Erwin: Erzählkunst im Umbruch, a.a.O., S. 312). Auer bezweifelt dagegen die konsequente Tektonik der Trilogie (vgl.: Auer, Manfred: Das Exil vor der Vertreibung, a.a.O., S. 46-50). Zu dieser Auffassung kommt er, weil er den Zusammenhang zwischen der Naturauffassung in den ersten beiden Teilen und der dann folgenden Gleichsetzung des neuzeitlichen Europa als „neuen Urwald" nicht sieht. Wenn die zentrale Aussage einer Wiederkehr des Verdrängten nicht erkannt wird, kann allerdings auch die Stringenz des Gesamtwerks nicht nachvollzogen werden. Auch Kiesel betont die „inhaltliche Kluft" und die „stilistischen Diskontinuitäten", die den dritten Teil vom Gesamtwerk trennen (vgl.: Kiesel, Helmuth: Literarische Trauerarbeit, a.a.O., S. 236)
[2] Vgl.: A III 118.
Twardowski ist eine polnische Faust-Gestalt des 16. Jahrhunderts (vgl.: Kiesel, Helmuth: Literarische Trauerarbeit, a.a.O., S. 262; Weyemberg-Boussart, Monique: Alfred Döblin, a.a.O., S. 237, Anm. 142; Pohle, Fritz: „Das Land ohne Tod", a.a.O., S. 990/91).
[3] Brüggen verweist auf den gleichen Sachverhalt, wenn er schreibt, daß Twardowski nicht „objektive Richtigkeit", sondern „personale Wahrheit" suche (vgl.: Brüggen, Hubert: Land ohne Tod, a.a.O., S. 117).

gleichzeitig alten - Abhängigkeiten, in die der Mensch nach seiner Einsetzung als „Schöpfer"[1] geraten ist; der „Urwald" existiert weiter.
Zunächst wird die „Statistin" vorgeführt. Schon der Status als „Statistin" verweist darauf, daß sie nicht nur eine Rolle spielt, d.h. keine Identität besitzt, sondern daß diese Rolle zudem namenlos und unbedeutend ist. Ihre Sehnsucht nach Liebe, die einmal im Leben ausgerechnet mit dem liebesunfähigen Sadisten Jagna möglich scheint, wird konterkariert durch die Notwendigkeit, ihren Körper zu verkaufen, wobei sie gleichzeitig ihre Liebhaber zu einem „zweibeinigen Geschäft"[2] funktionalisiert. Der Blick in den Spiegel, in dem sie eine Fremde erblickt[3], ist Symbol für die Identitätslosigkeit einer von äußerer und innerer Notwendigkeit diktierten Existenz.
Der Pole Jagna repräsentiert den erlösungsbedürftigen Menschen des zwanzigsten Jahrhunderts, der in die falsche Zeit hineingeboren wurde[4], weil die Flucht aus der Zivilisation ihm (zunächst) verwehrt ist. Seine Lebens- und Liebesunfähigkeit[5] versucht er, durch immer neue sadistische Exzesse zu kompensieren; die Frauen repräsentieren dabei für ihn die Vitalität, nach der er sich sehnt und die er deshalb zerstören muß[6]. Seine pathologische Sexualität korrespondiert mit einem gestörten Verhältnis zur Sprache, die sich im Symptom einer periodisch wiederkehrenden Heiserkeit körperlich manifestiert[7]. Die Charakterisierung des Polen zeichnet sich durch eine eigentümliche Ambiguität aus: Wundert man sich zunächst darüber, „daß diese steinern kalten, gemeißelten Züge einem lebenden Menschen angehörten", so wird dieser unmittelbar darauf als eine „lockende Geste der Natur"[8] bezeichnet. Durch diese Beschreibung werden Sinnlichkeit und Lebendigkeit auf der einen Seite und Naturverfallenheit und Tod auf der anderen zu einer Einheit verbunden.
Daß die Ursache des gestörten Verhältnisses Jagnas zur Frau in der Beziehung zu seiner Muttter zu suchen ist, wird nur angedeutet[9]. Deutlich wird hingegen, daß Jagna ein Nachfahre der Konquistadoren ist - wie sie ist er ein „begnadigter Todeskandidat"[10], dem das "zivilisierte" Europa keinen Lebensraum bietet.

---

[1] Vgl.: A III 16.
[2] A III 21.
[3] Vgl.: A III 20 und 26.
Auch im „Hamlet" ist das Nicht-Erkennen im Spiegel Ausdruck von Identitätslosigkeit und Symptom der die Psychose einleitenden Spaltung (vgl.: Kapitel II.2.4.1.).
[4] Vgl.: A III 44.
[5] Sein Begleiter Lukazinski stellt fest: „Burlesk, bei ihm von Liebe zu reden" (A III 37).
[6] Die eine Geliebte zeichnet sich durch „frische gesunde Farben" (A III 38) aus, die andere „strotzte von Leben" (A III 45).
[7] Vgl.: A III 26, A III 28, A III 29, A III 36, A III 44, A III 53.
[8] A III 32.
[9] Vgl.: A III 123-125.
[10] Vgl.: A III 29.

Erwägt er zunächst in den Krieg zu ziehen[1] - der Krieg setzt die Triebeinschränkungen der Kultur zumindest zeitweilig außer Kraft -, so flieht er später mit entlaufenen Sträflingen in den Urwald. Aber auch dorthin schleppt er „den Leib und die Schande der Vergangenheit"[2] mit. Die erhoffte Zurückgewinnung der Vitalität im direkten Kontakt mit der Natur endet tödlich. Den Parasitenbefall überlebt er zwar mit Hilfe der magischen Techniken der Indios. Dann aber sucht er erneut nach Erlösung durch eine auf Sexualität reduzierte Liebe. Nach einer Liebesnacht mit einem Indiomädchen scheint diese Erlösung gefunden. „Alles Leben kommt vom Weib"[3], stellt er fest, aber er lächelt dabei „wie ein Irrer"[4], fällt wenig später in ein Delirium und stirbt.

Der eigentliche Protagonist des dritten Teils der Trilogie ist Heinrich Klinkert, ein faustischer Mensch[5], der das „instrumentale Denken"[6] zur Grundlage seiner Existenz machen möchte. Sein Instrument ist die Schere[7], mit der er die Realität sezieren möchte, um sie zu beherrschen. Reine Instrumentalität bedeutet für ihn Ablehnung jeglicher „Ideologie", sei es die des Nationalismus[8] oder die einer lebensphilosophisch beeinflußten Idealisierung der vitalen Kräfte des Unbewußten[9]. Gegen „Mythologie"[10] und die „Fetische"[11] neuer Ideologien setzen Klinkert und sein Freund Posten das „einfache reine Werkzeugdenken"[12] als Denkform einer neuen Epoche. Die Hypostasierung einer vollständigen Autonomie setzt außerdem die vehemente Ablehnung einer „Erbschaft" voraus - in der doppelten Bedeutung einer Zerstörung aller historischen Traditionen und der Verleugnung einer dem Menschen vorgelagerten, archaischen, naturalen Basis. Klinkert und Posten wehren sich gegen „atavistische Gemütsanwandlungen"[13], dagegen, „abgestorbene Wünsche mit Fleisch zu bekleiden"[14]. Sie täuschen sich darüber hinweg, daß gerade sie eine „Götzenfeier" zelebrieren, daß sie „Wiedergeburten" sind, „Nachkommen und Erben derer, die alle Kriege in den letzten Jahrhunderten

---

[1] Vgl.: A III 44.
[2] A III 153.
[3] A III 172.
[4] Ebd.
[5] A III 55.
[6] Vgl.: A III 69.
[7] Vgl.: A III 59.
Das Symbol der Schere erinnert an Döblins Anmerkung in seiner Hommage an Freud, daß die Seele dem Seziermesser entgleite, und daß zu ihrer Erforschung ein anderes Instrumentarium nötig sei (vgl.: Kapitel I.2).
[8] Vgl.: A III 71/72.
[9] Vgl.: ebd.
[10] A III 61.
[11] A III 71.
[12] A III 61.
[13] A III 57.
[14] A III 58.

geführt hatten".[1] So wird verständlich, daß die Propheten der neuen Zeit nichts anderes ankündigen als die Regression auf das längst Bekannte: „Es wird alles kommen, was ihr schon wißt und was sich tausendmal ereignet hat (...)."[2] Sie unterliegen einem Wiederholungszwang, und dieser läuft darauf hinaus, Geschichte aufzuheben, bzw. rückgängig zu machen[3].

Voraussetzung für die Herrschaft über äußere Realität ist die Herrschaft über sich selbst, denn „man wird nicht Herr über andere, bevor man es nicht über sich selbst ist"[4]. Döblin zeigt, daß gerade die Verabsolutierung der Selbstbeherrschung in ihr Gegenteil, in vollständige Triebverfallenheit und Heteronomie umschlägt. Klinkert versucht zunächst, Zugeständnisse an seine sinnlichen Bedürfnisse zu machen, indem er sich ein Zusammenleben mit Marie „gestattet". „Klinkert dachte sich mit der bequemen Marie von allerhand Dunkelheit, die er in sich spürte, freizukaufen"[5], und er glaubte, „den unterirdischen Göttern durch seine Verbindung mit Marie genug geopfert zu haben (...)"[6]. Er fürchtet die unbewußten Kräfte, die er in sich spürt[7] - diese „Schrift, geschrieben in Fleisch"[8] - , und er hat, ebenso wie der Jesuit Mariana, mit seiner Ideologie der Instrumentalität ein besonders rigides Abwehrsystem gegen das Gefürchtete errichtet. Als er die skrupellose Therese kennenlernt - eine Figur, die durch die Verbindung von kalter Berechnung und ungehemmter Sexualität und die Verknüpfung von Aggressivität und Selbstzerstörung geradezu dämonische Züge trägt -, gerät diese Abwehr in Gefahr und wird schließlich so gründlich zerstört, daß Klinkert von den Kräften des Unbewußten beherrscht wird und in die Nähe des Wahnsinns gerät.

Therese - eine Romanfigur, die ganz offensichtliche pathologische Züge trägt[9] - hat in der Nachfolge der Amazonen den Weg der offenen Regression gewählt. Sie ist ein „Morastwesen, eine Eidechse, die in ihrem Menschenleib leidet"[10], und sie

---

[1] A III 62.
[2] A III 64.
[3] Vgl.: Erdheim, Mario: Die gesellschaftliche Produktion von Unbewußtheit. Eine Einführung in den ethnopsychoanalytischen Prozeß, Frankfurt/M. 1982, S. 185.
[4] A III 72.
[5] A III 64.
[6] A III 69.
[7] Auf die Ausführungen des Dramatikers, des „Propagandisten des Unbewußten", erwidert Klinkert: „Unaussprechliche Gefühle, die nicht Gedanken werden und die sich unserer Kontrolle entziehen. Muffiges, das sich für unser Ich ausgibt. Das gehört zu dem Schlimmsten, was es gibt, weil es sein Gesicht nicht zeigt und uns von innen hindert zu handeln. Zu sagen, das Unbewußte macht stark, heißt die Dinge auf den Kopf stellen" (A III 72).
[8] A III 86.
[9] Daß Therese eine gespaltene Persönlichkeit ist, deutet Döblin schon in der Schilderung ihres äußeren Erscheinungsbildes an: Sie hat zwei verschiedene Gesichtshälften, „ihr linker Mundwinkel hing, die ganze linke Seite bewegte sich schwer, während das rechte Gesicht vibrierte" (A II 64/65). Später wird sie offen als „irrsinnig" charakterisiert (Vgl.: A III 108).
[10] A III 67.

sucht die Erlösung nicht in der Befreiung aus der Naturverfallenheit, sondern in der Auflösung des Ichs. Für sie hat die Welt „zwei Ausdehnungen, eine nach oben (...) und eine nach unten".[1] Therese versucht, die Tiefe auszulosen, sie sucht die illusionäre Authentizität einer Existenz aus dem Unbewußten. Dabei werden alle geistigen Werte nivelliert[2] und alle menschlichen Beziehungen funktionalisiert.

Noch einmal zeigt Döblin, daß die Regression nicht zur erlösenden Aufhebung der Individuation und Überwindung prometheischer Hybris führt, sondern zerstörerische Triebpotentiale freisetzt. Die Darstellung der Beziehung zwischen Klinkert und Therese reiht sich ein in die von Döblin immer wieder beschriebenen Szenen des Geschlechterkampfes, zeichnet sich aber durch eine besonders krasse Skizzierung sado-masochistischer Strukturen aus. Thereses Devise lautet: „tun - oder leiden"[3], herrschen oder beherrscht werden. Im Mikrokosmos der Liebesbeziehung spiegelt sich das Verhängnis des Zivilisationsprozesses, der nur die Wahl zu lassen scheint zwischen Ohnmacht und Bemächtigung, Naturverfallenheit und Naturbeherrschung. Gleichzeitig wird gezeigt, daß die Rollen jederzeit austauschbar sind, daß jede Herrschaft von der Wiederkehr des Verdrängten bedroht ist. Klinkert versucht immer wieder, gegen diese Verbindung anzukämpfen und „der 'Bestie' in sich (...), einen Tritt"[4] zu geben. Er ist aber gerade durch die Gefühlsambivalenz[5], durch die Gleichzeitigkeit von Liebe und Haß und die damit verbundenen Todeswünsche, unlösbar mit Therese verbunden. „Damit zerriß er sich, und haßte und liebte Therese und wünschte sich den Tod."[6]

Wurde in den ersten beiden Teilen der Trilogie der Wunsch nach Entgrenzung, und Aufhebung der Individuation im wesentlichen im Zusammenhang mit dem Tod und einer regressiven „Rückkehr zur Natur" thematisiert, so hat im „neuen Urwald" die Sexualität die Funktion, sowohl die symbiotischen Sehnsüchte als auch die Naturverfallenheit des Menschen deutlich zu machen. „Liebe ist ein Wahnsinn"[7], und zwar im wörtlichen Sinn, nämlich psychotisches Erleben, Auflösung des strukturierten Ichs und der Grenzen zwischen Innen und Außen. In der sado-masochistisch strukturierten Liebe zwischen Therese und Klinkert wird wirkliche Nähe durch die Verletzung der Grenze des Anderen ersetzt; die Grenzverletzung erscheint als einzige Möglichkeit der Einsamkeit des Ichs zu entkommen und die ersehnte symbiotische Beziehung zu realisieren. Liebe gerät

---

[1] A III 82.
[2] Ihre religiösen Ambitionen werden als „Wollust des Glaubens" charakterisiert (vgl.: A III 73).
[3] A III 74.
[4] A III 82.
[5] Zum Zusammenhang von Ambivalenz und Todeswünschen vgl.: Freud, Sigmund: Trauer und Melancholie, Gesammelte Werke Bd. 10, a.a.O., S. 437-440.
[6] A III 89.
[7] A III 94.

in unmittelbare Nähe zum Tod; sie ist „die Seeligkeit, die Vernichtung, Zerschmetterung, Beglückung. Kein Stolz. Nur hin. Auflösen. Exit Klinkert, exit Klinkert, möge er niemals wieder auferstehn, der armselige, wehrlose Wicht. Er will nicht mehr leben, er will nicht mehr in den Tag zurück (...)."[1] Diese Beschreibung einer sexuellen Begegnung mit Therese macht die enge Verknüpfung von Erlösungssehnsucht und Todesangst, die Angst-Lust der Symbiose-Wünsche deutlich. Diese Ambivalenz zeigt sich auch darin, daß Klinkert die Vereinigung mit Therese zwar (haben) möchte, sich aber nicht in ihr verlieren will (sein will): „(...) es trieb ihn wegzugehen, (...) zu lange wollte er das nicht ertragen, er wollte es haben, er wollte es aber nicht sein, er fürchtete sich"[2].

Das Zerstörerische der symbiotischen Wünsche dieser Liebesbeziehung steht zwar eindeutig im Vordergrund; es gibt aber auch Hinweise auf ein Versöhnungspotential, das in der Liebe als einer Erweiterung und Entgrenzung des Ichs und einer libidinösen Besetzung der äußeren Realität virtuell aufscheint. Das liebende Paar fühlt sich mit der Welt verbunden: „Sie waren befreundet mit den Steinen, dem Asphalt, den Röhren, den Telefonleitungen, den Autobussen dieser Stadt, und jede Häuserreihe erkannte sie wieder."[3] Und diese Verbundenheit bedeutet auch das - von Klinkert so vehement zurückgewiesene - Eingebundensein in eine „Erbschaft". Er wird sensibel für die Verbundenheit mit der „Millionenzahl von Menschen", die unter der „Tonnenlast" der Stadt begraben liegen und deren Stöhnen und Atem als Drohung zu ihnen hinaufsteigt[4]. Das Aufbrechen der solipsistischen Isolation des Ichs wird hier nicht länger als illusorische Verschmelzung mit einer Alleinheit geschildert, sondern als Solidarität angesichts einer menschlichen Leidensgeschichte.

Die Erfahrung seiner Beziehung zu Therese hat Klinkert allerdings nur gezeigt, daß sein Konzept von Selbstbeherrschung und Autonomie zum Scheitern verurteilt ist: „(...) man verfügt über mich, man zerreißt mein Leben, ich habe Freiheit, oder habe ich keine?" (...) „Ach, ist es die Erbschaft, die ich in mir trage? Da hat sie mich."[5] Diese Welt empfindet er als satanisch, als einen „Hohn auf alles, was wir sind und sein möchten"[6]. Am Beispiel Klinkerts wird demonstriert, wie „jeder Versuch, den Naturzwang zu brechen (...), nur um so tiefer in den Naturzwang hinein(führt)"[7]. Auch seine Flucht mißlingt, weil die Vergangenheit nicht auszulöschen ist: „Man hatte Heidelberg nicht hinter sich gelassen, auf Fledermausflügeln flog es mit, die leere Wohnung stand da wie eine Höhle, sie schickte ihren

---

[1] Ebd.
[2] A III 105.
[3] A III 102.
[4] Vgl.: ebd.
[5] A III 92.
[6] A III 109.
[7] Adorno, Theodor W. und Horkheimer, Max: Dialektik der Aufklärung, a.a.O., S. 15.

Atem hinter ihnen her."[1] Während Therese im Wahnsinn und Selbstmord endet, versucht Klinkert zunächst, die Ich-Auflösung durch Spaltungsmechanismen[2] abzuwehren; später erkennt er, daß sein Autonomieanspruch eine Anmaßung war. Ähnlich wie der Protagonist im „Hamlet" fühlt er sich nun als Figur in einem Spiel, dessen Regeln er nicht beherrscht, und erkennt die Determiniertheit seines Lebens durch das Unbewußte: „Du warst nicht mit im Spiel. Du warst nie mit im Spiel. Du fingst dein Spiel nie an. (...) Tief besinnungslos warst du."[3]

Klinkerts weiteres Schicksal bleibt ungewiß; angedeutet wird, daß er die Notwendigkeit sieht, sich mit der Vergangenheit auseinanderzusetzen[4], mit jener Erbschaft, die ihn und seine Zeitgenossen zu „Nachfahren" und „Wiedergeburten" der einstigen Naturverfallenheit der Konquistadoren machte. Er besinnt sich auf das „Ich", allerdings ein „stärkeres, mächtigeres Ich, (...) das weiß, was es will"[5]. Aber die Reflexion des Protagonisten - und wohl auch die des Autors wird formuliert als immer neu zu stellende Frage. „'Die Frage kam mir nur. Nein zu antworten ist leicht. Ich sehe eben nur die Frage.'"[6] Die Leugnung des „Ichs" ist einfach; seine Anerkennung dagegen läuft Gefahr, in die Hybris der Apologie der Subjektivität zurückzufallen. Deutlich wird aber, daß Klinkert sich mitschuldig fühlt am veränderten politischen Klima des präfaschistischen Deutschlands, in dem er sich nach dem Tod Thereses wiederfindet: „Es ist das Gesetz der Gewalt, ich hab es selbst beschworen."[7]

---

[1] A III 97.

[2] „Als er auf dem Rückweg wieder in der Nähe ihrer Wohnung war, dachte er wie von einem Fremden 'Dies zwischen Heinrich und Therese nimmt ein schlimmes Ende'" (A III 93).

[3] A III 122.
Die Spielmethapher ist auch im „Hamlet" von großer Bedeutung. Edward inszeniert zwar selbst ein Spiel, kommt aber dann zu der Überzeugung, daß er selbst als Spieler in einem Spiel agiert, dessen Regeln er nicht kennt. (Vgl. Kap. II.2.6.)

[4] Klinkert hört eine Stimme, die „hinter den Augen im Kopf gebieterisch spricht". (...) „Das hast du alles nicht gewußt. Und was hast du überhaupt gewußt. Ich will dir die Tür zu deiner Vergangenheit öffnen, zu deiner toten Vergangenheit" (A III 122).

[5] A III 134.

[6] Ebd.

[7] A III 136.

II.1.4.2. Präfaschistisches Denken

Auch Klinkerts Freund Posten vertritt zunächst jene Ideologie der „Instrumentalität" als zeitgemäße Denkform, die mit allen irrationalen und mythischen Relikten vergangener Epochen bricht und die Zweckrationalität in den Mittelpunkt des neuen Denkens des Maschinen-Zeitalters stellt. Im Gegensatz zu Klinkert verkörpert Posten selbst diese Ideologie; er zeichnet sich durch „brutales Draufgängertum" und durch „natürliche Kälte" aus, und er „hat sich selbst genug in der Gewalt"[1], um andere auf die Probe zu stellen. Seine Devise lautet: „Nur nichts Persönliches"[2]; diese Haltung muß, seiner Meinung nach, verinnerlicht werden, denn wer - wie Klinkert - dazu „überredet" werden muß, „der ist verloren".[3]

Posten muß zwar feststellen, daß sich die Ideologie der reinen „Instrumentalität" gesellschaftlich nicht durchsetzen läßt, er registriert aber mit Genugtuung, wie sich Zweckrationalität und neue und alte Irrationalität vermischen und so eine verhängnisvolle „unheilige" Allianz zwischen Naturbeherrschung und Mythologie entsteht. Die neue politische Stimmung schildert er seinem Freund folgendermaßen: „die Jungen marschieren in den ältesten vermotteten Kostümen, (...) die alten Kostüme sind zugkräftig. Keine Pariser Mode kommt gegen diese Bärenfelle aus den Museen auf. Der Urwald ist große Mode, Heinrich. Wir sind auf der ganzen Linie geschlagen. (...) Die Gläubigen, die Mystiker! Es ist eine Lust zu Leben."[4] Dabei glaubt er sich keineswegs geschlagen, sondern meint im Gegenteil, daß die Welt „ganz nach ihrem Wunsch"[5] laufe, weil er erkennt, daß gerade der Irrationalismus der Massen es einer Elite ermöglichen wird, diese für ihre Ziele zu funktionalisieren: „Es ist ein großartiges Geschäft mit der Begeisterung heute zu machen. Die Masse will heute nichts weiter."[6] „Die Saat wird sehr rasch reif. Man hat keinen Grund, da einzugreifen. Sie sind mit Blindheit geschlagen. Man wird eines Tages ein leichtes Spiel haben."[7]

Der Sieg der Nationalsozialisten erscheint als Sieg der von Posten proklamierten Instrumentalität: „Die Sieger haben sich verhalten, wie er es immer gefordert habe, stählern, instrumental."[8] Diese neue Ideologie dient aber allein dazu, eine rationale Legitmationsbasis für Enthemmung und Triebeinbrüche zu schaffen. „Wie nach einem Wolkenbruch die Schmutzrinnen am Boden"[9] anschwellen, so „toben" sich unter dem Deckmantel der Zweckrationalität die niedrigen Instinkte

---
[1] A III 74.
[2] A III 90.
[3] A III 80.
[4] A III 91.
[5] A III 109.
[6] A III 91.
[7] A III 102.
[8] A III 128.
[9] Ebd.

aus.¹ Das Unbewußte durchbricht die „gegen den Andrang des Gewässers" errichteten „Dämme"², und die „Fahnenträger der neuen Zeit" haben kein anderes Ziel, als endlich „die Ellenbogen frei zu haben und einmal nach Herzenslust zustoßen zu können"³. Die Ideologie der Instrumentalität kann so problemlos mit einem Antiintellektualismus und der Propagierung atavistischer Triebvitalität kurzgeschlossen werden: „'Die Tat entsteht nicht aus dem Wissen, sondern aus dem Instinkt, aus unserm dämonischen Wollen, aus dem Glauben an unsere Mission'"⁴, verkündet einer der früheren Anhänger Klinkerts. Die von Döblin geschilderte Ideologie ist die einer „entfesselten Sachlichkeit"⁵; die paradoxe Formulierung verweist auf zwei ineinander greifende Prozesse: einerseits Verdinglichung und Entemotionalisierung menschlicher Beziehungen, andererseits Mobilisierung archaischer Triebimpulse. Erst durch beide Faktoren zusammen war der verwaltete und technisch rationalisierte Massenmord der Nationalsozialisten möglich.

Eines der ideologischen Instrumente der neuen Machthaber ist die Herstellung einer Verbindung zur Vergangenheit - Rassismus in Form der Einführung von „Ahnentafeln".⁶ Später erkennt Klinkert, daß der „Ahnenkult" nichts anderes bedeutet als die Perpetuierung der Verdrängung von konkreter Vergangenheit, denn hinter diesem Kult verbirgt sich die Verleugnung unbewältigter Genera-

---

¹ Döblin nimmt die Thesen der „Kritischen Theorie" zum Faschismus vorweg. In seinen Vorlesungen charakterisierte Horkheimer das Verhältnis des Faschismus zur inneren Natur folgendermaßen: „Das Verhältnis des Nationalsozialismus zur Rebellion der Natur war komplex. Da eine solche Rebellion, so 'echt' sie sein mag, stets ein regressives Element einschließt, ist sie von Anbeginn als Instrument reaktionärer Zwecke brauchbar" (Horkheimer, Max: Die Revolte der Natur, a.a.O., S. 118). „Im modernen Faschismus hat die Rationalität eine Stufe erreicht, auf der sie sich nicht mehr begnügt, einfach die Natur zu unterdrücken; die Rationalität beutet jetzt die Natur aus, indem sie ihrem eigenen System die rebellischen Potentialitäten der Natur einverleibt" (ebd.). „ In diesem Licht könnten wir den Faschismus als eine satanische Synthese von Vernunft und Natur beschreiben - das genaue Gegenteil jener Versöhnung der beiden Pole, von der die Phantasie stets geträumt hat" (ebd. S. 119). Aus diesem Blickwinkel betrachtet, hat - wie Horkheimer 1941 in einem Brief an Friedrich Pollock schreibt - Hitler die „gründlichste Kulturkritik" durchgeführt (vgl.: Horkheimer, Max: Briefwechsel 1941-1948, in: Gesammelte Schriften Bd. 17, Frankfurt/M. 1996, S. 197).

² Vgl.: Freud, Sigmund: Die endliche und die unendliche Analyse, Gesammelte Werke Bd. 16, a.a.O., S. 70.

³ A III 129.

⁴ A III 130.

⁵ Vgl.: Kapitel I.10.
Auch hier erinnert die Terminologie an die der „Kritischen Theorie". Horkheimer benutzt den Begriff einer „entfesselten Vernunft" (Horkheimer, Max: Briefe 1941-1948, a.a.O., S. 220).

⁶ Vgl.: A III 131.

tionskonflikte[1]. Der „Ahnenkult" gibt dem an der Vereinzelung leidendem Subjekt das illusorische Gefühl, Teil eines historischen Kontinuums, einer übergeordneten Einheit zu sein, während er gleichzeitig das „Erinnern und Durcharbeiten" des determinierenden individuellen und archaischen Erbes verhindert.
Erzähltechnisch wird die Beschreibung dieser gesellschaftlichen Veränderungen mit dem Scheitern Klinkerts, dem Umschlagen von verabsolutierter Selbstbeherrschung in Naturverfallenheit, verknüpft, so daß diese beiden Prozesse parallel laufen und inhaltlich in enger Beziehung zueinander stehen. Wie Klinkert, so ist die gesamte neuzeitliche Gesellschaft erlösungsbedürftig; die Ideologie der Nationalsozialisten ist deshalb so erfolgreich und gefährlich, weil sie in der Tiefe an die Triebwünsche und an die Sehnsucht nach Unmittelbarkeit anknüpft und so den Status einer säkularisierten Erlösungshoffnung erhält. Diese Erlösungshoffnung ist geknüpft an die Illusion der Aufhebung der Individuation. Zu den beiden Komponenten der Möglichkeit von Entgrenzung - zur Regression auf Natur und zur Sexualität - tritt eine weitere: die Befreiung vom „Ich" durch das Aufgehen in der Masse. Klinkert erkennt sowohl die Faszination als auch die Gefahr, die den Massenaufmärschen inhärent ist: „Du siehst doch, daß sie herumgehen und hoffen. (...) Ich möchte gerne hoffen. Es soll mich nicht verdrießen, mit jedem, mit Hunderttausend und Millionen zusammenzugehen. Ich stelle mir nichts Schöneres vor. Das habe ich gelernt, ich weiß es, ich war unselig ohne das. Aber diese. (...) Sie gehen ja nicht zusammen. Es ist Schein. Der Rausch genügt mir nicht."[2] Die Masse hebt die Einsamkeit des Menschen nicht auf, sondern sie zerstört im Gegenteil die sozialen Beziehungen: „Man klammert sich an die Masse und zugleich zerreißt das ganze gesellschaftliche Netz. Der Urzustand ist da."[3] Sowohl das geschichtliche Kontinuum, das die nationalsozialistische Ideologie durch die „Ahnentafeln" vortäuscht, als auch die Kollektivität der Massendemonstrationen sind gefährliche Surrogate, die regressive Wünsche aufgreifen und diese funktionalisieren.
Klinkert findet die Erlösung nicht; aber er ist fähig, das Leiden und die Trauer um die zum Scheitern verurteilte Versöhnung auf sich zu nehmen und die eigene schuldhafte Verstrickung zu erkennen. Klinkerts Schicksal weist zurück auf die Thematik der gesamten Trilogie: Das „Land ohne Tod" existiert nicht; alle (innerweltlichen) Erlösungshoffnungen führen den Menschen nur weiter in die Naturabhängigkeit hinein.

---

[1] „Man sprach an den Biertischen in großen Tönen von dem Männerrecht, das die Staaten errichtet haben, wollte Ahnentafeln wieder einführen; dabei fürchtete sich das vor seinen Ehefrauen und Vorgesetzten; und auf die toten Eltern, statt sie zu verehren oder gar anzubeten, hatten sie noch immer eine Wut, mochten nicht an sie denken, und es hätte keinen von ihnen gereizt, öfter als einmal im Jahr zu ihnen auf dem Friedhof zu gehen" (A III 131).
[2] A III 135.
[3] Döblin, Alfred: Schicksalsreise, a.a.O., S. 39.

II.1.4.3. Die Rettung der Aufklärung [1]

Das Szenario des erlösungsbedürftigen Menschen des zwanzigsten Jahrhunderts wurde entworfen, um Giordano Bruno das Scheitern der Aufklärung vor Augen zu führen. Die „Entzauberung der Welt" ist abgeschlossen[2], die Geister und Dämonen der Naturreligionen sind entmächtigt, und die christliche Religion hat ihren Status als verbindliche Weltanschauung verloren. Der Mensch wurde selbst zum Schöpfer, zum Konkurrenten der Natur, aber der Urwald - Symbol für Naturverfallenheit und gescheiterte Autonomie - existiert weiter. Das vormals exterritorialisierte „Fremde" ist nun zum Bestandteil des eigenen Lebens geworden. Die Menschen des zwanzigsten Jahrhunderts „wuchsen auf und traten in die Urwälder einst."[3] „Sie hatten jetzt alles zu Hause."[4] Die Grenzlinien der Zivilisation sind keine äußeren mehr, sondern im Inneren der Gesellschaft aufweisbar.

Der Ankläger Twardowski sieht in der Aufklärung die „Wurzel allen Übels".[5] Aus dem Pathos seiner Anklage spricht die Verzweifelung des Autors angesichts der hereingebrochenen neuen Barbarei: „Mißlungen alles. Es war umsonst. Mißraten, mißraten."[6] Galilei und Kopernikus akzeptieren letztlich die Anklage: Ihre Erkenntnisse waren richtig, aber die Folgen sind katastrophal. Sie hätten sich lieber die „Augen herausreißen" und das „Gehirn wegwerfen"[7] sollen als die Wahrheit zu verbreiten.

Die Gestalt des Giordano Bruno ist eine allegorische Darstellung der Aufklärung: ein „Feuermann", lichtdurchflutet und durchsichtig[8], der gegen die Dunkelheit kämpft und daran festhält, daß die Nacht (der Unwissenheit des Menschen) verschwunden sei.[9] Nachdem ihm Twardowski das „Grauenhafte"[10] der neuen Zeit vorgeführt hat, erlischt das Licht, Finsternis erfüllt die Kirche, die zum Ort

---

[1] Aufklärung sei hier nicht verstanden als Epochenbegriff, sondern im Sinne der „Dialektik der Aufklärung" als Prozeß der wissenschaftlich-technischen Aneignung der Welt, die am Beginn jeder Kulturentwicklung steht, deren Dynamik sich aber in Europa insbesondere seit der Renaissance entfaltet.
[2] „Es gab keinen Zauber mehr" (A III 7).
[3] A III 7.
[4] Ebd.
Die gleichen Worte benutzt Edward im „Hamlet", der feststellt, daß er nicht in den Krieg gehen muß, um nach dessen Ursache zu suchen, sondern daß er alles „bequem zu Hause" finde (vgl.: H 411).
[5] A III 10.
[6] A III 12.
[7] A III 14.
[8] Vgl.: A III 12/13.
[9] Vgl.: A III 15.
[10] A III 15.

des Tribunals über die Neuzeit geworden ist[1]. Giordanos anfängliche Begeisterung für die technischen Errungenschaften der Moderne und für eine Menschheit, die im Maschinenzeitalter zum „Herren der Giganten"[2] avanciert scheint, ist geschwunden, und er bekennt: „Es ist eine geschändete Menschheit. Wir haben alles umsonst getan."[3]
Aber dann insistiert Bruno darauf, daß seine ursprüngliche Intention verfälscht und ins Gegenteil verkehrt wurde. „Herrliche Welt! Was ich an dir getan habe, war nicht, Gott töten. Ich habe dem Göttlichen das kleine Menschengesicht genommen und es an seinen ewigen, geheimnisvollen (...) Platz gesetzt."[4] Aufklärung bedeutet nicht Verabsolutierung der Rationalität und Herrschaft über innere und äußere Natur, sondern Wahrheit im emphatischen Sinn; die Wahrheit treibt das Wissen voran, bis es an seine Grenze stößt, und die Anerkennung dieser Grenze macht die eigentliche Intention der Aufklärung aus.[5] Bruno wollte nicht die Metaphysik zerstören, sondern ihr einen Ort zuweisen, der jenseits des menschlichen Wissens liegt. Die Anerkennung dieser Grenze bedeutet gleichzeitig, daß das „Göttliche" von Relikten animistischer Praktiken befreit wird, d.h. - psychologisch betrachtet - von Projektionen gereinigt und als (unerkennbare) Entität sui generis anerkannt wird. Die Menschen aber haben die Lehren Galileis, Kopernikus' und Brunos mißverstanden: „(...) sie denken alles zu wissen. Sie denken, mit dem fernen Gott ist alles Geheimnis und Wunder aus der Welt gejagt. Es ist ja nur tiefer hineingesenkt".[6]
Der eigentlichen Intention der Aufklärung, die in den vergangenen fünf Jahrhunderten nicht verwirklicht wurde, räumt Döblin weitere fünfhundert Jahre ein. Die Vorgeschichte der Menschheit, die gleichzeitig eine Leidensgeschichte ist, ist noch nicht abgeschlossen. Bruno verwandelt sich wiederum in eine durchsichtige Flammengestalt, die über den Ankläger Twardowski triumphiert, der in seinem schwarzen Mantel als „dunkler Fetzen" zurückbleibt.[7] Welche Perspektive sich in

---

[1] Es handelt sich um die Marienkirche in Krakau, deren Bedeutung für seine Biographie Döblin 1924 in der „Reise in Polen" beschrieben hatte (vgl.: Döblin, Alfred: Reise in Polen, a.a.O., S. 239-243).
[2] A III 17.
[3] A III 116.
[4] A III 113.
[5] Um diese Anerkennung der Grenzen des Wissens ging es Kant in seinen drei Kritiken. Die Aufklärung ist gerade deswegen „eine schwere und langsam auszuführende Sache", weil ihr die Wißbegierde des Menschen entgegensteht, die „das bloß Negative (welches die eigentliche Aufklärung ausmacht)" nicht anerkennt (vgl.: Kant, Immanuel: Kritik der Urteilskraft, Werkausgabe herausgegeben. von Wilhelm Weischedel, Frankfurt/M. 1977, Bd. 10, S. 226, Anmerkung).
[6] A III 117.
[7] A III 120.
Der symbolische Gehalt dieser Szene - der Triumph Brunos über seinen Ankläger - ist m.E. eindeutig. Kiesel interpretiert ihn dagegen als einen Vorgang „zwischen Flucht und

dieser Zukunft verwirklichen soll, bleibt inhaltlich unbestimmt. Der am Schluß der Trilogie folgende „Abgesang" - Jagnas Flucht in den Urwald und die erneut scheiternde Suche nach dem „Land ohne Tod" - ist in keiner Hinsicht als utopische Perspektive zu interpretieren. Noch einmal wird hier die Verbindung zu den ersten Teilen der Trilogie hergestellt und ein erneut scheiternder Versuch beschrieben, Erlösung in der regressiven „Rückkehr zur Natur" zu finden. Gleichzeitig wird der symbolische Gehalt der Schlußszene zwischen Bruno und Twardowski unterstrichen: Es gibt keine Alternative zum Fortschreiten der Zivilisation. Leitgedanke eines erneuten Versuches der Befreiung des Menschen aus einem heteronomen Dasein darf aber nicht länger der der Herrschaft sein. Statt einer Beherrschung der Natur gälte es, das Verhältnis des Menschen zur inneren und äußeren Natur bewußt zu machen. Denn: „Erst was der Natur als Schicksal entrinnen wäre, hülfe zu ihrer Restitution."[1]

Der Leitgedanke der Versöhnung müßte sich orientieren an der Passionsgeschichte der Menschheit. Bruno fordert Twardowski auf: „Blick auf das Leiden. Das zeigt, die Wahrheit lebt."[2] In der Anerkennung des Leidens liegt ein Potential wirklicher Authentizität, während alle im Roman geschilderten Versuche, das Leiden aufzuheben, in eine regressive und illusionäre Unmittelbarkeit führen und die Heteronomie der menschlichen Existenz perpetuieren. Individua-

---

'Entrückung'" und stellt dementsprechend fest, daß Döblin neben der Anklage Twardowskis auch die Antwort Brunos gelten lasse (vgl.: Kiesel, Helmuth: Literarische Trauerarbeit, a.a.O., S.264/65). Natürlich hat die Anklage Twardowskis ihre Berechtigung; Kiesel scheint aber zu übersehen, daß Twardowski letztlich die Erlösung in der Vernichtung der Menschheit sieht und so die verhängnisvolle Verbindung von Erlösungshoffnung und Zerstörung, die das Schicksal aller Romanfiguren bestimmt, im globalen Rahmen wiederholt. Brüggen interpretiert die Schlußszene zwischen Twardowski und Bruno dagegen zutreffend als „Freispruch" (vgl.: Brüggen, Hubert: Land ohne Tod, a.a.O., S. 138-143) und verweist mit kritischem Bezug auf Kiesel auf die Eindeutigkeit dieser Szene (vgl.: ebd. S. 49).

[1] Adorno, Theodor W.: Ästhetische Theorie, Frankfurt/M. 1973, S. 105.

Horkheimer schließt seine Ausführungen zur „Revolte der Natur" folgendermaßen: „Kurzum, wir sind zum Guten oder Schlechten die Erben der Aufklärung und des technischen Fortschritts. Sich ihnen zu widersetzen durch Regression auf primitive Stufen, mildert die permanente Krise nicht, die sie hervorgebracht haben. Im Gegenteil, solche Auswege führen von historisch vernünftigen zu äußerst barbarischen Formen gesellschaftlicher Herrschaft. Der einzige Weg der Natur beizustehen, liegt darin, ihr scheinbares Gegenteil zu entfesseln, das unabhängige Denken" (Horkheimer, Max: Die Revolte der Natur, a.a.O., S. 123

[2] A III 118.

Brüggen sieht in der bewußten Annahme des Leidens, das den Menschen von den anderen Individuationen der Natur unterscheide und ihm eine einzigartige Bedeutung für die Erlösung der Welt verleihe, die Botschaft Döblins (vgl.: Brüggen, Hubert: Land ohne Tod, a.a.O., S. 142). Dagegen sieht Müller-Salget im Leiden das „ungelöstes Problem" Döblins, der keine Instanz aufweise, dem ein Ende setzen könnte (vgl.: Müller-Salget, Klaus: Alfred Döblins Werk und Entwicklung, a.a.O., S. 383/84). Auch für Weyembergh-Boussart ist die Annahme des Leidens, für die Bruno als Erlösung aus der Herrschaft des Bösen plädiert, wenig überzeugend (vgl.: Weyembergh-Boussart, Monique: Alfred Döblin, a.a.O., S. 239).

tion ist - wie Döblin schon in den naturphilosophischen Schriften deutlich machte - unlösbar mit der Erfahrung des Leidens verbunden: „Es kann nicht der Sinn des Lebens sein, den Schmerz auszulöschen. Der Schmerz und das Leiden, das ist eine metaphysische Mitgift: es ist das Wissen um die Individuation (...)."[1]

---

[1] IüN 241.

II.2. „Hamlet oder Die lange Nacht nimmt ein Ende"

II.2.1. Einleitung: „Man findet alles bequem zu Hause"

Auf den ersten Blick scheinen die beiden großen Exilwerke Döblins - die Amazonas-Trilogie und der Hamlet-Roman - wenig Gemeinsamkeiten aufzuweisen: Im „Amazonas" wird ein zeitlich und geographisch ausgedehntes Panorama entfaltet mit einer Vielzahl von fiktionalen und historischen Romanfiguren. Im „Hamlet" findet sich dagegen die erzählerische Engführung auf zeitlich und räumlich eingegrenzte Gegebenheiten und die Konzentration auf wenige Protagonisten innerhalb einer klar umgrenzten Familienkonstellation. Im „Amazonas" geht es - zumindest bei oberflächlicher Betrachtung - um das Verhältnis des Menschen zur äußeren Natur, im „Hamlet" dagegen um die Beziehung des Menschen zum anderen[1] und um die Aufdeckung von „innerer Natur", die diese Beziehungen (unbewußt) determiniert.

Dennoch ist in beiden Fällen die Fragestellung die gleiche: Gefragt wird nach den „Wurzeln des Übels", nach der Ursache für Krieg, Vernichtung und Destruktivität, nach den Gründen für einen gescheiterten Zivilisationsprozeß vor dem Hintergrund der Erfahrung eines Zivilisationsbruchs von historisch einmaligem Ausmaß. Und es wird jeweils konstatiert, das man nicht in „ferne Länder" zu ziehen brauche, um die Ursachen zu finden, sondern alles „bequem zu Hause"[2] finde. Wie der „Urwald" im Inneren der neuzeitlichen Gesellschaft weiterlebt, so findet der Krieg, nach dessen Ursachen Edward im „Hamlet" sucht, in der eigenen Familie statt.

Die Frage nach der Naturverfallenheit des Menschen und den Möglichkeiten ihrer Überwindung wird im „Hamlet" erneut gestellt; diesmal auf einer Ebene, die psychoanalytische Motive nicht nur indirekt, sondern direkt einbezieht. Es handelt sich um einen modernen Entwicklungsroman, in dem die Entwicklung des Protagonisten nicht chronologisch nachvollzogen wird, sondern als Rekonstruktion der Vergangenheit und Integration des Verdrängten dargestellt wird. Die Entwicklung des Helden ist zu verstehen als (Wieder-) Herstellung der Kontinuität seiner Lebensgeschichte, deren Sinnzusammenhang durch Neurose und Trauma verlorengegangen ist. Dennoch wird keine psychoanalytische Behandlung geschildert; es handelt sich um ein „künstlerisches Heilverfahren"[3], um ein Spiel mit Phantasie und Projektionen, das insbesondere durch die Einfügung der an den Familienabenden erzählten Binnengeschichten immer wieder neu entfaltet wird.

---

[1] In einem Rundfunkgespräch sagt Döblin, daß er sich im „Hamlet" ganz auf die „Ich- und Du-Gliederung" der wenigen Personen konzentriere und die soziale Wirklichkeit ausblende (vgl.: RB 158).
[2] H 411.
[3] H 13.

Der Protagonist muß - wie der Leser - aus der Fülle der angebotenen Bilder, Mythen und Projektionen die historische Wahrheit rekonstruieren, um sich der eigenen Identität zu vergewissern. Was sich hier offenbart, weist zurück auf die Frage nach der Kriegsschuld, denn die psychischen Mechanismen, die die Familientragödie bestimmen, sind auch im globalen Umfang wirksam.

II.2.2 Psychoanalytische Motive

II.2.2.1 Das Hamlet-Motiv

Döblins Titelheld ist ein moderner Hamlet, ein Mensch, der aus dem Kriege heimkehrend, sich nicht mehr zurechtfindet. Döblins Wahl des Hamlet-Motivs als Titel für seinen psychoanalytischen Roman und die Form der Gestaltung dieses Motivs lassen den Schluß zu, daß er sich dabei von der Hamlet-Interpretation Freuds anregen ließ.

Für Freud hatte die Hamlet-Figur eine vergleichbare paradigmatische Bedeutung wie der Ödipus-Mythos. Schon in einem frühen Brief an Fließ, in dem Freud zum ersten Mal die These der ubiquitären Bedeutung der ödipalen Problematik vertritt, verweist er auf die Parallelität der Konfliktkonstellation bei Hamlet.[1] Hamlets Zögern, die von ihm geforderte Rache für den Vatermord zu vollziehen, findet seine Erklärung in einem unbewußten Schuldgefühl, das aus dem inzestuösen Begehren der Mutter und den aggressiven Gefühlen gegen den Vater resultiert: Die Tat, die Hamlet rächen soll, hat er selbst - in der Phantasie - begangen, und die ungelöste ödipale Problematik verurteilt ihn zur Passivität. Das Hamlet-Modell begleitet Freuds weitere Ausführungen zum Ödipus-Komplex wie ein Schatten.[2] Während Ödipus den manifesten Trieb repräsentiert, d.h. selbst kein Unbewußtes hat, sondern das Unbewußte ist und deshalb auch keiner psychologischen Deutung bedarf, gilt es bei Hamlet, dem Rätsel des Unbewußten nach-

---

[1] Vgl.: Freud, Sigmund: Aus den Anfängen der Psychoanalyse, a.a.O., S. 194.
[2] Die wichtigsten Stellen zu Hamlet finden sich bei Freud in folgenden Schriften: Freud, Sigmund: Die Traumdeutung, Gesammelte Werke Bd. 2/3, a.a.O., S. 271-273; ders.: Vorlesungen, Gesammelte Werke Bd. 11, a.a.O., S. 348; ders.: Selbstdarstellung, Gesammelte Werke Bd. 14, a.a.O., S. 89/90; ders.: Abriß der Psychoanalyse, Gesammelte Werke Bd. 17, a.a.O., S. 119; ders.: Über Psychotherapie, Gesammelte Werke Bd. 5, a.a.O., S. 18/19.
1911 hielt Freud einen Vortrag über „Das Hamlet-Problem" vor den Mitgliedern der Loge „B´nai B´rith" (Vgl.: Klein, D.B.: Jewish Origins of the Psychoanalytic Movement, Chicago/London 1985, S. 155/56).

zuforschen und die verborgenen Motive seines Handelns aufzudecken. Die Hamlet-Figur repräsentiert „das säkulare Fortschreiten der Verdrängung im Gemütsleben der Menschheit. Im Ödipus wird die zugrundeliegende Wunschphantasie des Kindes wie im Traum ans Licht gezogen und realisiert; im Hamlet bleibt sie verdrängt, und wir erfahren von ihrer Existenz - dem Sachverhalt bei einer Neurose ähnlich - nur durch die von ihr ausgehenden Hemmungswirkungen."[1]

Freud wendet sich sowohl gegen die Auffassung Goethes, der im Hamlet den durch übermäßiges Grübeln in seiner Tatkraft gehemmten Menschentyp sah („von des Gedankens Blässe angekränkelt"), als auch gegen die Einschätzung, Hamlet hätte allgemein unter einer krankhaften neurasthenischen Unentschlossenheit gelitten. Für Freud ist Hamlet das Modell des Neurotikers, denn seine Handlungshemmung verweist auf den zugrundeliegenden psychischen Konflikt als Resultat einer nicht überwundenen ödipalen Problematik.

Freud grenzt sich zwar von traditionellen Interpretationen ab, ein Einfluß von Nietzsches Hamlet-Deutung, die ihm vermutlich bekannt war, ist jedoch deutlich spürbar. Dieser hatte im Hamlet die andere Seite des dionysischen Menschen gesehen. Aus der Vergessenheit in die alltägliche Wirklichkeit zurückkehrend, erfaßt diesen im intuitiven Wissen um geheime Triebkräfte ein Ekel vor jeglichem Handeln. „Die Erkenntnis tödtet das Handeln, zum Handeln gehört das Umschleiertsein durch die Illusion - das ist die Hamletlehre, nicht jene wohlfeile Weisheit von Hans dem Träumer, der aus zu viel Reflexion, gleichsam aus einem Ueberschuss von Möglichkeiten nicht zum Handeln kommt; nicht das Reflectiren, nein! - die wahre Erkenntniss, der Einblick in die grauenhafte Wahrheit überwiegt jedes zum Handeln antreibende Motiv, bei Hamlet sowohl als bei dem dionysischen Menschen."[2]

Die Untersuchung der literarischen Gestaltung der inzestuösen Thematik wurde insbesondere durch Otto Rank in seinem 1912 erschienenen Buch "Das Inzest-Motiv in Dichtung und Sage" und von Ernest Jones, der Freuds verstreute Interpretationsansätze zur Hamlet-Problematik in der ausführlichen Studie „Das Problem des Hamlet und der Ödipus-Komplex" (in deutscher Übersetzung 1911 erschienen) zusammenfaßte und systematisierte, weiter vertieft.

Es ist mit Sicherheit anzunehmen, daß Döblin sowohl Nietzsches als auch Freuds Hamlet-Interpretation kannte; die Ansichten von Jones hat er selbst in einer Radiosendung kritisch kommentiert[3].

---

[1] Freud, Sigmund: Die Traumdeutung, Gesammelte Werke Bd. 2/3, a.a.O., S. 271.
[2] Nietzsche, Friedrich: Die Geburt der Tragödie, Kritische Studienausgabe Bd.1, München 1988, S. 57.
[3] Charakteristisch für Döblins Verhältnis zu Freud ist wiederum die Beiläufigkeit, mit der er 1951 Jones' Hamlet-Interpretation - ohne Hinweis auf sein eigenes Werk - kommentiert: „Die Antwort ist nicht ohne. Es mag etwas dran sein. Hamlet hängt mit besonderer Liebe an seiner Mutter. Er ist zum Rächer seines Vaters aufgerufen. Kraft seines Oedipus-Komplexes sollte und wollte er eigentlich selber den Vater beseitigen, der sein Nebenbuhler bei der Mutter

Die ödipale Problematik und die neurotische Disposition gestaltet Döblin in seiner Edward-Hamlet-Figur[1]. Dabei stellt er explizit einen Zusammenhang zwischen Hamlet und Ödipus her. Edwards Identifizierung mit der Hamlet-Rolle löst in James Mackenzie folgende Überlegungen aus: „Warum gab Edward nicht nach: Er wollte einen wahnsinnigen Weg gehen: den eines Hamlet, dem aber kein Gespenst des toten Vaters den Auftrag zu handeln gab, sondern sein eigener krankhafter innerer Drang, ein schrecklich trüber Trieb. Das ganze erinnerte Mackenzie vielmehr schauerlich an Ödipus, der in der Absicht das Geheimnis seiner Herkunft aufzudecken, sich vernichtet."[2]

Edward wird charakterisiert als entscheidungsschwacher und handlungsgehemmter Mensch. Schon zu Beginn des Romans erweist er sich als unfähig, selbst über seine Zukunft, d.h. seine Rückkehr zur Familie, zu entscheiden; er überläßt die diesbezügliche Entscheidung seiner Mutter. Sein weiteres Verhalten in der Familie ist gekennzeichnet durch Passivität und Rezeptivität, ohne daß dadurch die Bedeutung seiner Rolle für das weitere Geschehen abgeschwächt wird. Edward wirkt als Katalysator; sein zielloses Fragen und assoziatives Grübeln wird zum Prüfstein für das Verhalten und die Aussagen der anderen Personen. Er ist der Zögerer und Zweifler, der allen Interpretationen und Lebensentwürfen mit Skepsis begegnet, ohne ihnen selbst eine festgelegte Meinung entgegenzusetzen. Die Krankheit hat ihn hellsichtig gemacht - nicht aber in dem Sinne, daß er als einziger die Wahrheit kennt, sondern er hat ein Sensorium für die Lüge und Unredlichkeit der anderen entwickelt. Die literarische Gestaltung des Pathologischen hat hier eine andere Funktion als im Frühwerk: Edward transzendiert die Oberfläche der Realität nicht dadurch, daß er durch die Krankheit „von vorneherein auf den Boden des Triebmäßigen gestellt"[3] und in seinem Kampf um Autonomie gleichzeitig zum Scheitern verurteilt ist, sondern die durch das Trauma bewirkte Lockerung der Abwehr - „die Bombe lockerte das Gefüge seiner Seele"[4] - ermöglicht ihm eine Wahrnehmung, die für das Unbewußte in besonderer Weise sensibel ist[5]. Seine Passion des Fragens und die Katalysatorfunktion rücken Edward in eine besondere Nähe zum Erzähler, der sich seinem

---

war. Weil er also im unbewußten so schuldbeladen ist, entstehen in ihm Hemmungen über Hemmungen, und er wird der große Zauderer. Wir lassen uns diese Aus(legung) gefallen, vielleicht auch nicht, sie macht einfach Person und Stück flach" (RB 304).

[1] Zur Hamlet-Ödipus-Prolbematik vgl.: Grand, Jules: Projektionen, a.a.O., S. 15/16 und 35-41; Moherndl, Stefanie: Hamlet oder Die lange Nacht hat ein Ende, a.a.O., S. 85-100.
[2] H 412.
[3] AzL 314/15.
Vgl. auch Kapitel I.4.
[4] H 276.
[5] Edwards Krankheit wird aber nicht - wie Moherndl meint - romantisch verklärt als ein „Zeichen der Auserwähltheit, (...) als 'anderer Zustand', der echte Erkenntnis erst möglich macht" (Moherndl, Stefanie: Hamlet oder Die lange Nacht nimmt ein Ende, a.a.O., S. 103).

jeweiligen Erkenntnisstand anpaßt, so daß dieser den gemeinsamen Horizont für Leser und Erzähler bildet.

Im charakterlichen Gegensatz zu Edward steht der leichtlebige, heitere Jonny, der für Edward das verkörpert, was ihm selbst fehlt. „Es war klar: er befaßte sich viel mit dem Toten, er identifizierte sich zum Teil mit Jonny, diesem fröhlichen Bruder, in dem er alles sah, was er liebte."[1] Deshalb repräsentieren Jonny und die geplante gemeinsame Zukunft in Asien die Befreiung aus den familiären Bindungen, die auch das Motiv für Edwards freiwillige Kriegsmeldung darstellt. Aber diese Art der Befreiung, d.h. eine Realitätsflucht durch Wunschphantasien - wie sie im übrigen auch Alice mit ihren Glenn- und Asienträumereien praktiziert -, bleibt Edward verwehrt. Heilung von seiner Krankheit, von seiner Melancholie und Neurose, findet er erst in der erneuten Konfrontation mit der Situation, die ihn krank gemacht hat.

Edward soll - wie Hamlet - zum Vollstrecker einer Rache werden. Diese Rolle hat ihm Alice in ihrer Entstellung der Realität durch ihre Wunschphantasien zugedacht. Nach der Flucht Gordons enthüllen sich im Gespräch mit Edward die Motive, die sie insgeheim während der ganzen Zeit verfolgte: „Edward, du weißt nicht, wie wahr du gesprochen hast, als du dich mit Hamlet verglichst. (...) Uns ist die Rache gelungen. (...) Du - hast mich und deinen Vater gerächt; deinen wirklichen Vater. Du kennst deinen Vater nicht. Er ist von Gordon Allison nicht vergiftet worden, aber er mußte als Schatten herumirren - Schatten unter den Lebenden, wie ich. Er ist dir nicht als Geist erschienen, aber er hat dich gedrängt und gerufen wie mich. Vielleicht ist er wirklich schon tot, und wirklich rief und trieb dich sein Geist."[2]

Alices Rache gelingt nicht, denn in dem Moment, wo sie Edward ihre geheimen Beweggründe offenbart und ihn mit der Lüge von seiner unehelichen Geburt konfrontiert, wendet dieser sich haßerfüllt von ihr ab. „Nein, berühre mich nicht. (Buhlerin, blutschänderischer Ehebrecher Dänemarks königliches Bett ein Lager für versuchte Wollust!) (...) Der fürchterliche Haßausdruck lag auf seinem Gesicht. Er fletschte die Zähne - gegen sie."[3]

Aber das ist erst der Abschluß einer längeren Entwicklung. Edward reagiert anfangs - der Freudschen Hamlet-Interpretation entsprechend - auf die Forderungen seiner Mutter, sich gegen den Vater aufzulehnen und auf ihre Seite zu stellen, mit Zögern. Zwar fühlt er sich emotional stärker zur Mutter hingezogen und zeigt eine starke Bereitschaft, ihrer perspektivisch verzerrten Version von der Ehe zwischen Gordon und Alice Glauben zu schenken, während er sich gleichzeitig von seinem Vater abgelehnt und gehaßt fühlt. Dennoch ist ihm intuitiv deutlich, daß die Aggression gegen den Vater Schuld bedeutet bzw. daß er in seiner unbewußten inzestuösen Beziehung zur Mutter und Rivalität mit dem Vater schon schuldig

---

[1] H 24.
[2] H 457/58.
[3] H 458/59.

geworden ist. Edward befragt sich selbst nach dem Grund für die ablehnende Haltung seines Vater ihm gegenüber: „Ich selbst kann nicht schuld daran sein, durch Taten, denn ich muß damals ein Kind gewesen sein, ganz jung."[1] Der Einschub „durch Taten" verweist darauf, daß hier, trotz der Leugnung von Schuld, dennoch eine unbewußte ödipale Schuldproblematik vorliegt, und zwar in Form von aggressiven und libidinösen Phantasien. Dieses unbewußte Schuldgefühl drückt sich in dem leitmotivisch wiederkehrenden und scheinbar unmotiviert aus dem Unbewußten aufsteigenden Satz: „Dein Schwert, wie ist's von Blut so rot Edward"[2] aus. Bezeichnenderweise erinnert sich Edward in dem Moment, wo er aus seiner passiven Haltung heraustritt und sich zum ersten Mal mit der Inszenierung des Theaterstücks offen gegen seinen Vater stellt, an die Fortsetzung des Reimverses: „Dein Schwert, wie ist's von Blut so rot Edward, Edward - Ich hab' geschlagen mein' Vater tot."[3] Assoziativ erschließt sich Edward die psychische Realität der unbewußten ödipalen Phantasien, und es wird deutlich, daß auch er, der nach Schuldigen sucht, nicht unschuldig ist.

Zwar erweist sich die Hamlet-Analogie als Fiktion Alices, denn es geht hier ja nicht um die Rache für den Vater, sondern um die Rache am Vater; die psychischen Mechanismen, die in Edward wirksam sind, d.h. seine Hemmungen und sein unbewußtes Schuldgefühl, entsprechen aber den psychischen Mechanismen, die Freud in seiner Hamlet-Interpretation als charakteristische neurotische Symptome einer ödipalen Problematik diagnostizierte.

Döblins Hamlet-Adaption läßt sich selbstverständlich nicht auf eine Orientierung an Freud reduzieren; die Bezüge zum Hamlet-Stoff sind vielfältig. Anzumerken wäre z.B., daß auch Gordon Züge eines Hamlet trägt[4]. Seine Trägheit und seine Leibesfülle verweisen auf die Hamlet-Figur, wie sie bereits bei Shakespeare und später in der Hamlet-Aufführung in Goethes „Wilhelm Meister" charakterisiert wird[5]. Das Scheitern der Liebesbeziehung zwischen Gordon und Alice erinnert an

---

[1] H 339.
[2] Dieser Reim stammt aus einer frühen keltischen Ballade, der der Protagonist auch seinen Namen verdankt. Die Ballade findet sich in Herders Anthologie „Stimmen der Völker in Liedern".
[3] H 410.
[4] Man könnte diese Verbindung zwischen Gordon und Edward auch als einen Hinweis auf die Problematik der mißlungenen und später erneut versuchten Identifizierung mit dem Vater verstehen. (Zur Problematik der Identifizierung des Sohnes mit dem Vater vgl. auch Kapitel II.2.2.3.)
[5] Bei Shakespeare wird Hamlet im Zweikampf mit Laertes von der Königin als „fat and scant of breath" bezeichnet; in der Schlegel-Übersetzung heißt es dagegen: „Er ist erhitzt und außer Atem." (Shakespeare, William: Hamlet, Stuttgart 1966, S. 121)
Goethes Wilhelm Meister charakterisiert Hamlet folgendermaßen: „Ihm wird das Fechten sauer, der Schweiß läuft ihm vom Gesichte, und die Königin spricht: Er ist fett, laßt ihn zu Atem kommen! Kann man sich ihn da anders als blond und wohlbehäglich vorstellen? Paßt nicht auch seine schwankende Melancholie, seine weiche Trauer, seine tätige Unentschlossenheit besser zu einer solchen Gestalt, als wenn Sie sich einen schlanken braunlocki-

die Beziehung zwischen Hamlet und Ophelia - eine Liebe, die gleichfalls erst im Tode ihre Verwirklichung findet. Und die Charakterisierung Alices steht in der Tradition einer expressionistischen Gestaltung der Ophelia-Figur als eine naturhafte Kraft mit einer alterslosen Lebenssucht und Vitalität, wie sie sich z.b. in den Gedichten Arthur Rimbauds, Georg Heyms und Gottfried Benns findet.

II.2.2.2. Edwards Kriegsneurose

„Im Krieg sind viele erkrankt nach Erschütterungen, Granatexplosionen, Bombenabwürfen. In ihren Träumen trat immer diese Situation vor sie; beängstigte sie. Warum? (...) Die Leute sucht im Traum wieder die Situation heim, die sie überrascht hat. Das ist die Gegenreaktion ihrer Seele. Sie ist erkrankt, weil sie sich damals nicht wehren konnte, weil sie zu heftig zu plötzlich überrumpelt, überrascht wurde. Jetzt zaubert sie sich im Traum die Situation vor, geht sie von neuem an, und allmählich erstarkt sie daran."[1]

Döblin beschreibt hier die Symptomatik der Kriegsneurosen in Übereinstimmung mit der zeitgenössischen psychoanalytischen Literatur zu dieser Problematik, wie sie sich z.B. in der Anthologie „Zur Psychoanalyse der Kriegsneurosen" (1919) mit einem Vorwort von Freud und Beiträgen von S. Ferenczi, K. Abraham, E. Jones und E. Simmel findet[2]. Ernst Simmel, Lehranalytiker Döblins, hat sich besonders intensiv mit dem Problem dieser Neurose auseinandergesetzt und Pionierarbeit bei der therapeutischen Behandlung der Kranken geleistet, die zu dieser Zeit allgemein als Simulanten eingestuft und mit einer Schocktherapie

---

gen Jüngling denken, von dem man mehr Entschlossenheit und Behendigkeit erwartet?" (Goethe, Johann Wolfgang: Wilhelm Meisters Lehrjahre, Sämtliche Werke, herausgegeben von Peter Boerner, München 1962, Bd. 16, S. 27).

Georg Britting hat das Motiv der Fettleibigkeit sogar in den Titel seines Hamlet-Romans aufgenommen (Britting, Georg: Lebenslauf eines dicken Mannes, der Hamlet hieß, Frankfurt/M. 1966).

[1] Döblin, Alfred: Im Buch, zu Haus, auf der Strasse. Vorgestellt von Alfred Döblin und Oskar Loerke, Berlin 1928, S. 69.

[2] Zum Motiv der Kriegsneurose vgl. auch: Moherndl, Stefanie: Hamlet oder Die lange Nacht hat ein Ende, a.a.O., S. 85-100; Auer, Manfred: Das Exil vor der Vertreibung, a.a.O., S. 149-153.

Wolfgang Schäffner behauptet, daß gerade in der Psychoanalyse der Kriegsneurosen der konservative Charakter der Freudschen Theorie deutlich werde, weil die Zurückführung von Kriegserlebnissen auf kindliche Konflikte keinem anderen Zweck diene, als den Neurotiker zu desensibilisieren und wieder kriegstauglich zu machen (vgl.: Schäffner, Wolfgang: Die Ordnung des Wahns, a.a.O., S. 375/76). Döblin vollziehe diese Bewegung präzise nach (vgl.: ebd. S. 376). Selbst wenn man Schäffners Einschätzung folgt, daß die Analyse das Ziel verfolgt, „unwillige Soldaten wieder in den Kampf zu treiben" (ebd. S. 277), sehe ich im Roman keinen Beleg dafür, daß Döblin diese Intention ebenfalls verfolgt.

behandelt wurden. Auch während und nach dem Zweiten Weltkrieg hat sich Simmel kontinuierlich mit der Symptomatik und der Therapie der Kriegsneurose auseinandergesetzt[1].

Charakteristisch für diese Neurose ist die traumatische Durchbrechung des Reizschutzes durch ein Schockerlebnis, die eine adäquate psychische Verarbeitung dieses Erlebnisses nicht zuläßt. Das traumatische Ereignis wird nun in Angstträumen und -anfällen reproduziert, um nachträglich eine psychische Verarbeitung zu realisieren. Freud nahm den sich hier manifestierenden Wiederholungszwang u.a. zum Anlaß, seine Triebtheorie zugunsten eines dualistischen Konzepts von Libido und Todestrieb zu modifizieren[2].

In der Beschreibung der Krankheit Edwards orientiert sich Döblin am Erscheinungsbild einer traumatischen Neurose. Halluzinatorisch wiederholt Edward das Trauma, den Angriff japanischer Kampfflieger, bei dem er sein Bein verlor. In seinen Anfällen wird Edward nicht nur von Angst, sondern auch von Haß überwältigt, einem Haß, der sich gegen Europa richtet, d.h. gegen seine Herkunft und Familie, der er durch seine freiwillige Kriegsmeldung zu entkommen suchte. Schon hier wird angedeutet, daß das Kriegserlebnis nur der vordergründige Anlaß ist, der auf unbewältigte kindliche Traumata verweist. Der Schock hat einen Identitätsverlust verursacht. Edward weiß nicht mehr, wer er ist: „Was ist? Wo bin ich? (...) Wer ist Edward Allison?"[3] Später stellt er fest: „Seit damals, seit dem Schiff ist alles in mir so, daß ich überhaupt nicht sicher bin, ob ich existiere."[4] „Ich bin aus dem Krieg gekommen nicht bloß mit diesem dummen abgerissenen Bein, sondern ohne mich."[5] Dieser Identitätsverlust bietet gleichzeitig die Möglichkeit einer von Rationalisierungen und vorgefertigten Interpretationsschemen unbelasteten Sichtweise der Realität. Die Krankheit hat Edwards Sensibilität erhöht und seine Wahrnehmung geschärft, und er interpretiert sie deshalb auch als Katharsis: „Nicht schlecht, daß ich das an mir habe - und daß es mich krank macht (...). Gesegnetes Leiden. Ein Maulwurf arbeitet in mir und macht mich selbst zum Maulwurf."[6] „Ich will, ich muß die Verwesung aus mir ausstoßen. Ich will das Messer küssen, das mich aufsticht und zum Bersten bringt. Ich gebe nicht nach."[7]

---

[1] Vgl.: Ernst Simmels Gesamt-Bibliographie, in: Simmel, Ernst: Psychoanalyse und ihre Anwendungen. Ausgewählte Schriften, herausgegeben von Ludger M. Hermanns und Ulrich Schultz-Venrath, Frankfurt/M. 1993, S. 329-350.
[2] Vgl. : Freud, Sigmund: Jenseits des Lustprinzips, Gesammelte Werke Bd.13, a.a.O., S. 10.
[3] H 12/13.
[4] H 117.
[5] H 155.
[6] H 287.
[7] H 339.

Die von Edward immer wieder reproduzierte Schockerfahrung trägt den Charakter einer Deckerinnerung[1], der Freud eine vergleichbare Bedeutung wie dem Traum zumaß, weil durch sie die Kindheitsamnesie aufgewogen wird und in ihr „nicht nur einiges Wesentliche aus dem Kindheitsleben (...), sondern eigentlich alles Wesentliche"[2] enthalten ist. Edwards Arzt weist darauf hin, daß sich hinter dem Kriegsschock eine andere unbewußte Erinnerung verbirgt. „Wir haben damals bei der Pentothalbehandlung, wie Sie sich erinnern, Ihre oberflächliche Angsterregung abgebaut. Wir konnten sie auf gewisse, Ihnen zugängliche Erlebnisse zurückführen. An die eigentliche Angst sind wir nicht herangekommen. Völlig verdrängte, abgelagerte Dinge."[3]

Die Schilderung des Bombenangriffs auf den ersten Seiten des Romans stellt in ihrer symbolischen Verdichtung einen Vorgriff auf die im weiteren Verlauf der Romanhandlung rekonstruierte familiäre Problematik und die durch das Kriegserlebnis überlagerte traumatische Kindheitserfahrung dar. Edward wird von Bomben und vom Meer bedroht, eine Symbolik, in der sich unschwer die väterlichen und die mütterlichen Elemente erkennen lassen. Das phallische Symbol der „Menschenbombe"[4] bringt Edward später in einem kurzen assoziativen Einschub selbst mit dem Vater in Verbindung. Er fragt nach der Reaktion des Vater auf seine Verwundung. Alice antwortet: „'Es traf ihn tief. Er sprach nicht und sank förmlich in sich zusammen.' Edward: 'Das war die Bombe.' Alice: 'Was redest du?' Edward: 'Ein Einfall.'"[5] Das weibliche Element erscheint einerseits symbolisiert in der schweren Wolke, aus der die Bombe herabstürzt und die „wie eine trächtige Kuh"[6] am Himmel hinzog. Ein zentrales mütterliches Symbol ist auch das Meer - ein Symbol, das sich in Döblins Werk besonders häufig findet und dem eine signifikante Bedeutung zuzuschreiben ist.[7] Bilder vom Meer

---

[1] Vgl.: Düsing, Wolfgang: Döblins 'Hamlet oder die lange Nacht nimmt ein Ende' und der Novellenroman der Moderne, in: Stauffacher, Werner (Hg.): Internationale Alfred-Döblin-Kolloquien, Münster 1989, Marbach a.N. 1991, a.a.O., S. 275.

[2] Freud, Sigmund: Erinnern, Wiederholen und Durcharbeiten, Gesammelte Werke Bd. 10, a.a.O., S. 128.

[3] H 278.
Simmel verweist auf die Prädisposition der Kriegsneurotiker, die sich oft aufgrund scheinbar unlöslicher familiärer Konflikte als Kriegsfreiwillige melden. Für sie „stellt der Krieg eine Aktualisierung der ursprünglichen Ödipussituation dar: ihr Land symbolisiert die Mutter, der Feind den Vater" (Simmel, Ernst: Kriegsneurosen, in: ders.: Psychoanalyse und ihre Anwendungen, a.a.O., S. 214/15).

[4] H 9.

[5] H 210.

[6] H 9.

[7] Vgl.: Minder, Robert: „Die Segelfahrt" von Alfred Döblin, a.a.O.; Grand, Jules: Projektionen, a.a.O., S. 21/22; Roth, Walter: 'Döblinismus', a.a.O., S. 46-48; Moherndl, Stefanie: Hamlet oder Die lange Nacht hat ein Ende, a.a.O., S. 183.
Zum Symbol des Meeres und seiner Ambivalenz als Ausdruck von Symbiosewünschen und -ängsten vgl. auch Kapitel II.2.5.

begleiten leitmotivisch die Problematisierung der Mutter-Sohn-Beziehung. Dabei drückt sich in Edwards Empfindungen angesichts des mütterlichen Elements eine tiefe Ambivalenz aus. Der anfangs „sanft schaukelnde Ozean" verwandelt sich in „gierige Wassermassen", die in das Schiff eindringen.[1] Edwards Mißtrauen gegen das mütterliche Symbol Meer äußert sich mehrfach: „Das Meer ist glatt. Wir kommen gut vorwärts. (...) Ich traue dem Frieden nicht. (...) Ich kann das Meer nicht leiden, besonders dies nicht."[2] Kurz bevor er sich endgültig von der Mutter abwendet, heißt es erneut: „Das Meer war glatt. Wir kamen gut vorwärts. Das Meer, ach, ich kann das Meer nicht leiden: das Glitzern. Mir wird übel."[3]

Die sich in dem Bombenangriff manifestierende Gewalt verweist durch ihren symbolischen Gehalt auf Edwards verdrängte Kindheitserinnerung, auf die gewalttätige Auseinandersetzung zwischen Vater und Mutter und den Angriff des Vater auf ihn selbst, eine Erinnerung, die sich später in der Dachbodenszene wiederholt. Die enge Verbindung, die zwischen diesen beiden Ereignissen im psychischen Erleben des Protagonisten besteht, indem beide Bilder sich ständig überlagern und ineinanderfließen, die Eindeutigkeit der Symbolik und die Bedeutung der ödipalen Problematik im Roman lassen den Schluß zu, daß beide Szenen auf eine stilisierte „Urszene" verweisen, die durch die enge Verknüpfung von Sexualität und Gewalt in der kindlichen Wahrnehmung oder Phantasie gekennzeichnet ist[4]. Trifft dies zu, so läßt sich die Verstümmelung Edwards in ihrer symbolischen Bedeutung als Reaktivierung von Kastrationsdrohungen und -ängsten interpretieren[5]. Die symbolische Bedeutung der Kriegsverletzung wird auch durch den weiteren Handlungsverlauf des Romans bestätigt. Edwards

---

[1] H 9.
[2] H 20.
[3] H 452.
[4] Vgl.: Freud, Sigmund: Aus der Geschichte einer infantilen Neurose, Gesammelte Werke Bd. 12, a.a.O., S. 54-75.
Die symbolische Bedeutung der Kriegsszene wird in den Interpretationen von Moherndl und Grand ausführlich behandelt und in ihrer Bedeutung besonders herausgestellt. W. Düsing, der die Bedeutung der Psychoanalyse für den Hamlet-Roman durchaus anerkennt, kritisiert die ausufernde Symboldeutung insbesondere bei Grand, da hier „der Phantasie keine Grenzen gesetzt" seien (vgl.: Düsing, Wolfgang: Erinnerung und Identität, a.a.O., S. 152, Anm. 205).
Die Kritik von Düsing ist insofern berechtigt, als die psychoanalytische Deutung von Symbolen bei Grand inflationär und z.T. auch willkürlich erfolgt. Andererseits bin ich der Meinung, daß die symbolische Bedeutung der Bilder des Bombenangriffs - dasselbe trifft auch auf die Verstümmelung als symbolische Kastration zu - von Döblin absichtsvoll und in einer Orientierung an der Freudschen Symbollehre eingesetzt wird und deshalb in der Interpretation zu berücksichtigen ist. Es stellt allerdings generell eine Schwierigkeit dar, eine klare Trennungslinie zwischen einer bewußten literarischen Gestaltung von Symbolen und einer Manifestation des Unbewußten des Autors in den Symbolen zu ziehen; auch diese Unterscheidung entgeht dem Problem einer gewissen Willkür nicht.

[5] Vgl.: Rank, Otto: Das Inzestmotiv in Dichtung und Sage, Leipzig 1912, S. 296.

Behinderung wird als Problem nicht thematisiert; es geht nicht um das „dumme, abgerissene Bein"[1], sondern um die Problematik einer beschädigten Identität. Der Wiederholungszwang, unter dem Edward leidet, d.h. die anfallhafte Reproduktion der erlebten Schreckensszene, hat im Roman eine strukturbildende Funktion. Die Anfälle treten auf, wenn sich durch die erzählten Geschichten, durch Gespräche und Selbstreflexionen für Edward ein neues Stück Wahrheit enthüllt, d.h. wenn ein Teil seiner verdrängten Lebensgeschichte und unbewußten konflikthaften Problematik seiner bewußten Wahrnehmung zugänglich wird. Der Zwang zur Wiederholung wird gebrochen, als Edward in der Dachbodenszene die Identität von aktuell erlebter Realität, Kriegserinnerung und Kindheitstrauma erkennt. „Edward hat jedes Wort aufgefangen. Er kennt diesen Tonfall, diese Stimme, diesen Ausdruck. Sie sind tausendmal vor ihn getreten und haben bedeutet: Mord. (...) Edwards Arm hebt sich schützend, (...) wie er es tausendmal im Traum getan hat. Aber Edward empfindet keinen Schrecken. Keine Todesangst stellt sich ein."[2] In der Wiederholung fühlt sich Edward der traumatischen Situation, dem Pfahl in seinem Körper, um den er herumgewachsen ist[3], nicht mehr hilflos ausgeliefert. Seine Reaktion auf die erneut durchlebte Schocksituation ist nun nicht mehr ein durch das Trauma bedingtes Erstarren, sondern eine adäquate Fluchtreaktion. Das Trauma hat damit seine determinierende Kraft verloren, und der Zwang zur Wiederholung ist gebrochen.

---

[1] H 155.
[2] H 417.
[3] Vgl.: H 430.

II.2.2.3. Die ödipale Konstellation und die mißlungene Identifizierung Edwards mit seinem Vater

Döblin konstruiert in seinem Hamlet-Roman eine „klassische" ödipale Familienkonstellation, die gekennzeichnet ist durch eine positive emotionale Bindung der gegengeschlechtlichen Familienmitglieder und eine Haß- und Rivalitätsproblematik in bezug auf die Mitglieder des eigenen Geschlechts.
Döblins literarische Gestaltung des Inzestmotivs unterscheidet sich von der von ihm selbst anläßlich seiner Bronnen-Kritik als legitim bezeichneten „traumhaften" Realisierung der Triebe[1]. Seine Darstellung der ödipalen Problematik ist gekennzeichnet durch einen psychologischen Realismus auf psychoanalytischer Grundlage, sie entspricht dem „säkularen Fortschreiten der Verdrängung", durch das Freud den Unterschied zwischen dem Ödipus-Mythos und der Hamlet-Dichtung charakterisierte[2].
Im Vordergrund der Darstellung der emotionalen familiären Beziehungen scheint die enge Bindung Alices an ihren Sohn zu stehen - eine Bindung, die Kathleen als „umgekehrten Ödipuskomplex" bezeichnet[3]. Es ist ebenfalls Kathleen, die sogar eine realisierte inzestuöse Beziehung zwischen Mutter und Sohn vermutet. „Die Eifersucht (...) trieb Kathleen, auf die beiden, die Mutter und Edward zu achten. Und richtig, sie stellte fest: abends begleitete die Mutter ihren Sohn auf sein Zimmer und gab ihm vor dem Schlafengehen einen - 'Gutenachtkuß'! (...) Ihr schwindelte. Sie fand es - schamlos. (...) Sie ließ nachts die Tür auf, um - ja warum? - um zu hören, ob die Mutter ihn nicht auch später besuchte und wann."[4] Aber dieser Inzest vollzieht sich nur in Kathleens Phantasie. Für Alice erscheint Edward dagegen eher als Emanation ihrer idealisierten, desexualisierten Jugendliebe zu Glenn. Diese Liebe überträgt sie auf ihren Sohn.
Die „umgekehrte" ödipale Problematik steht also keineswegs im Vordergrund. Denn die ödipale Konstellation ergibt erst einen Sinn, wenn sie aus der Perspektive von Edward betrachtet wird, und zwar hinsichtlich der drei konstitutiven Elemente dieser Problematik, die auf eine nicht gelungene Überwindung dieses Komplexes, und damit auf eine neurotische Lösung, hindeuten: die fortbestehende libidinöse Beziehung zur Mutter, der (unbewußte) Haß auf den Vater und - als zentrales Moment - die nicht gelungene Identifizierung mit dem Vater, die in der normalen Entwicklung ein entscheidendes Element des „Untergangs des Ödipuskomplexes"[5] ausmacht. Edwards enge Mutterbindung tritt besonders eklatant in

---

[1] Vgl.: KS II 81.
[2] Vgl.: Kapitel II.2.2.1.
[3] H 141.
[4] H 305.
[5] Vgl. : Freud, Sigmund: Der Untergang des Ödipuskomplexes, Gesammelte Werke Bd.13, a.a.O., S. 399; Freud, Sigmund: Das Ich und das Es, Gesammelte Werke Bd. 13, a.a.O., S. 256-267.

den Phasen seiner Regression auf kindliche Verhaltensweisen hervor. Er betrachtet alte Fotografien Alices „mit Gier". „Er begeisterte sich an einem frühen Bild Alices. 'Sieh! Das bist du, Mutter. Die schönste Frau, die ich jemals sah.'"[1] Wenig später heißt es: „'Komm, Mutter, meine kleine Mutter, Mütterlein. Setz dich hier zu mir, so. Ich bin dein Sohn, dein Fleisch und Blut und ein bißchen auch deine Seele.'"[2] Alice spürt die verbotene inzestuöse Tendenz dieser „Liebeserklärungen" und reagiert mit Abwehr: „Eddy, du bist kein Schuljunge mehr, und ich - ich bin deine Mutter."[3] Daß die unbewußte Bindung an die Mutter ambivalente Züge trägt, drückt sich in der Wiedergeburt-Phantasie Edwards aus: „Mutter, ich bin dein Sohn, und du hast mich auf die Welt gebracht. Aber ich bin gestorben, die Ärzte haben mich aus dem Tod geholt, aber nur halb, und du müßtest mich noch einmal zur Welt bringen."[4] Das Symbol der Wiedergeburt deutet auf zwei sich widersprechende Bestrebungen hin: einerseits auf den Wunsch nach Vereinigung mit der Mutter, der sowohl regressives als auch sexuelles Begehren beinhaltet[5], und andererseits auf das Bedürfnis nach einer endgültigen Trennung, die durch die erneute Geburt vollzogen werden soll.

Edwards Haß auf den Vater bleibt weitgehend unbewußt und findet nur einen symbolischen Ausdruck in dem leitmotivisch wiederkehrenden Zitat vom blutroten Schwert. Die ungelöste Mutterbindung hat eine Überwindung der Rivalität und eine Identifizierung mit dem Vater verhindert - ein Defizit, das letztlich auch die Ursache für seine eigene Identitätsunsicherheit bildet.[6] Die Dachbodenszene, in der sich ein traumatisches Kindheitserlebnis wiederholt und der bewußten Verarbeitung zugänglich wird, bedeutet daher für Edward noch nicht die endgültige Lösung seiner neurotischen Problematik. Erst als Edward sich von der Mutter abwendet, erkennt er das Unrecht seiner Parteilichkeit und holt die versäumte Identifizierung mit dem Vater nach. Er durchschaut die projektive Entstellung der Wahrheit durch Alice: „'Es kann nicht so gewesen sein, Mutter. (...) er wollte von dir etwas anderes.' 'Was soll er von mir gewollt haben?' 'Liebe.'"[7] Jetzt ist

---

Die hier ausgeführten Vorgänge bei der Überwindung des Ödipuskomplexes sind natürlich differenzierter: Da Freud von einer bisexuellen Veranlagung des Menschen ausgeht, spielen bei der Überwindung der ödipalen Phase sowohl die libidinösen Beziehungen zu Vater und Mutter als auch die Identifizierungen mit den beiden Elternteilen eine Rolle.

[1] H 306.
[2] H 309.
[3] Ebd.
[4] H 117.
[5] Vgl.: Freud, Sigmund: Aus der Geschichte einer infantilen Neurose, Gesammelte Werke Bd. 12, a.a.O., S. 133-136.
[6] Nach Freud konstituiert sich der Charakter des Ichs als Niederschlag der aufgegebenen Objektbesetzungen und anschließenden Identifizierungen mit den Objekten durch Introjektion (vgl.: Freud, Sigmund: Das Ich und das Es, Gesammelte Werke Bd. 13, a.a.O., S. 257-260). Die bedeutsamste (männliche) Identifizierung ist dabei die mit dem Vater, deren defizitärer Charakter bei Edward deutlich ist.
[7] H 442/43.

er fähig, Verständnis für seinen Vater zu empfinden und identifikatorisch dessen Lebensgeschichte nachzuvollziehen: „Er hörte zu, er haßte den Vater nicht, er folgte ihm auf den alten Wegen."[1] Dadurch findet er auch einen Zugang zu seiner eigenen Schuld: „Ich wollte Wahrheit, Redlichkeit. Man hat mich mißbraucht. Ich bin in den Krieg gezogen für eine Sache, die ich nicht kannte."[2]
Im gesamten Roman finden sich zahlreiche - oft versteckte Hinweise auf eine mißlungene Identifizierung Edwards mit seinem Vater und auf eine innere Wesensverwandtschaft zwischen Vater und Sohn. In Gordons Jaufie-Geschichte verbindet sich das Schicksal des Vaters, des „grauen Ritters", im gemeinsamen Kampf um und gegen die Phantasiegestalt der Prinzessin (Alice) mit dem des Sohnes. Gordon appelliert in seiner Geschichte an die Solidarität seines Sohnes, und er antizipiert hier die spätere Einsicht Edwards: Als der „graue Ritter" seinem Sohn von den schrecklichen Erlebnissen mit der Prinzessin berichtet, streichelt dieser mitleidig seine Hand: „Oh hätte ich das gewußt. Ich wäre dir zu Hilfe gekommen."[3] Nachdem Mackenzie die Geschichte von Lear und vom wilden Eber erzählt hat - zwei Geschichten, die sich explizit auf Gordon beziehen -, identifiziert sich Edward kurz darauf mit dem Gordon-Eber[4]. Der gleiche Vorgang wiederholt sich, als Alice Gordon als Spinne bezeichnet, die „in ihrem Netz sitzt und sich mit Blut vollgesogen hat"[5], und Edward wenig später feststellt: „Jetzt bin ich die Spinne."[6]
Auch Edwards einziger Beitrag zu den familiären Erzählabenden, die Fabel vom Löwen und seinem Spiegelbild mit ihren vielschichtigen Deutungsmöglichkeiten verweist auf die Identitätsproblematik zwischen Vater und Sohn. Der Löwe, dessen Namen er vergessen hat, ist einerseits Edward selbst, der seine Identität verloren hat und sein Spiegelbild nicht erkennt. Gleichzeitig symbolisiert der Löwe als König und Herrscher über die Tiere aber auch den Vater und seine Autorität. Der Löwe sieht im Wasserspiegel ein Schreckensbild, das ihn ängstigt, er erblickt den „Gegner", den „Widersacher", den er in einem sinnlosen Kampf zu überwältigen versucht. Der Löwe versinkt im Wasser - dem weiblichen Symbol, das hier wiederum in ambivalenter Funktion auftritt, denn es hat einerseits täglich den Durst des Löwen gestillt und versinnbildlicht so ernährende und lebenserhaltende Kraft, andererseits verschlingt es ihn nun in seinem Kampf mit dem vermeintlichen Widersacher und symbolisiert damit sowohl regressive Rückkehr in den Mutterschoß als auch Tod und Vernichtung. Nach der Beendigung seiner Erzählung beginnt Edward laut zu stöhnen. „Der schwarze

---

[1] H 439.
[2] H 453.
[3] H 95.
[4] Vgl.: H 285.
[5] H 294.
[6] H 295.

Wasserspiegel, das Wasser gurgelte über ihm. Alice hatte sich neben ihn geschoben."[1]

II.2.2.4. Rekonstruktion der Vergangenheit als Selbstanalyse

Den Erkenntnis- und Entwicklungsprozeß, den Edward durchläuft, bezeichnet der Arzt Dr. King als „Eigenanalyse"[2], als „einen Fall dramatischer Selbstanalyse"[3]. Auf die Frage der Lehrerin, Miß Virginias, nach dem Ziel dieser Analyse und ihren Zweifeln an der Objektivität der durch sie gewonnenen Erkenntnisse, erwidert der Arzt: „Übrigens gibt es mindestens in unserem Falle eine Probe darauf, ob er die Wahrheit findet. Es läßt sich unter Beweis stellen. Nämlich: ob er durch die Begegnung mit ihr wiederhergestellt wird.".[4] Wahrheit ist die Voraussetzung für eine Heilung, und gleichzeitig ist die Heilung das Kriterium, an dem sich die Wahrheit bewähren muß.

Die Rekonstruktion der Vergangenheit wird in Analogie zu einer psychoanalytischen Therapie beschrieben - eine Beschreibung, die sich durch Detailtreue und Genauigkeit in bezug auf psychoanalytische Prozesse auszeichnet[5]. Dennoch handelt es sich nicht um die realistische Darstellung einer Selbstanalyse - dieser stand Döblin zu Recht kritisch gegenüber[6]; die psychoanalytischen Elemente werden in den literarischen Kontext integriert und funktionalisiert, um das Problem von Naturverfallenheit und Autonomie in einem neuen literarischen Zusammenhang noch einmal zu problematisieren[7]. Nicht der Arzt, der im Roman nur eine Nebenrolle einnimmt, erfüllt die Spiegelfunktion des Analytikers, sondern die gesamte geschilderte Realität (einschließlich der zitierten und phantasierten Realität der Binnenerzählungen) wird in das Spiel der Projektionen, der

---

[1] H 135.
[2] H 488.
[3] H 429.
[4] H 213.
[5] Vgl.: Düsing, Wolfgang: Erinnerung und Identität, a.a.O., S. 152.
[6] Vgl.: Kapitel I.1.
[7] Jules Grand, der den psychoanalytischen Hintergrund des „Hamlet" besonders hervorhebt, sieht in der Frage nach der Verantwortung einen „Übergang vom Psychologischen zum Philosophischen, das heißt zum eigentlichen Gehalt des Werkes" (Grand, Jules: Projektionen, a.a.O., S. 61). Wenn man berücksichtigt, daß gerade Döblin die ethischen Implikationen der Psychoanalyse besonders hervorhebt, indem er z.B. betont, daß durch sie eine „neue sittliche Haltung" gefordert sei (vgl.: Kapitel I. 4), scheint diese Gegenüberstellung von Psychologie und Philosophie nicht gerechtfertigt. (Sie führt bei Grand dazu, den christlichen Gehalt des Werkes unvermittelt dem psychologischen gegenüberzustellen.) Nicht auf den Gegensatz von Psychologie und Philosophie ist hinzuweisen, sondern darauf, daß die psychoanalytischen Motive durch ihre Poetisierung transzendiert und so in besonderer Weise mit ästhetischen und philosophischen Fragestellungen verbunden werden.

Übertragungen und Gegenübertragungen mit einbezogen. Der Prozeß der Wahrheitsfindung trägt dabei sowohl den Charakter eines Gerichtes, der sich in den zahlreichen Metaphern aus dem juristischen Bereich manifestiert, als auch den eines Rätsels, das es in analytischer Aufhellungsarbeit, in Analogie zu Freuds Entzifferung eines entstellten Textes, zu lösen gilt.[1]

Die Mechanismen, die das Bewußtwerden des Verdrängten ermöglichen, sind dabei aber dieselben, die in jedem analytischen Prozeß wirksam werden: Regression und Wiederholung, assoziative Erinnerungstechnik und Konstruktionen, die als Identifikationsangebote einer Prüfung unterzogen werden.

Edwards Regression ist ein zentraler Bestandteil seines Erinnerungsprozesses. Edward taucht tief in seine Kindheit ein, nimmt kindliche Verhaltens- und Empfindungsweisen an: „Während er sich allgemein erholte, nahm sein Zittern zu und artete gelegentlich in Schütteln aus, gegen das er vergeblich ankämpfte. Und eine sonderbare Neigung entwickelte sich bei ihm: sich wie ein Kind zu benehmen! (...) Er schnurrte quasi zu einem Kleinkind zusammen. Dazu gehörten seine Forschungsreisen in das Dachgeschoß, auf den Boden, wo er reizvolle Dinge entdeckte, zum Beispiel alte Spielsachen, Holzeisenbahnen."[2] Eine andere Form der Regression manifestiert sich in der narzißtischen Selbstbezogenheit, die geradezu tyrannische Formen annimmt: „Man mußte förmlich einen Dienst bei ihm einrichten. Die Familienmitglieder mußten täglich eine gewisse Zeit für ihn zur Verfügung stehen. Oh, es war anstrengend, er war ein Tyrann."[3] Die regressive Tendenz ist leitmotivisch mit dem Thema einer zweiten Geburt verbunden. Die Sehnsucht nach der Rückkehr zum Ursprung wird auch am Schluß des Romans noch einmal aufgenommen. Jetzt bezeichnet sich Edward als Fötus, der noch im entstehen sei[4]; die regredierte Entwicklung wird also zugunsten einer progredienten aufgelöst.

Auf den Wiederholungszwang wurde schon im Zusammenhang mit Edwards Kriegsneurose hingewiesen. Edward reproduziert in seinen Anfällen das traumatische Kriegserlebnis solange, bis - durch eine reale Wiederholung - die hinter ihm verborgene, verdrängte Kindheitserinnerung der bewußten Verarbeitung zugänglich wird. Aber auch die anderen Personen des Romans agieren unter einem Wiederholungszwang. Die Vergangenheit übt eine Macht aus, der sich niemand entziehen kann. Während Edward die Lebensgeschichte Gordons und dessen Rebellion gegen den eigenen Vater wiederholt, verweist Kathleens Schicksal auf

---

[1] Edward wird als „Staatsanwalt beim Verhör" bezeichnet (vgl.: H 371), er ermittelt gegen Personen, die für den Krieg verantwortlich sind (vgl.: H 33), und Alice sieht in ihm ihren „Richter" (vgl.: H 429). Die Rätselspannung, die im Roman erzeugt wird, drückt sich z.B. in dem Hinweis auf die Sphinx, die in Edward steckte, aus (vgl.: H 32).
Zum Verhör- und Rätselcharakter der Romanhandlung vgl. auch: Düsing, Wolfgang: Erinnerung und Identität, a.a.O., S. 153.
[2] H 290.
[3] H 29/30.
[4] Vgl.: H 573.

den Lebensweg Alices[1]; in Alice wirkt das Trauma eines früheren Erlebnisses (Vergewaltigung durch ihren Lehrer) weiter in der Gegenwart; alle Personen vergegenwärtigen sich Vergangenes in Form von Kleidung, wiederholter Lektüre früher gelesener Bücher und einer Suche nach Erinnerungen auf dem Dachboden. Die Feststellung: „(...) es wiederholt sich alles"[2], „Oh, wir sinken alle in die Vergangenheit zurück. Es wiederholt sich alles"[3], durchzieht leitmotivisch den Roman. Der Wiederholungszwang, unter dem die Personen agieren, vermittelt den Eindruck eines - wie Freud es beschreibt - „sie verfolgenden Schicksals, eines dämonischen Zuges in ihrem Erleben"[4]. Konsequenterweise ist das Problem der Wiederholung eng mit der Identitätsproblematik verknüpft; der Aufbau einer Ich-Identität muß zugleich den Zwang zur unbewußten Wiederholung als Determination aufheben.

Zentrales Moment im Kampf um die Rekonstruktion des Verdrängten ist die assoziative Erinnerungstechnik. Die Assoziationstechnik in seinen Romanen hat Döblin selbst mit der Psychoanalyse in Verbindung gebracht. In einem Brief an Paul Lüth, in dem er sich gegen eine immer wieder vermutete literarische Verwandtschaft mit Joyce wehrt, weist Döblin darauf hin, daß er die Assoziationstechnik genauer kenne als Joyce, „nämlich vom lebenden Objekt, von der Psychoanalyse"[5]. Diese bildhafte, assoziative Erinnerungstechnik ist gekennzeichnet durch ständige Umbildungen und Transformationen der Bilder. Die Umbildungen erfolgen nach bestimmten Gesetzen, die Freud in der „Traumdeutung" als Verschiebung, Verdichtung und Symbolisierung beschrieben hat.

---

[1] Die letzte Begegnung Edwards mit seiner Schwester, die Döblin nur skizziert, wirkt geradezu unheimlich, weil angedeutet wird, daß nun die Familientragödie von vorne beginnt: „(...) sie trug sich wie die Mutter, sie hatte ähnliche Gesten, lachte und lächelte ebenso. Er sah sie beklommen an - seine Schwester. (...) Er beobachtete, wie sie ihren Verlobten behandelte. (...) Sie warf Edward einen kleinen Blick zu, der hieß: Ich hab ihn gern, aber was ist er für ein Dummkopf. Es schauderte Edward." (H 492/93)
Der symbolische Gehalt dieser Szene ist eindeutig. Düsing, der die Handlung ebenfalls als „zwanghaft ablaufenden Prozeß" (Düsing, Wolfgang: Erinnerung und Identität, a.a.O., S. 162) unter der Herrschaft des Wiederholungszwanges interpretiert, sieht dagegen in der Figur der Kathleen eine Ausnahme, die - im Gegensatz zu den anderen Romanfiguren - die konfliktbesetzten Szenen der Vergangenheit nicht wiederholt (vgl.: ebd.).
[2] H 378.
[3] H 379.
[4] Freud, Sigmund: Jenseits des Lustprinzips, Gesammelte Werke Bd. 13, a.a.O., S. 20.
[5] Briefe 377.

Kennzeichnend für Edwards assoziative Erinnerung ist die anfängliche Ziellosigkeit seiner Suche; die Bilder drängen sich ihm in einer Art Dämmerzustand auf. In einem fast somnambulen Zustand - auf der Couch liegend - überläßt sich Edward der freien Assoziation. „Sein Bewußtsein verdunkelte sich, er glitt am Faden einer Melodie hin."[1] Später, auf dem Dachboden, legt er sich wiederum auf die Couch. Bilder beginnen „wie Krähenschwärme" um ihn herumzufliegen; sie „streiften ihn wie ein leichter Wind im Getreidefeld. (...) Die Bilder wehten, und auch Stimmen klangen, Rufe."[2] Der Erinnerungsprozeß ist ein Kampf zwischen bewußten und unbewußten Vorstellungen, er umkreist das traumatische kindliche Erinnerungsbild, vor dessen Bewußtwerden er immer wieder zurückschreckt. „Edward trug das rätselhafte Schreckensbild in sich, an das sein Geist nicht herankam. Sein Fragen und Suchen ging darum. Er wußte nicht, was er fragen sollte und warum er fragen mußte, es hätte geschehen können, daß er in falscher Richtung fragte, aber es trieb ihn unwiderstehlich weiter, in eine bestimmte, ihm unbekannte Richtung."[3] Die anfallartig reproduzierte Erinnerung an den Bombenangriff und die körperlichen Symptome (Erbrechen, Zittern), die diese Erinnerung begleiten, sind ein Signal dafür, daß gleichzeitig etwas Verdrängtes die Schranke des Bewußtseins durchbricht. „Unmerklich und gewaltig hatte das Bild gearbeitet, seit es in Edwards Seele saß. Die Bombe lockerte das Gefüge seiner Seele, die Schreckenskraft konnte sich ausbreiten."[4] Dabei verschränkten sich die Inhalte beider Schreckensbilder - das des kindlichen Traumas und das des Kriegserlebnisses. Assoziativ werden Verbindungen hergestellt, die erst später dem Bewußtsein zugänglich werden. „Es flammte auf. Eine Feuersäule stieg hoch, Asche, Splitter. Und etwas flog herunter, streckte die Arme aus, ein Mensch stürzte an seine Brust. Jemand schrie und rief ihm zu kommen, eine Frauenstimme?"[5] Hier läßt sich nicht mehr unterscheiden, um welches Erinnerungsbild es sich handelt; die einzelnen Bildelemente, die aus zwei verschiedenen sensuellen Eindrücken stammen, sind zu einer Einheit zusammengeschmolzen. Oft werden die assoziativen Erinnerungsbilder von leitmotivischen Symbolen eingeleitet, wie z.B. dem des Wassers oder der Eidechse. Auch bei Alice spielen Leitmotive als Auslöser von Assoziationen oder halluzinatorischen Bildern eine bedeutende Rolle. Ein solches Leitmotiv ist für Alice z.B. der Eber, den Gordon als Emblem auf seinem Ring und seiner Krawatte trägt.
Charakteristisch für die Funktion der assoziativen, halluzinatorischen Bilder im Hamlet-Roman ist es, daß hier - im Gegensatz z.B. zu Biberkopf im „Alexanderplatz" - reflektorisch auf die Bilder Bezug genommen wird. Edward erkennt zwar deren Bedeutung erst im Verlauf der Kette von Erinnerungen und

---

[1] H 51.
[2] H 414.
[3] H 276.
[4] H 276.
[5] H 51.

Wiederholungen, er ist sich aber bewußt, daß diese spezifische Bedeutung, wenn auch noch nicht erkannt, vorhanden ist. Nach Alices Erzählung von Pluto und Proserpina erleidet Edward einen besonders heftigen Anfall, in dem er das Bewußtsein verliert. Danach fühlt er, daß „es" wieder da war. „Aber - er wagte sich nicht näher an das Bild heran, das da auftauchte, es strömte Entsetzen aus. Edward stellte mit grimmiger Genugtuung fest, daß 'es' wieder gekommen war - im Zusammenhang mit Pluto und Proserpina. Es hätte keines besseren Beweises bedurft, daß ich auf der richtigen Fährte bin. (...) Mein Körper setzt ohne mein Wissen die Erzählung von Pluto und Proserpina fort."[1] Intuitiv hat Edward die Sinnhaftigkeit seiner körperlichen Symptome, der halluzinierten Bilder und Anfälle erkannt; der Handlungsverlauf erschließt psychoanalytisch - und das heißt auf hermeneutischem Wege - den Sinn jedes einzelnen Symptoms.

Eine wichtige Funktion bei der Rekonstruktion der Wahrheit haben die Erzählungen. Ursprünglich von Gordon als Ablenkungsmanöver initiiert, enthüllt jede von ihnen, perspektivisch verzerrt durch den Blickwinkel der jeweils erzählenden Person, einen Teil der realen familiären Problematik und Konflikte. In bezug auf die Selbstanalyse Edwards kann man die Geschichten - wie im nächsten Kapitel noch zu untersuchen sein wird - auch als Konstruktionen, als zu überprüfende Identifizierungsangebote, verstehen. Die Erzählungen sind gekennzeichnet durch eine eigenartige Spannung zwischen bewußter Täuschung und Rationalisierung auf der einen und unbewußter Enthüllung der Wahrheit auf der anderen Seite. Man erhält den Eindruck, daß sich in den Erzählungen eine Dynamik entfaltet, die sich den bewußten Intentionen der Erzählenden entzieht und sie als Manifestationen ihres Unbewußten erscheinen läßt. Edward stellt fest: „Da ist zuerst der Vater, der plante zu erzählen, was er sich zurechtgemacht hatte. (...) Es wurde nichts aus dem Fabulieren. Er erzählte von sich und von Mutter."[2] Besonders Alice trägt ihre Erzählungen in einem tranceartigen Zustand vor, der an eine direkte Manifestation des Unbewußten erinnert. „Es wurde ganz wunderbar. Ihre Stimme, ihr Mund taten etwas anderes, als sie vorhatte."[3] „Aber Alice hatte diese Sätze nicht gesprochen. Etwas nahm sie bei der Hand und geleitete sie."[4] Ähnlich geht es auch Mackenzie: Er „vergißt sich, spricht, glaubt sich und andere zu maskieren, und entkleidet dabei"[5]. Gordon erkennt, daß die Geschichten nicht ablenken, sondern demaskieren, und er empfindet sein Sprechen als Schwäche, als einen Zusammenbruch[6].

---

[1] H 338.
[2] H 278.
[3] H 379.
[4] H 380.
[5] H 288.
[6] Vgl.: H 477.

Edwards Rekonstruktion der Vergangenheit, seine „innere Aufklärungsarbeit"[1] beschränkt sich nicht auf rationale Erkenntnis im Sinne einer Freilegung der hinter dem „Familienroman" verborgenen historischen Wahrheit. Zur „Erinnerung" und „Wiederholung" tritt als drittes Moment des psychoanalytischen Prozesses das „Durcharbeiten". Edward verändert sich: Zunächst werden die Abwehrmechanismen gelockert, und seine ursprüngliche Erstarrung verwandelt sich in eine zunehmende Erregung[2]. Später ist er fähig, die Depression in die Fähigkeit zu Trauern umzuwandeln[3]. Auch die Verleugnung der eigenen Krankheit[4] wird aufgegeben. Insbesondere aber erkennt der Protagonist, daß seine fanatische Wahrheitssuche auch paranoide Züge trägt[5] und daß die Anklage gegen die Familie nicht frei von Projektionen ist. So ist er beispielsweise fähig, die verzweifelte Suche des Vaters nach Anerkennung und Liebe in eine „Frage gegen ihn selbst" zu überführen und sich die eigene Liebesunfähigkeit einzugestehen[6].

---

[1] H 212.
[2] Vgl.: ebd.
[3] Edward trauert um die gefallenen Kameraden, er opfert „heimlich seinen verblichenen Freunden (...); treu seinen Weggenossen, den schweigenden Toten" (H 202).
[4] „Es ist keine Krankheit. Ich gebe es nicht zu" (H 206).
[5] Edwards zutreffende Vermutung, daß seine Eltern nicht die Wahrheit sagen, steigert sich bis zum Verfolgungswahn, bis zur paranoiden Feststellung einer alles umfassenden Verschwörung gegen seine Person: „Einer wie der andere will mich täuschen - als wenn sie im Bunde stehen. (...) sie wollen mich alle irreführen. Ich erkenn euch schon" (H 206).
[6] „Aber in dem Moment, wo er an den Vater die Frage (nach der Liebe, I.M.) richtete, um ihn zu reizen und herauszulocken, kehrte sich die Frage gegen ihn selbst, und mit einem Stich fühlte er: Wo aber halte ich selbst? Wo ist die Liebe in mir? Und er wußte: Ich habe keine Liebe. Das sah er plötzlich, zum ersten mal. Er lehnte sich zurück. Er vernahm nur undeutlich die Antwort des Vaters, so furchtbar war die Entdeckung" (H 357/58).

II.2.3. Die Arbeit mit dem Mythos[1]

Mythen werden im Hamlet-Roman in derselben Funktion verwendet wie die in den Binnenerzählungen ebenfalls zitierten Stoffe aus der Literatur- und Kulturgeschichte. Schon diese Tatsache verweist auf einen Unterschied zu der Gestaltung des Mythischen im Frühwerk, die auch in der Amazonas-Trilogie noch zu beobachten ist. Im „Amazonas" wurden sowohl äußere Vorgänge als auch innere Zustände der Protagonisten narrativ mit mythischen Hyperbeln zu einer Einheit verschmolzen, so daß von einer Verdeutlichung oder Symbolisierung durch eine mythologisch überhöhte Natur eigentlich nicht mehr gesprochen werden kann[2].
Im „Hamlet" wird der Mythos zitiert und so explizit von der Romanhandlung getrennt; nur in der Darstellung des psychotischen Erlebens Alices findet sich noch einmal die stilistische Verschmelzung von Mythos und innerem Konflikt. Die gewählte Zitatform stellt eine erste Distanz zum Mythos her, da auf das Zitat reflektorisch Bezug genommen werden kann.
Im Zusammenhang mit Edwards „Selbstanalyse" wurden die Erzählungen als Konstruktionen bezeichnet, d.h. als Identifizierungsangebote, die in einer Therapie der Erinnerung nicht mehr zugängliche (frühkindliche) Erlebnisse erhellen sollen. Als Ersatz für eine Konstruktion diente in Freuds Selbstanalyse

---

[1] Es ist nicht möglich, im Rahmen dieser Arbeit eine zureichende Definition des Begriffes Mythos zu leisten bzw. die z.T. divergierenden Ansätze der Mythen-Forschung vorzustellen. Döblin selbst sah im Mythos „Elementarsituationen des menschlichen Daseins" vorgegeben und „eine ganze Reihe von Gestalten (...), an denen immer wieder neu gedichtet werden kann" (SÄPL 218/19). Er sieht die Mythen also als Material, und die entscheidende Frage ist nicht die nach dem Charakter des Mythos selbst, sondern nach der Art seiner literarischen Verarbeitung.
Zur Gestaltung des Mythischen bei Döblin vgl.: Vries, Karl-Ludwig de: Moderne Gestaltelemente im Romanwerk Alfred Döblins und ihre Grundlagen, a.a.O., S. 265-286; Baacke, Dieter: Erzähltes Engagement - Antike Mythologie in Döblins Romanen, in: Text+Kritik, Heft 13/14, München 1972, S. 27-39; Sölle, Dorothee: Realisation. Studien zum Verhältnis von Theologie und Dichtung nach der Aufklärung, Darmstadt 1973, S. 345-363; Wichert, Adalbert: Alfred Döblins historisches Denken, a.a.O., S. 214-224; Sebald, Winfried Georg: Der Mythus der Zerstörung im Werk Döblins, a.a.O.; Kiesel, Helmuth: Literarische Trauerarbeit, a.a.O., S. 301-311; Baumann-Eisenack, Barbara: Zu Gebrauch und Funktion des Mythos in Alfred Döblins Roman 'Babylonische Wandrung oder Hochmut kommt vor dem Fall' (1943), in: Stauffacher, Werner (Hg.): Internationale Alfred-Döblin-Kolloquien, Münster 1989 - Marbach a.N. 1991, a.a.O., S. 233-242.
Alle genannten Autoren und Autorinnen erkennen letztlich die aufklärerische Funktion der Verwendung des Mythischen bei Döblin an. Eine Ausnahme bildet die Untersuchung von Sebald, der in Döblins „suggestiver Darstellung der Gewalt" (Sebald Winfried Georg: Der Mythos der Zerstörung im Werk Döblins, a.a.O., S. 13) eine Tendenz zur Auflösung der Grenzen zwischen Realität, Fiktion und Mythos sieht und ihm einen verhängnisvollen Kulturpessimismus und philosophischen Irrationalismus vorwirft.

[2] Schmidt-Henkel, Gerhard: Der Dichter als Demiurg: Alfred Döblin, in: ders.: Mythos und Dichtung, Bad Homburg/Berlin/Zürich 1967, S. 156-188.

der Ödipus-Mythos.[1] Nicht zufällig drückt sich die ganze Spannbreite des psychoanalytischen Menschenbildes paradigmatisch in den beiden mythischen Figuren von Narziß und Ödipus aus: auf der einen Seite das Trugbild von Autonomie und Vollkommenheit, auf der anderen die Tragik des in seinem Haß und seiner Liebe unabwendbar schuldig werdenden Menschen. Aber Freuds Arbeit mit dem Mythos ist zu unterscheiden von Jungs Konstruktion der Archetypen, in der mythische Bilder und Symbole aus einem invarianten, biologisch einheitlich organisierten Reservat rekurrieren, als angeborene „Disposition zu parallelen Vorstellungsbildern" bzw. als „universale, identische Strukturen der Psyche"[2]. Denn das Wiedererkennen im Mythos soll nicht affirmativ verstanden werden, sondern es eröffnet Möglichkeiten, die Macht des Fatums, d.h. des Wiederholungszwanges, zu brechen.

Für Thomas Mann, der - wie Döblin - den Mythos psychologisieren und so vor der Vereinnahmung durch einen neuen Irrationalismus retten wollte[3], war das Wiedererkennen die zentrale Funktion des literarisierten Mythos: „Ich bin's. Das ist die Formel des Mythus."[4] Das Wiedererkennen ist auch für Döblins Arbeit mit dem Mythos von zentraler Bedeutung. Während das Erzählen der „alten Geschichten" die bewußte Absicht verfolgt, von der aktuellen Realität abzulenken, ist gleichzeitig für alle Beteiligten deutlich, daß „der Mensch von damals (...) derselbe (ist) wie der von heute."[5] Aber das Wiedererkennen ist so vielschichtig und auf mannigfaltige Weise gebrochen, daß von einer Identifikation mit einem invarianten mythischen Muster keine Rede sein kann. Die identitätstiftende

---

[1] 1897 schrieb Freud an Wilhelm Fließ: „Ich habe die Verliebtheit in die Mutter und die Eifersucht gegen den Vater auch bei mir gefunden und halte sie jetzt für ein allgemeines Ereignis früher Kindheit. (...) Wenn das so ist, so versteht man die packende Macht des Königs Ödipus trotz der Einwendungen, die der Verstand gegen die Fatumsvoraussetzung erhebt, (...) aber die griechische Sage greift einen Zwang auf, den jeder anerkennt, weil er dessen Existenz in sich verspürt hat. Jeder Hörer war einmal im Keime und in der Phantasie ein solcher Ödipus und vor der hier in die Realität gezogenen Traumerfüllung schaudert jeder zurück mit dem ganzen Beitrag der Verdrängung, der seinen infantilen Zustand von seinem heutigen trennt" (Freud, Sigmund: Aus den Anfängen der Psychoanalyse, a.a.O., S. 193).

[2] Jung, Carl Gustav: Gesammelte Werke, Olten 1971 ff, Bd. 5, S. 200.
Zum Problem, daß auch Freud einem Mythos eine allgemeine Verbindlichkeit zuschreibt, bemerkt Klaus Heinrich: „Theoretisch gibt es darauf zwei Antworten: daß Freud entweder ein Mythologe ist, der den mythischen Bann mit Kunstmitteln - und ein solches Kunstmittel wäre dann die Psychoanalyse - aufrecht zu erhalten sucht; oder daß er den Bann nicht als Bann hinnimmt, sondern darauf insistiert, daß analysiert werden muß, warum das, was in jener Geschichte nicht nur, sondern in einer immer noch mit Mythenbildungen operierenden Zeit diesen Bann oder die Form allgemeiner Verbindlichkeit ausmacht, noch nicht vorbei ist" (Heinrich, Klaus: Arbeiten mit Ödipus. Dahlemer Vorlesungen 3, Basel 1993, S. 119).

[3] Vgl.: Kap. I.10.

[4] Mann, Thomas: Gesammelte Werke in 13 Bänden, Frankfurt/.M. 1974, Bd. 10, S. 756.
Vgl.: Wolff, Uwe: Der erste Kreis der Hölle. Der Mythos im Doktor Faustus. Stuttgart 1979, S. 55 und S. 62-66.

[5] H 47.

Kraft des Mythos wird ständig kontrastiert mit der Unfreiheit, die der Bindung an den Ursprung und dem Zwang zur Wiederholung inhärent sind. Das Wiedererkennen in den vorgeführten mythischen Typen ist immer ein eingeschränktes: „Ich bin's", aber es ist nur ein (abgespaltener) Teil meiner Person; „Ich bin's", aber verzerrt durch die projektive Betrachtung des anderen; „Ich bin's", aber ich kann mich auch ändern. Die Vielzahl der Erzählungen läßt sich in der Gesamtheit als „Familienroman" ansehen[1], der die wesentlichen Elemente der Vergangenheit offenbart, aber in einer durch Projektionen und Wunschphantasien entstellten Form. Die Wahrheit des „Familienromans" aufzudecken und gleichzeitig seinen mythischen Zwang zu brechen, ist das (unbewußte) Ziel der von Edward betriebenen analytischen Arbeit. Am Ende steht nicht die „Wahrheit des Mythos", sondern die Befreiung von allen Mythen und Bildern.

Nicht nur die ironisch gebrochene und parodistisch aufklärerische Darstellung[2], die - wie bei Thomas Mann - das mythische Pathos destruiert, bewirkt eine Distanz. Insbesondere die Tatsache, daß die Romanpersonen sich in unterschiedlichen mythischen Typen spiegeln, die Teilaspekte ihrer Persönlichkeit repräsentieren oder aber als Projektion eines Ideals die Wahrheit gerade verschleiern, bewirkt einen fortlaufenden Prozeß der Entmythologisierung[3]. Hinzu kommt, daß der Inhalt der Mythen selbst kein festgelegter ist, sondern im Verlauf der Romanhandlung variiert und spielerisch umgestaltet wird, d.h. daß die Erzählung

---

[1] Vgl.: Freud Sigmund: Der Familienroman des Neurotikers, Gesammelte Werke Bd. 7, a.a.O., S. 228-31.

[2] Die ironisch gebrochene Darstellung findet sich schon in der Behandlung der Bibelzitate im „Alexanderplatz", in dem z.B. die Paradiesgeschichte folgendermaßen eingeführt wird: „Es lebten einmal im Paradies zwei Menschen, Adam und Eva. (...) Tiere spielten rum, keiner quälte den anderen" (Döblin, Alfred: Berlin Alexanderplatz, München 1965, S. 37). Besonders deutlich wird die Ironie im „Hamlet" in der Erzählung vom Erzengel Michael, in der vor Augen geführt wird, daß die Mächte des Himmels sich durch Ignoranz und Unwissenheit auszeichnen. Auch in der Proserpina-Geschichte wird ironisch angemerkt, daß Zeus, der „höchste von allen wieder einmal nichts gemerkt" habe (H 328).

[3] Dorothee Sölle hat den entmythologisierenden Umgang Döblins mit den biblischen Mythen besonders herausgestellt: „Der Mythos hat gerade darin seine mythische Kraft verloren, daß er nicht mehr bannt, zaubert und beschwört: er fordert vielmehr zum Urteil, zur Selbstprüfung, zur Herstellung von Gewissen auf. Diese Art, die Bibel zu benutzen, nicht im Sinne der Überredung oder der Identifikation mit dem, was immer schon war und nun mythisch wiederholt wird, ist selber entmythologisierend" (Sölle, Dorothee: Realisation. Studien zum Verhältnis von Theologie und Dichtung nach der Aufklärung, Darmstadt 1973, S. 355). Anzumerken ist, daß die Feststellung einer Entmythologisierung von einem Mythosverständnis ausgeht, das die archaische Dimension der Mythen betont. Der Mythos postuliert hier allgemein gültige Wesenheiten des Ursprungs, auf die auch die Gegenwart festgelegt werden soll. Dagegen läßt sich einwenden, daß jede Mythologie (d.h. jede Arbeit mit dem Mythos) den Mythos tendenziell aufhebt. Diese Position vertritt u.a. Heinz Gockel: „Mythologisches Wissen ist ein 'lächelndes Wissen vom Ewigen', ein spielerischer Vorbehalt gegenüber dogmatischen Ansprüchen des vermeintlichen Absoluten" (Gockel, Heinz: Mythos und Poesie. Zum Mythosbegriff in Aufklärung und Frühromantik, Frankfurt/M., 1981, S. 8).

selbst schon „die Fluchtbahn des Subjekts vor den mythischen Mächten"[1] nachzeichnet.

Besonders deutlich wird die Aufspaltung in verschiedene Persönlichkeitsaspekte bei Alice, die sich in zahlreichen mythischen Figuren spiegelt. Die Mythen und Geschichten, die sich auf ihre Person beziehen, umspannen einerseits das gesamte Spektrum der dem Weiblichen zugeschriebenen Identifikationsmöglichkeiten: Heilige (Theodora), geschändete Jungfrau (Proserpina), Mutter (Mutter auf dem Montmartre) und rachsüchtige Verführerin (Salome, Medea, Dejanira). Andererseits läßt sich aber auch deutlich die Spaltung ihrer Persönlichkeit - sie ist laut Gordon ein Wesen aus „dem göttlich-menschlichen Zwischengeschlecht", das die Grenze übertreibt, um ihr Geheimnis nicht zu verraten[2] - rekonstruieren. Die mythischen Typen gruppieren sich um die beiden Pole der Es-Repräsentation und der Selbststilisierung des Ich-Ideals. Während sie ihr Ideal der heiligen Therese und der fürsorglichen Mutter selbst in immer wieder neuen Varianten insbesondere gegenüber ihrem Sohn heraufbeschwört, wird sie mit ihren Es-Anteilen - der Salome-Identifikation - gegen ihren Willen konfrontiert. Hier erweist der Mythos seine zwingende Kraft, indem Alice von der Rolle der Salome geradezu in Besitz genommen wird: „Es strahlte wie ein Befehl durch sie. (...) Salome warf sich über sie. (...) Und sie wurde von Salome eingenommen, von Salome ausgeweidet, von Salome zum Schatten gemacht, mit Armen und Beinen wie eine Puppe aufgehoben, die Glieder zusammengeschraubt."[3] Ihre starre Trennung von „Ober- und Unterwelt", die Edward später kritisiert, findet sich wieder im Mythos von „Pluto und Proserpina", der gleichzeitig als Kompromißbildung anzusehen ist, weil zwar Ober- und Unterwelt klar getrennt sind, in der Person der Proserpina bzw. Hekate aber eine Verbindung beider Welten realisiert wird. Hier findet Alice ein Identifikationsmuster für ihre Interpretation der Ehe mit Gordon: Sie identifiziert sich mit der geraubten und gegen ihren Willen zur Anpassung an die Unterwelt gezwungenen Proserpina. Der Mythos ermöglicht es ihr, den inneren Konflikt zwischen Gut und Böse, Sinnlichkeit und jungfräulicher Reinheit nach außen zu verlegen, verhindert aber damit gerade die

---

[1] Adorno, Theodor W. und Horkheimer, Max: Dialektik der Aufklärung, a.a.O., S. 44.
Adorno benutzt diese Formulierung, um sich gegen den antizipierten philologischen Vorwurf abzusichern, daß die Odyssee Homers, die er als Paradigma einer Urgeschichte der Subjektivität in der „Dialektik der Aufklärung" analysiert, eine tradierte und episch umgeformte Version des ursprünglichen Mythos sei: „In den Stoffschichten Homers haben die Mythen sich niedergeschlagen, der Bericht von ihnen aber, die Einheit die den diffusen Sagen abgezwungen ward, ist zugleich die Beschreibung der Fluchtbahn des Subjekts vor den mythischen Mächten" (ebd.).

[2] Vgl.: H 470.

[3] H 466.

selbstreflektive Anerkennung der Ambivalenz und perpetuiert die innere Spaltung.[1]

Anders verhält es sich mit den mythischen Figuren, die sich auf Gordon beziehen: dem alten Ritter der Troubadour-Legende, King Lear und dem wilden Eber. Scheint es zunächst, als sei der dort vorgeführte Typus des vitalen und sich zu seinen sinnlichen Bedürfnissen bekennenden Individuums ein Spiegelbild des Schriftstellers, das sogar dieser selbst akzeptiert[2], so stellt sich später heraus, daß dieses Bild Teil des „Familienromans" Alices ist, die Gordon als Projektionsfläche für ihre abgespaltene Sinnlichkeit mißbraucht. Gordon distanziert sich zum Schluß von dem Bild, das von ihm gezeichnet wurde: „Ich bin kein Tier, kein König Lear, ich bin kein Eber, den man jagen muß. Nein gerade ich nicht. Man macht keine Fabel aus mir."[3]

Von Gordon und Mackenzie wird die Übermacht des mythischen Musters in den von ihnen erzählten Geschichten („Prinzessin von Tripoli" und „King Lear") direkt thematisiert. Beide erheben den Anspruch, der verzerrten und unrealistischen dichterischen Überlieferung - in diesem Fall der von Swinburne und Shakespeare - eine realitätsgerechtere Version des überlieferten Stoffes entgegenzusetzen. Sie stellen die Frage, wie es wirklich gewesen sein könnte, d.h. die Frage nach dem Original, das „wie ein altes, echtes Bild übermalt, mit Lack und Firnis bedeckt wurde".[4] Die Umdeutungen, die auf psychologische Glaubwürdigkeit und Entmythologisierung angelegt sind, scheitern jedoch. Gordon bezeichnet es als die Moral seiner Geschichte, daß Jaufie am Schluß mit Petite Lay auf dem Schloß lebt, „aber die Welt nahm nicht Kenntnis davon. Ihm war von Tripoli ein Gerücht vorausgelaufen, und das erwies sich stärker als seine leibliche Gegenwart. Und das Gerücht, das den Ritter Jaufie und seine Petite Lay überlebte und noch umgeht, lautet: Es lebte einmal (...)."[5] Und nun wiederholt er die Geschichte in der ursprünglichen Fassung Swinburnes. Dichtung und Phantasie, Gerücht und Mythos erweisen sich der Realität gegenüber als übermächtig - das war es, was Gordon demonstrieren wollte, der die Auffassung vertritt, das es keine Realität gibt, sondern daß diese „immer von Bildern und Phantasien beherrscht" ist, die die Welt formen „unabhängig vom Willen des einzelnen Menschen"[6]. Nach demselben Muster wie Gordons Troubadour-Legende endet

---

[1] Düsing charakterisiert die Geschichten Alices - in Anlehnung an K. Kenkel - als „Remythisierungen" im Gegensatz zu den Geschichten der Männer, die die Mythen destruieren wollen (Vgl.: Düsing, Wolfgang: Döblins 'Hamlet oder Die lange Nacht nimmt ein Ende' und der Novellenroman der Moderne, in: Stauffacher, Werner (Hg.): Internationale Alfred-Döblin-Kolloquien, Münster 1989 - Marbach a.N. 1991, a.a.0., S. 278).

[2] „Hochbefriedigt und bewegt war der Herr des Hauses, Lord Crenshaw, von der Darbietung seines Gastes und Schwagers" (H 275).

[3] H 475.

[4] H 47.

[5] H 113.

[6] H 275.

aber auch die Lear-Version Mackenzies. Lear kann sich von dem „Propagandastück" Shakespeares nicht befreien; es wird für den „realen" Lear zu einem „Mythos, der ihn fraß und versklavte"[1] und gegen den er vergeblich rebelliert.
Aber der Prozeß der Entmythologisierung ist nicht nur der Darstellung inhärent, er wird auch explizit in der Romanhandlung thematisiert. Es ist kein Zufall, daß Edward - abgesehen von der kurzen Legende vom „Löwen und seinem Spiegelbild" keine längere Erzählung zu den Familienabenden beiträgt, weil ihm „die Phantasie fehlt, etwas zu erzählen"[2]. Dazu aufgefordert, trägt er statt dessen Zitate Kierkegaards vor, des Philosophen der radikalen Selbstaufklärung[3]. Er fordert - wie dieser - „Redlichkeit". Während die anderen Romanfiguren ihre Identität fast ausschließlich in immer neuen Geschichten suchen und gleichzeitig auch verbergen - eine Flucht in das Zitat -, sucht er nach Authentizität und hält am Ideal einer originären Subjektivität fest. Die Forderung nach „Redlichkeit" verweist aber auch darauf, daß nicht nach einer Wahrheit gefragt wird, die Eindeutigkeit in Übereinstimmung mit den Gesetzen der Logik impliziert, sondern nach Selbstreflexion und Anerkennung der Ambivalenz[4]. Während der Mythos Gut und Böse, Liebe und Haß aufspaltet und getrennten Bereichen („Ober- und Unterwelt") zuordnet, geht es Edward um die Anerkennung der für die Psyche konstitutiven Synchronizität des Gegensätzlichen; denn die durch Spaltungen und Projektionen abgewehrte und so von der Innenwelt in die Außenwelt verlagerte Ambivalenz ist - wie noch zu zeigen sein wird - ein wesentlicher Faktor, der die Identität der Romanfiguren zerstört und sie schuldig werden läßt. Das Problem der Spaltung und Projektion steht deshalb auch im Zentrum der kurzen Fabel, die Edward erzählt. Auf ihren Inhalt wurde bereits im Zusammenhang mit der mißlungenen Identifikation Edwards mit seinem Vater verwiesen[5]: Der Löwe erkennt in dem erschreckenden Bild, das im Wasser reflektiert wird, nicht sich selbst; das eigene „Böse" begegnet ihm als fremdes Gegenüber. Der anschließende Kampf gegen das Spiegelbild, in dem der Löwe zugrunde geht, ist Resultat der Aufspaltung in ein „gutes" Selbstbild und ein „böses" Spiegelbild,

---

[1] H 272.
[2] H 169.
[3] Zur Bedeutung Kierkegards vgl.: Kap. I.7.
[4] Zum Problem der Ambivalenz im „Hamlet" vgl. auch: Bauer, Werner M.: Gegensatz und Ambivalenz. Überlegungen zu Alfred Döblins Roman 'Hamlet oder Die lange Nacht nimmt ein Ende', in: Sprachkunst. Beiträge zur Literaturwissenschaft, Jahrg. 6, Wien 1975, S. 314-329.
Die Forderung nach Anerkennung der Ambivalenz betrifft natürlich auch Edward selbst, dessen Beziehung zu beiden Elternteilen sehr stark von ambivalenten Gefühlen geprägt ist. Die „Zerrissenheit" Edwards wird von Moherndl und Steinmann ausführlich thematisiert (vgl.: Moherndl, Stefanie: Alfred Döblin a.a.O., S. 106-132; Steinmann, Adolf: Alfred Döblins Roman 'Hamlet oder Die lange Nacht nimmt ein Ende', a.a.O., S. 13-17).
[5] Vgl.: Kapitel II.2.2.3.

die nicht als Einheit erkannt werden[1]. Edward beantwortet so selbst die Frage nach dem Grund des Krieges, die in allen erzählten Geschichten implizit thematisiert wird.
Dem Protagonisten, der durch die Fülle der ihm angebotenen Bilder und Geschichten, der Deutungs- und Selbstdeutungsversuche der anderen Personen, zur Realität vorzustoßen versucht, kommt die Rolle eines Mythen-Zerstörers zu. Sein Weg zur Wahrheit führt über die Unterscheidung zwischen der sich in den Geschichten unbewußt enthüllenden Wahrheit und der projektiven und entstellenden Funktion dieser Deutungsmuster. So zweifelt er schon früh an der Stimmigkeit der Analogie zwischen Mythos und familiärer Realität: „Sie (Alice und Gordon) stecken beide schon stark im Affekt und entstellen."[2] Er fordert von seiner Mutter, ihm von der Vergangenheit zu erzählen, und zwar „offen, ohne Bild und ohne Gleichnis"[3]. Gleichzeitig bezweifelt er die Allgemeingültigkeit des Mythos insbesondere hinsichtlich der Polarisierung zwischen Gut und Böse, Ober- und Unterwelt: „Gibt es eine Oberwelt? Die Alten würden es heute nicht mehr annehmen. Ober- und Unterwelt sind zusammengeflossen."[4] Er muß die Welt der Bilder und Mythen zerstören, um zur Realität vorzudringen: „Er stand auf dem Treppenabsatz vor dem geschwärzten Bild Plutos und Proserpinas. Warum, um Himmelswillen, nimmt man das Bild nicht ab? Gut, daß es immer schwärzer wird. Man sollte sich weder Bilder noch Bildsäulen machen. (...) Ich schwöre: Bevor ich das Haus verlasse, reiße ich das Bild von der Wand."[5]
Tatsächlich ist es allerdings Alice, die die Bilder bei ihrem Verlassen des Hauses zerreißt. Aber erstens versteckt sie die Reste auf dem Dachboden, d.h. dem Ort der Erinnerungen, der im Roman auch das Verdrängte und Unbewußte versinnbildlicht[6], und zweitens nimmt sie nun freiwillig die Rolle der Hekate an, indem sie sich in die Unterwelt, d.h. die Welt der Pariser Bordelle, begibt. Alice bleibt

---

[1] Vgl.: Grand, Jules: Projektionen, a.a.O., S. 85-90.
Eine äußerst widersprüchliche Deutung der Fabel findet sich bei Stefanie Moherndl. Sie stellt zutreffend fest, daß es um das Problem der Selbsterkenntnis gehe. Aber das Spiegelbild ist Täuschung: „Denn wir sind nicht nur Tier, nicht nur Trieb, wenn es auch sehr oft so scheinen mag." (Moherndl, Stefanie: Hamlet, a.a.O., S. 273). Dann aber schließt sie sich der Deutung Werner Illbergs an (ebd. S. 274), der implizit die Bedeutung der Projektion betont und feststellte, daß - ausgeweitet auf die Problematik des Krieges - die Fabel darauf verweist, daß die Völker einander anblicken und nur sich selbst und die eigenen Raubinstinkte sehen und bekämpfen (vgl.: Illberg Werner: Optimismus - trotz alledem. Alfred Döblin: 'Hamlet oder Die lange Nacht nimmt ein Ende', in: Neue deutsche Literatur, Jahrg. 5 Nr.3 1957, S. 144).
[2] H 338.
[3] H 430.
[4] H 340.
[5] H 448.
[6] Zur symbolischen Bedeutung des Dachbodens vgl.: Grand, Jules: Projektionen, a.a.O., S. 13; Roth, Walter: „Döblinismus", a.a.O., S. 45/46; Düsing, Wolfgang: Erinnerung und Identität, a.a.O,. S. 163.

im mythischen Bann befangen, für sie erweist sich der Proserpina-Mythos als Medium der Identitätsfindung als unzulänglich.
In die Entmythologisierung einbezogen werden auch Technik und Naturwissenschaft als moderne Mythen. Edward stellt fest: „Und nun sitzen wir und warten auf die Fortsetzung, den nächsten Weltkrieg. (...) Physiker und Chemiker bereiten in ihren Laboratorien unser Schicksal vor, lese ich. Die geheimnisvollen Götter von ehemals sind abgelöst durch erkenntnisreiche Leute aus unserer Mitte."[1] Die instrumentelle Vernunft der naturwissenschaftlichen Erkenntnis erweist sich als eine neue Mythologisierung, die den Weg zu wirklicher Erkenntnis verstellt. Es ist bezeichnenderweise eine der wenigen Stellen im Roman, an denen der Erzähler selbst kommentierend eingreift: „Es war schrecklich ihn anzuhören. Denn was die anderen sagten, konnte man eine theoretische Diskussion nennen. Hier aber redete ein Mensch."[2]
Edwards Heilungsprozeß besteht in einer Befreiung von allen Mythen und Bildern und einer Hinwendung zur Realität. Als er am Schluß des Romans nach dem Theodora-Medaillon gefragt wird, das eine der Mystifikationen von Alice symbolisiert und das er in Erinnerung an sie aufbewahrt hat, stellt er - zum ersten Mal lächelnd und mit den Achseln zuckend - fest: „Jetzt ist das Bild ein Bild"[3]: ein Abschied von allen Bildern und Mythen. Daß das Ende des Romans - auf der Ebene von Edward - unbestimmt bleibt[4], ist ein Hinweis darauf, daß das Erzählen der Geschichten, die im Roman immer wieder evozierte Flucht in die Zitate und die Projektionen, nun beendet ist; die Authentizität, nach der der Protagonist sucht, läßt sich nicht in einer neuen Erzählung, die letztlich auch nur die Einleitung einer weiteren Folge von Geschichten wäre, erfassen.[5]

---

[1] H 176/77.
[2] H 177.
[3] H 571.
[4] Zum umstrittenen Romanschluß vgl.: Kapitel II.2.6.
[5] Vgl.: Düsing, Wolfgang: Döblins 'Hamlet oder Die lange Nacht nimmt ein Ende' und der Novellenroman der Moderne, in: Stauffacher, Werner: Internationale Alfred-Döblin-Kolloquien, Münster 1989 - Marbach a.N. 1991, a.a.O., S. 279.
Auch Schäffner konstatiert, daß die Geschichten als Abbildungsverhältnisse auf kein Original mehr verweisen (Vgl.: Schäffner, Wolfgang: Die Ordnung des Wahns, a.a.O., S. 375). Er sieht darin aber keinen Entmythologisierungsprozeß, sondern stellt fest, daß die Geschichten „eher die Nichtexistenz von Realitäten, von Urbildern und Urtexten" (ebd.) beweisen. (Schon diese Gleichstellung von Urbildern und Realität ist bezeichnend für das Vorgehen Schäffners.) Gleichzeitig erkennt er in dieser Form des Erzählens die „Poetologie der Psychoanalyse": Keine einholbare Realität kann dieses Erzählen stillstellen, das nach dem Muster der unendlichen Analyse ein unendliches Sprechen garantiert" (ebd.). Die Wahrheitssuche und Selbstanalyse Edwards sieht Schäffner auf derselben Ebene wie den in den Mythen und Geschichten inszenierten „Familienroman". Die Selbstanalyse Edwards enthüllt - nach Schäffners Meinung - keine Wahrheit. Nicht sehr befriedigend ist Schäffners Feststellung, daß diese Wahrheit nicht Ödipus oder Hamlet sei, sondern „sie sagt, daß diese Familie ein Fehlgriff sei" (ebd. S. 276).

II.2.4. Die Schuldproblematik

II.2.4.1. Alice - Projektion und Regression als Schuld

Schuld ist das Thema des Romans - und schuldig werden, in unterschiedlichem Maße, alle Romanfiguren. Dennoch trägt Alice einen verhältnismäßig großen Teil der Schuld, die in ihrer Verleugnung der Modalitäten der menschlichen Existenz, der Spaltung der Welt in Gut und Böse und der Projektion abgespaltener Persönlichkeitsanteile auf andere liegt. Alice ist, neben Edward, die Romanfigur, deren psychologische Motivationen am ausführlichsten zur Darstellung kommen, wobei der Autor häufig die Innenperspektive Alices als erzähltechnisches Mittel wählt. Im letzten Teil des Romans steht sie im Mittelpunkt, während der eigentliche Handlungskomplex, die Rekonstruktion der Ursache für Edwards Krankheit und seine Heilung, abgeschlossen ist.

Bei der Beschreibung Alices lassen sich folgende Persönlichkeitsmerkmale hervorheben: ihr regressives Festhalten an einer kindlichen „Unschuld" und die Verleugnung ihrer weiblichen Identität, die Verdrängung ihrer Sinnlichkeit, ihre Hybris und Selbststilisierung und eine pathologische Spaltung mit den sie begleitenden Projektionen[1].

In der ersten Beschreibung Alices fällt ihre Jugendlichkeit auf; ihre äußere Erscheinung stimmt nicht mit ihrem wirklichen Alter überein. „Frau Alice, die Mutter hatte ein schmales ebenmäßiges Gesicht. Sie konnte jung und mädchenhaft hold aussehen."[2] „Alice, wie immer die jüngste von allen (...)"[3], kommentiert der Erzähler in einer Beschreibung der Familie, und anschließend stellt er die Frage: „Aber war das ihr Gesicht?"[4] Alice demonstriert auch äußerlich, daß sie ihre Identität als reife Frau verleugnet. Mit ihrer Schlankheit und Mädchenhaftigkeit steht sie im Gegensatz zu Gordons massiver Körperlichkeit - ein Körper, der einerseits eine Schranke zwischen ihm und der Realität errichtet, andererseits aber auch sinnliche Präsenz demonstriert.

Auch in ihren Phantasien hält Alice an einer schwärmerischen, pubertären Haltung fest; das gilt sowohl für die Idealisierung ihrer Jugendliebe zu Glenn als auch für ihre religiösen Gefühle. Ihre Liebe zu Glenn, auf die Alice als Gegenbild zu ihrer Ehe mit Gordon fixiert bleibt, ist gekennzeichnet durch das Fehlen jeglicher geschlechtlicher Beziehung. Sie hatten sich „nie geküßt" sich nur „die

---

[1] Zur Charakterisierung Alices vgl.: Grand, Jules: Projektionen, a.a.O., S. 48-61; Moherndl, Stefanie: Alfred Döblin: Hamlet oder die lange Nacht nimmt ein Ende, a.a.O., S. 156-162 und 175-183.
[2] H 13.
[3] H 44.
[4] H 44.

Hände gedrückt" und sich „selig angeblickt"[1]. Es ist Alices Lebenslüge, daß Gordon gewaltsam in diese Idylle mädchenhafter Unschuld eingedrungen sei. Auch in ihren religiösen Vorstellungen manifestiert sich ihre kindlich pubertäre Phantasie: Sie hat eine personale Beziehung zu einem anthropomorphen Gottes- bzw. Marienbild, mit dem sie kommuniziert und an dessen direktes Eingreifen in ihr Schicksal sie glaubt.

Alice leidet an einer Fixierung auf ein früheres Stadium ihrer Entwicklung; sie hat die Phase der Adoleszenz nicht überwunden. In Übereinstimmung mit Freud, der die Adoleszenz als entscheidende Phase der Entwicklung der Persönlichkeit charakterisierte, in der - nach der Latenzperiode - die Triebkonflikte der frühen Kindheit wiederholt und endgültig strukturiert werden, beschreibt Döblin die Merkmale der Pubertät in „Unser Dasein". Diese Charakterisierung liest sich wie eine Beschreibung der Pathologie von Alice: „Das ist das Pubertätsproblem: die Frage der Umartung von Typus zu Typus. Es ist ein Wesen da, das zu einem andern wird, ein 'Kind' zum 'Jüngling' oder jungen Weib (...). Und es gibt nicht nur Brüche mit völliger Vernichtung, mit Zugrundegehen um diese Zeit, sondern auch Steckenbleiben mit nachfolgenden Riesenschatten über die ganze Periode. Das kann 'Schizophrenie' heißen und ist eine entwicklungsgeschichtliche Varietät."[2]

Die Regression Alices geht so weit, daß sie, dem neurotischen Verhalten Edwards ähnlich, zu einem Kleinkind regrediert. Kurz vor ihrer Flucht aus dem Haus, dem ein körperlicher und seelischer Zusammenbruch vorausging, erreicht die Regression Alices einen Höhepunkt. In einem inneren Monolog spricht Alice mit sich selbst als Kind: „Du bist allein, kleine dumme Alice"[3], „Jetzt ist alles von mir abgefallen. Alice, Klein-Alice, hat keine Sorgen mehr; Alice, Klein-Alice, ist spazierengegangen."[4]

Daß Alice ihre Sinnlichkeit verdrängt hat, ist offenkundig. Aber es kommt ständig zu einer Wiederkehr des Verdrängten. Während die Salome-Identifikation, von der sie gegen ihren Willen eingenommen wird[5], eher die abgespaltene Aggressivität repräsentiert, tauchen aus dem Unbewußten auch Bilder des Urwalds auf

---

[1] H 498.
[2] UD 338.
  Übereinstimmend heißt es bei Freud: „Mit dem Eintritt der Pubertät setzen die Wandlungen ein, welche das infantile Sexualleben in seine endgültige normale Gestaltung überführen sollen." „Wie bei jeder anderen Gelegenheit, wo im Organismus neue Verknüpfungen und Zusammensetzungen zu komplizierten Mechanismen stattfinden sollen, ist auch hier die Gelegenheit zu krankhaften Störungen durch Unterbleiben dieser Neuordnungen gegeben. Alle krankhaften Störungen des Geschlechtslebens sind mit gutem Rechte als Entwicklungshemmungen zu betrachten" (Freud, Sigmund: Drei Abhandlungen zur Sexualtheorie, in: Gesammelte Werke Bd. 5, a.a.O., S. 108/109).
[3] H 464.
[4] H 465.
[5] Vgl.: Kap. II.2.3.

- wie im „Amazonas" Symbol der verdrängten Naturabhängigkeit mit eindeutig sexueller Symbolik: „Wie sich die Landschaft, sogar die Landschaft verwandelte. (...) Wie aus den Blättern lange dünne Zungen schnellten und die Äste vor Erregung zitterten. Sehnsüchtig spreizten sich die Fächer der Palmen."[1]
Die Ursache für Alices Abspaltung ihrer Sinnlichkeit ist - wie die für Edwards Neurose - eine verdrängte traumatische Erfahrung: die Vergewaltigung durch einen Lehrer, bei der sie offensichtlich Lust empfunden hatte. Auch hier ist das Trauma bedingt durch eine Reizüberflutung, die nicht adäquat verarbeitet werden konnte. Eine solche Erfahrung war für Alice ihre erste Begegnung mit der Sexualität: „Sie plauderten viel zusammen, sie gefiel ihm, sie verstand nichts, sie küßten sich, er vergriff sich an ihr."[2] Alices erste Erfahrung mit ihrer Sinnlichkeit ist in einem so hohen Maße ambivalent, daß sie sie verdrängen mußte und daß sie als unbewältigtes Trauma weiterhin ihr Leben bestimmt. Die Erinnerung daran überfällt sie wie ein Anfall, und sie erkennt: „Es geht mir wie Edward: etwas sitzt fest in mir; es liegt noch weiter zurück als die Geschichte mit Glenn und den Bädern."[3] Die damalige ambivalente Reaktion - sie ekelte sich vor dem Lehrer und konnte dennoch nicht von ihm lassen - wiederholt sich in ihrer Beziehung zu Gordon. Sie fühlt sich von ihm sinnlich angezogen und verleugnet dennoch diese Anziehungskraft. Gordon ist für sie ein „idealer" Partner, der sich als Projektionsfläche anbietet und ihr hilft, die innere Spaltung aufrechtzuerhalten: Ihre eigene Sinnlichkeit wird exterritorialisiert und kann so - als äußere Bedrohung - bekämpft werden. Die Verbindung mit Gordon hat für Alice, abgesehen von ihrer sinnlichen Anziehungskraft, auch die Funktion einer psychischen Stabilisierung: Ihre innere Spaltung in Gut und Böse, sinnlich und religiös, wird nun als äußerer Gegensatz zwischen ihr und Gordon wahrgenommen und bleibt so kontrollierbar; sie kann an Gordon den Teil ihrer Persönlichkeit, den sie haßt und fürchtet, bekämpfen. Zu diesem Zweck dämonisiert sie ihn und entwirft das Bild eines „wilden Ebers". Gerade weil Gordon eine Seite ihrer Person darstellt, ist ihr Haß so stark, daß sie sogar ihren Sohn für ihre Rachegefühle mißbraucht. Ihre Ähnlichkeit verbindet Alice und Gordon. Das, was Alice verleugnet, spricht Gordon aus: „Wir sind eins. Du bist eine Bestie wie ich. (...) Du bist froh, daß ich dich hinter deiner Maske hervor geholt habe."[4] Gordon rechtfertigt diese Desillusionierung mit einer Pflicht zur Redlichkeit. „Man soll sich nichts vormachen. Die Lüge ist das Schlimmste von allem. Besser das Vieh, das man ist, als der Engel, der man nicht ist."[5] Aber gerade diese Demaskierung ist für Alice unerträglich.

---

[1] H 500.
[2] H 465.
[3] H 465.
[4] H 416.
[5] H 416.

Alice wird dargestellt als Psychotikerin, als gespaltene Persönlichkeit. Da es ihr nicht gelungen ist, ihre triebhaften, sinnlichen Anteile in ihr Ich zu integrieren, treten ihr diese als exterritorialisierte, äußere Objekte, entweder in der Projektionsfigur Gordon oder in Form ich-fremder dämonischer Mächte[1], gegenüber. Diese Spaltung ist so tiefgreifend, weil die hohen Ich-Ideal-Ansprüche - die religiös erklärte, reine Liebe - und die Triebkräfte des Es so stark divergieren, daß das Ich seine Integrationsfähigkeit einbüßt und zwischen den irrationalen Kräften zerrieben wird. Immer wieder werden Zustände der Depersonalisation beschrieben, in denen ihr die triebhafte, sinnliche Seite ihrer Persönlichkeit als etwas Fremdes gegenübertritt: „Sie staunte das fremdartige, halbbekleidete fleischerne Wesen an, das Weib, dessen Bild ihr aus dem Spiegel entgegentrat. Was für eine Figur, Mensch Tier, Pflanze - was einem anhängt, einen als Schatten begleitet (...). Ein Hund, ein Haustier. Dieser Bettler den man nicht los wird (...)"[2]. Nach der Dachbodenszene versucht Alice zu schlafen; sie zieht sich aus, „als wäre es eine Fremde und legt den fremden Körper, der mit ihr ging, zu Bett"[3].

Die Beschreibung Alices weist eine starke Affinität zur Figur der Therese aus dem „Neuen Urwald" auf. Das Motiv einer Welt, die zwei Ausdehnungen - nach unten und nach oben - hat [4], wird in Alices Schwanken zwischen „Unterwelt und Oberwelt" wieder aufgenommen. Beide fühlen sich vor eine Entscheidung gestellt und sind unfähig, zwischen beiden Welten eine Vermittlung herzustellen, so daß der Weg der Selbstzerstörung und Regression unvermeidlich erscheint. Auch das Motiv der zwei unterschiedlichen Gesichtshälften als äußeres Symbol der Spaltung wird wieder aufgenommen.[5]

Alices gespaltene Persönlichkeit findet auch in den Binnenerzählungen ihren Ausdruck. In Gordons Jaufie-Geschichte verbirgt sich hinter der idealisierten Prinzessin von Tripoli die Schauergestalt einer männermordenden Greisin. Mackenzie charakterisiert seine Schwester in der Gestalt der Imogen, die so heterogene Züge aufweist, daß Lear von der Existenz einer Doppelgängerin überzeugt ist. Alice selbst schwankt - wie schon dargestellt wurde - zwischen der Identifikation mit Ich-Ideal-Figuren und der Übernahme der Salome-Rolle, bzw. sie versucht, die Spaltung durch die Verbindung von Ober- und Unterwelt in der Proserpina-Geschichte zu überbrücken.

Die Projektion von abgespaltenen Teilen ihrer Persönlichkeit auf Gordon ermöglicht es Alice, ihre Selbsttäuschung aufrecht zu erhalten, sie habe an Gordon eine Mission zu erfüllen. Alices Schuld besteht in ihrer Hybris, der Selbstüberhöhung

---

[1] Alice zeigt eindeutig paranoide Züge: „Was war das? Sie saß auf und blickte sich ängstlich um: Es ruft mich. Es gibt etwas das mich ruft. Wir werden beobachtet. Ich muß mich hüten. Oh, ich muß mich hüten" (H 372).
[2] H 501.
[3] H 419.
[4] Vgl. Kap. II.1.4.1.
[5] Vgl.: H 523.

des „prometheischen", sich über die Natur erhebenden und das eigene Eingebundensein in den Naturzusammenhang verleugnenden Menschen. Allmachtsphantasien, Abspaltung und Projektion der eigenen Naturverfallenheit greifen ineinander. Daß Alices Mission lediglich eine Legitimationsfunktion hat bzw. eine Rationalisierung ihrer sinnlichen Leidenschaft für Gordon ist, spricht Miß Virginia klar aus. Auf Edwards Frage, ob sich seine Mutter an Gordon verloren habe, antwortet sie: „So muß es sein. Aber sie wurde damit nicht fertig. Sie nahm es an und nahm es nicht an. Es war richtig ein Konflikt in ihr. Und da redete sie sich in diese Rolle der Mission hinein."[1] Aber: „Es ging über ihre Kraft. Ihr Herz war nicht dabei."[2] Der "prometheische" Charakter Alices zeigt sich auch in ihrem Rückzug in die Phantasie. Phantasie wird im Hamlet-Roman immer in einer ambivalenten Funktion thematisiert: als Realitätsflucht und als Mittel der Realitätsaneignung, d.h. in regressiver und konstruktiver Funktion. Alice aber gebraucht die Phantasie ausschließlich, um die Realität nach ihren eigenen Vorstellungen zu gestalten und zu verfälschen; ihre Phantasien tragen nicht nur regressive, sondern auch wahnhaft hybride Züge. Ihr Bruder hat diese Neigung Alices erkannt: „Da haben wir es. Der poetische Trieb ist bei ihr zurückgetreten, jetzt dichtet sie am lebenden Material. Armer Gordon."[3]

Solange Gordon für Alice als Projektionsfläche zur Verfügung steht, kann sie ihre psychische Stabilität dadurch erhalten, daß der innere Konflikt in die äußere Realität verlagert wird. Nach Gordons Flucht bricht dieser innere Konflikt auf - subjektiv wahrgenommen als ein Befreiungsakt, der aber den Charakter eines psychotischen Zusammenbruchs trägt. Ihr Ich zerfällt, die Fähigkeit zu differenzieren geht verloren: „alles an ihr war flüssig, geschmolzen und pulsierte"[4], sie verwandelte sich in einen „brodelnden Kessel"[5].

Die Trennung von Gordon bedeutet also keine Befreiung, sondern den offenen Durchbruch des inneren Konflikts. So läßt sich auch der Widerspruch deuten, daß Alice sich einerseits zu dem „Tier im Menschen" bekennt, andererseits aber den Versuch macht, ihre reine idealisierte Jugendliebe zu Glenn wiederzufinden.[6] In dieser „Doppelstrategie" manifestieren sich noch einmal Alices Zerrissenheit und ihr verzweifelter Versuch, beide Aspekte ihrer Persönlichkeit doch noch zu versöhnen.

---

[1] H 300.
[2] H 300.
[3] H 159.
[4] H 499.
[5] H 501.
[6] Manfred Auer sieht hier hingegen einen Bruch in der Handlungsführung: „Denn wenn dargestellt werden sollte, daß die sinnliche Komponente von Alices Psyche sozusagen gegen ihren Willen die religiöse widerlegt, dann müßte sich Alices Argumentation im Glenn-Bereich ebenfalls ändern, d.h. das 'Anti-Trieb-Verhältnis' mit Glenn müßte negativ erscheinen. Doch die Wertungen Alices in diesem Bereich bleiben dieselben" (Auer, Manfred: Das Exil vor der Vertreibung, a.a.O., S. 133).

Als letztes Mittel bleibt ihr die völlige Verleugnung ihres alten Ichs, die Annahme einer neuen Identität; sie geht dabei so weit, daß sie ihren Namen und ihre äußere Erscheinung verändert und sich in den obskuren Schönheitssalon der skrupellosen Suzanne begibt. Das Ziel der „Kur" in der „modernen Hexenküche"[1] ist die Reduktion des Menschen auf seine Körperlichkeit. Eliminiert werden soll die für die menschliche Existenz konstitutive Fähigkeit zu trauern[2] und sich zu erinnern[3]. In der Beschreibung der Regression Alices, die Erlösung in der Auflösung der Individuation sucht, werden Motive der Amazonas-Trilogie wieder aufgenommen. Sie fühlt sich angezogen vom Meer, dem „zungenlosen Wesen", das die „unheimlichen Mollusken der Finsternis"[4] beherbergt; und sie sucht nach Erlösung in der Sexualität, im „Sichaufgeben und Auflösen": „Sie war nur Element mit dem Namen eines Weibes (...)".[5]

In der Lebensphilosophie des Bankiers Raymond findet sie zunächst die „ideologische" Legitimation ihrer Regression: „Der Weg zur Bestialität" ist der „Weg zur Wahrheit. Rousseau ohne Sentimentalität".[6] Aber nicht der schrankenlose Hedonismus ist Alices Ziel, sondern die Selbstvernichtung. Sie kann ihre Ideale und ihre Über-Ich-Forderungen nicht einfach ausschalten. Ihre Schuldgefühle lösen Suizidgedanken aus und erzeugen das Bedürfnis nach masochistischer Unterwerfung; sie begibt sich auf die „Jagd nach dem Vernichter"[7]. Sie muß erkennen, daß es nicht möglich ist, die Vergangenheit zu verdrängen und eine neue Identität anzunehmen. „Ich bin gestorben. Gestorben ist Alice Allison, gestorben Alice Mackenzie, gestorben Sylvaine und jeder Nachfolger und Nachlaßverwalter von ihr. Es ist nur die Frage, ob jetzt noch etwas an der Stelle, wo sie lebte, in ihrer Haut sitzt."[8] Die Elimination der Vergangenheit und die Zerstörung der Individuation enden mit der Assimilation an das Amorphe, die keineswegs als Befreiung, sondern als Bedrohung geschildert wird. Alice erstickt im „Morast"[9]: „Ich ersticke. Das Moor reicht mir an den Mund."[10]

---

[1] H 503:
[2] Suzanne belehrt Alice: „'Wir kommen nicht weiter, liebe gnädige Frau, wenn Sie sich Ihrem Kummer hingeben. Er entstellt. Er wirkt allen Maßnahmen, denen Sie sich hier unterziehen wollen, entgegen" (H 504).
[3] Suzanne: „'Im Kopf stecken noch immer Erinnerungen? Aber das sind Erinnerungen eines anderen Menschen. Wir sind es ja nicht mehr'" (H 505).
[4] H 513.
[5] H 516.
[6] H 528.
[7] H 517.
[8] H 525.
[9] Vgl.: H 517.
[10] H 533.

II.2.4.2. Gordon und Mackenzie / Realitätsflucht als Schuld

Gordon und Mackenzie versuchen, jeder auf seine Weise, der Realität zu entfliehen, und beide legitimieren und rationalisieren ihren Eskapismus durch eine entsprechende Lebensphilosophie.[1]
Gordon[2] hat sein Leben so eingerichtet, daß er von äußeren Ereignissen möglichst abgeschirmt wird; er hat den Krieg in einem abgelegenen Landhaus überlebt: „Diese schöne Villa, Eigentum Allisons, hatte der Krieg nicht berührt, sowenig wie seinen Besitzer."[3] Für Gordon ist es ein Zeichen seiner Macht, der Realität nach seinem Gutdünken einen Platz in seinem Leben einzuräumen. Die Zeitungen mit den Kriegsnachrichten sind „stummes Papier", das man zur Kenntnis nehmen kann, „wie es einem paßte"[4]. Er genießt die eigene Machtvollkommenheit, wenn er die Nachrichten aus dem Radio mit einem Knopfdruck durch Tanzmusik unterbrechen kann[5] - eine Hybris, die kontraphobisch als ein Abwehrmechanismus von eigenen Ohnmachtsgefühlen zu verstehen ist. Gordons Körper „ein lebender Berg von Fett und Fleisch"[6] ein Panzer, eine „Mauer, hinter der er sich hielt"[7], schirmt ihn zusätzlich von der Umwelt ab. In dem Moment, wo Gordon, der „Phlegmatikus"[8], durch seinen Sohn die als Selbstschutz errichteten Schranken bedroht fühlt, hat er sogar das Bedürfnis, die Sinnesorgane, die ihn mit der Außenwelt verbinden, auszuschalten: „ich gehe zum Ohrenarzt und lasse mir beide Trommelfelle durchstechen, dann höre ich nichts."[9]

---

[1] Offensichtlich tragen beide Romanfiguren autobiographische Züge. Mackenzies quietistische, fernöstliche Lebensphilosophie repräsentiert Aspekte der Naturphilosophie Döblins, seiner problematischen Faszination durch eine naturphilosophisch gewendete unio mystica. Gordons schuldhafter Rückzug in die künstlerische Phantasie verweist auf das Schuldgefühl des Literaten Döblin. Man erinnere sich z.B. an die Entstehung der „Babylonischen Wandrung", die Döblin 1933, abgeschlossen von der Außenwelt und den sich zuspitzenden politischen Verhältnissen, in einer Züricher Bibliothek verfaßte. Im Nachwort des Herausgebers Walter Muschg heißt es: „Er rettete sich in ein ausgelassenes, groteskes Gaukelwerk, um die Katastrophe lachend zu überstehen" (Döblin, Alfred: Babylonische Wandrung, München 1982, S. 699). Die Problematik des künstlerischen Rückzugs aus der Realität thematisiert Döblin auch in der Figur des Dichters Stauffer in „November 1918" - hier allerdings mit stärkerer ironischer Distanz als im „Hamlet".
Zum autobiographischen Hintergrund der Schuldproblematik vgl. auch: Kap. I.4 und Kap. I.7.
[2] Zur Charakterisierung Gordons vgl.: Grand, Jules: Projektionen, a.a.O., S. 41-48.
[3] H 27.
[4] H 30.
[5] Vgl.: H 31.
[6] H 51.
[7] H 44.
[8] H 33.
[9] H 33.

Gordons Eskapismus korrespondiert mit einer entsprechenden Lebensphilosophie, die durchgehend deterministisch und defätistisch ist. Kriege ereignen sich, seiner Meinung nach, „von Zeit zu Zeit unter den Menschen wie Grippe, Typhus, Scharlach", und „man tut gut daran, Kriege hinzunehmen"[1]. Gordon hat sich in die Phantasie zurückgezogen; seine Tätigkeit als Schriftsteller ermöglicht ihm den Rückzug aus einer Realität, in der der Mensch sich ohnmächtig fühlt, weil „Vorstellungen und Sitten (...) so allmächtig werden und mit den Menschen umspringen, daß sie keine Menschen mehr sind"[2]. Die Menschen sind zu „Traumfiguren und Fabelwesen" geworden; und der Träumer selbst, der die Menschenschicksale lenkt, ist ein Dämon ohne Vernunft. Die Menschen sind „Objekte ohne Vernunft, (...) dirigiert von einem Unsinn - oder Objekte mit Vernunft, die ein Unsinn dirigiert"[3]. Die deterministische Auffassung Gordons schließt also auch die Möglichkeit aus, daß der Mensch trotz umfassender Heteronomie an einem übergeordneten sinnvollen Prinzip teilhat; der naturphilosophische „Ursinn" Döblins scheint zu einem „Unsinn" pervertiert.

Gordons Grunderfahrung ist die der Ohnmacht, das Gefühl der Unmöglichkeit einer aktiven Gestaltung von äußerer Realität; die Ursachen für diese Grunderfahrung und die anschließende Flucht aus der Realität liegen in seiner Kindheit: ein alkoholsüchtiger Vater, der „ihn versklavte", „sein eigenes Leben wurde unterdrückt"[4]. Dann beginnt eine Aneinanderreihung von Episoden, „die sich der spätere Lord Crenshaw leistete, um sich aus seiner Not zu retten"[5]. Er sucht nach Liebe und macht dabei immer wieder die Erfahrung, die seine Kindheit geprägt hat: Er wird funktionalisiert, ein Mittel für die Zwecke anderer. Auch Alice kann ihn nicht so akzeptieren, wie er ist; dennoch sieht er in ihr seine Erlöserin. Der Kampf mit ihr, der ihn unaufhörlich beschäftigt, ist zur Grundlage seiner Schriftstellerexistenz geworden. Er hat sich in sein Haus zurückgezogen, „reiste unablässig - um sie herum - und hatte selber die Schienen zu legen, in der Phantasie"[6].

In der Künstlerexistenz, dem Bekenntnis zu einem Ästhetizismus, der der äußeren Realität eine eigene künstliche Phantasiewelt entgegenzusetzen sucht, versucht er, diese Ohnmachtserfahrung zu kompensieren. Ironisch verfremdet schildert Gordon selbst in seiner Jaufie-Geschichte die vergebliche Flucht in den Ästhetizismus: Jaufie sieht zum ersten Mal das Meer, das er vorher in seinen Liedern so oft besungen hat. „Dabei glaubte er, er der Ästhet, sich mit dem Meer abgefunden zu haben. Jetzt gab es das wirkliche Meer."[7] Jaufie spricht das reale Meer an und konfrontiert es mit seinem Phantasie-Bild. „Mein Meer, wenn es dich

---

[1] H 30.
[2] H 132.
[3] H 133.
[4] H 433.
[5] H 434.
[6] H 472/73.
[7] H 85.

sehen würde, würde dich auslachen, du dicke dumme Wasserschlange."[1]. Auf dem Schiff - längst von der Realität des Meeres in Form einer heftigen Seekrankheit eingeholt - denkt er an das „wirkliche", d.h. das in seiner künstlerischen Phantasie geschaffene Meer; im Vergleich mit diesem erscheint die Realität als eine „flüssige Lüge, eine Imitation"[2]. Die Rollen von Bild und Abbild sind vertauscht, die Kunst hat keine mimetische Funktion, sondern die Natur hat sich nach der Kunst zu richten. Es offenbart sich die Größenphantasie des Künstlers: Stimmt die Natur nicht mit der Imagination überein, um so schlimmer für die Natur. Aber die Allmachtsphantasie ist gleichzeitig nichts anderes als die Abwehr der Ohnmachtserfahrung: Wird die äußere Natur als übermächtige Bedrohung empfunden, so ist sie nur noch als ästhetisches Phänomen zu ertragen.

In dieser kurzen Episode der Jaufie-Geschichte spiegeln sich sowohl das Thema der von Gordon erzählten Legende selbst - die Konfrontation von Phantasie und Realität, von Kunst und Natur - als auch Gordons Lebensphilosophie und -problematik. Gordons ästhetizistische Lebenshaltung, die mit einer deterministischen Lebensphilosophie korrespondiert, wird konfrontiert mit einer ethischen Lebenshaltung, die Edward vertritt. An diesem Punkt wird der Einfluß Kierkegaards, auf den sich Edward beruft und der in seiner Schrift „Entweder-Oder" ästhetische und ethische Lebenseinstellung gegenüberstellt, besonders deutlich. Kierkegaards Schrift ist ein leidenschaftlicher Appell für eine Entscheidung zum Ethischen, und manche Stelle im Hamlet liest sich wie eine Illustration dieser philosophischen Schrift.[3]

---

[1] H 85.

[2] H 86.

[3] Die Problematisierung des Ästhetizismus als Lebenshaltung und die Bedeutung des Einflusses Kierkegaards auf den Hamlet-Roman hat einen zentralen Stellenwert, der im Rahmen dieser Arbeit nicht näher untersucht werden kann. Döblin hat Kierkegaards Schriften intensiv studiert und war von der Richtung seines Denkens gefesselt (vgl.: SLW 297 und 299). Kierkegaards Anklage des Ästheten in „Entweder-Oder" könnte man auch Edward als Vorwurf gegen seinen Vater in den Mund legen: „Das Leben sei eine Maskerade, sagst du; und du spielst auf der Maskerade des Lebens; zu deinem unendlichen Spaß deine Rolle mit solcher Virtuosität, daß es noch niemand geglückt ist, dich zu entlarven: offenbarst du dich, so ist das nur ein neuer Betrug. Freilich ist das nicht bloß ein Spaß für dich. Nur unter der Maske kannst du atmen. Es zwingt dich also auch die Not, die Maske festzuhalten. (...) Du bist selbst nichts, bist nur ein Verhältnis zu anderen, bist was du bist, nur durch dein Verhältnis zu anderen" (Kierkegaard, Sören: Entweder-Oder Bd. 2, Jena 1913, S. 132/33). In „Die Krankheit zum Tode" heißt es: „Christlich betrachtet ist (trotz aller Ästhetik) eine jede Dichterexistenz Sünde: zu dichten, statt zu sein, sich zu dem Guten und Wahren zu verhalten durch die Phantasie, statt es zu sein, d.h. existentiell danach zu streben, es zu sein" (Kierkegaard, Sören: Die Krankheit zum Tode, Reinbek 1962, S. 73). Es ist evident, daß diese Worte den konvertierten Christen und den Literaten Döblin stark beeindruckten. Die Problematisierung des Zusammenhanges von Realitätsflucht und Schuld in der Romanfigur Gordon gewinnt vor dem Hintergrund der Kierkegaard-Lektüre Döblins eine besondere Bedeutung.

Zum Einfluß Kierkegaards vgl. auch: Kapitel I.7. Anm.

„Phantasie haben heißt die komplette Wirklichkeit erleben"[1], bemerkt Gordon gegenüber seinem Verleger. Daß diese Devise Zuflucht und Flucht zugleich bedeutet, bezeugt Gordon selbst durch sein Michelangelo-Portrait[2], das zugleich ein Selbstportrait ist und in dem wiederum die zentrale Problematik des Romans, nämlich die Bedeutung der Phantasie als einer produktiven Aneignung von Realität einerseits und einer wahnhaften Entstellung der Wirklichkeit andererseits, thematisiert wird. Der Außenseiter Michelangelo - von der Liebe ausgeschlossen - lebt nur für seine Kunst, und dieses Leben in der Phantasiewelt wird zu einem Verbrechen, zu einer Sünde des Hochmuts und der Menschenverachtung: „Er hatte keinen gemordet. Gewiß nicht. Aber wie viele hatte er mit Hämmern und Meißeln geköpft, erdolcht, erstochen, gerädert. Und wie oft hatte er im Hämmern und Meißeln geworben, gebettelt, angebetet, geküßt, umarmt und war zurückgestoßen worden und hatte sich als Tyrann über die Menschen gesetzt."[3] Hier zeigt sich die „prometheische" Seite des Künstlers, der sich anmaßt, Menschen nach seinem Bilde zu schaffen und über sie zu herrschen; gleichzeitig verweist Gordons Schilderung Michelangelos auf die „Nachbarschaft von (...) Ästhetizismus und Barbarei"[4]. Die Kunst hat keine transzendente oder sakrale Funktion; nur wenige Statuen Michelangelos bleiben erhalten, „als sollte demonstriert werden, daß sie der Unterwelt entstammten und daß die Unterwelt nicht triumphiert".[5]

Aber im Rückzug in die Phantasie manifestieren sich nicht nur Realitätsflucht und Hybris, sondern auch die regressive Zuflucht durch die Assimilation an das ungeformte Material: „Er dichtete nur noch an seiner Liebe. Es war ein Gedankengebilde. (...) Er kroch in seinen Stein zurück, seinen Mutterstein, aus dem er nur halb hervorgetreten war. Er verschwand wieder darin."[6] Das Problem der unvollständigen Individuation, des nicht vollzogenen Heraustretens des Menschen aus

---

[1] H 473.
[2] Stefanie Moherndl verweist darauf, daß sich Döblin möglicherweise von Freuds Michelangelo-Studie („Der Moses des Michelangelo", 1914) anregen ließ (vgl.: Moherndl, Stefanie: Hamlet oder Die lange Nacht nimmt ein Ende, a.a.O., S. 36). Dazu ist anzumerken, daß es inhaltlich keinerlei Bezugspunkte zu dieser Schrift gibt. Dagegen weist aber die Untersuchung des Psychoanalytikers Ernst Kris eine Affinität zum Michelangelo-Portrait im „Hamlet" auf; dieser beschäftigte sich u.a. in seiner gemeinsam mit Otto Kurz verfaßten Schrift „Die Legende vom Künstler" (Erstausgabe 1934) mit einer Überlieferung, nach der Michelangelo eines seiner Modelle getötet habe, um sein Sterben in einem Kunstwerk nachzubilden (vgl.: Kris, Ernst und Kurz, Otto: Die Legende vom Künstler, Frankfurt/M. 1995, S. 150).
[3] H 366.
[4] Thomas Mann hat diese Gefahr insbesondere bei Nietzsche gesehen, dessen „Ausschweifung seiner ästhetischen Trunkenheit (...) eine Nachbarschaft (verrät), über die wir allen Grund haben nachzudenken: die Nachbarschaft eben von Ästhetizismus und Barbarei" (Mann, Thomas: Gesammelte Werke in 13 Bänden, Frankfurt/M. 1974, Bd. 9, S. 707).
[5] H 367.
[6] H 367.

einem deterministischen Naturzusammenhang, verdichtet sich in dem Bild von Michelangelo, der einer Figur von Rodin gleicht, „die nur teilweise aus ihrem Stoff getreten ist" und danach ringt, „zu werden und sich abzulösen"[1]. Das Bild des Mamorblockes findet sich auch in der Hades-Schilderung Alices: Die Sünder, denen der Verlust des Ichs verwehrt ist[2] und die zu ewiger Individuation verdammt sind, klagen vor einem Mamorblock, der nicht zum Schmelzen gebracht werden kann.[3]

Auch Gordon fällt es schwer, die triebhaften sexuellen Momente in seine Persönlichkeit zu integrieren. Dementsprechend schwankt er zwischen einem Bekenntnis zum natürlich Triebhaften („Besser das Vieh, das man ist, als der Engel, der man nicht ist"[4]) und der Rebellion gegen die Rolle des „wilden Ebers" und Vergewaltigers, die ihm Alice zuweist: „Laß mich mit der Natur zufrieden. Ich habe nichts mit der Natur zu tun, nicht mehr als jeder andere. (...) Ich bin kein Tier, kein König Lear, ich bin kein Eber, den man jagen muß. (...) Man macht keine Fabel aus mir."[5] Gordons Lösung des Konflikts ist aber - im Gegensatz zu Alices tendenziell wahnhafter, psychotischer Lösung - ein, wenn auch mißlungener, Sublimationsversuch oder - negativ ausgedrückt - eine eher neurotische Konfliktverarbeitung[6]. Dieser Unterschied manifestiert sich auch in den erzählten Geschichten: während Alice eine phantasierte Wunschwelt in ihren Erzählungen heraufbeschwört, enthüllt Gordon - ganz gegen seine ursprüngliche Absicht - hier sein sonst sorgfältig verborgenes inneres Wesen, seine Einsamkeit, die Gründe für seinen Rückzug aus der Realität, Schuldgefühle und die Sehnsucht nach Erlösung durch Liebe. Er selbst wertet sein Sprechen daher auch als ein Zeichen der Schwäche: „Sonderbar. Ich habe gesprochen. (...) Kein gutes Zeichen. Es ist Schwäche. Ich breche zusammen."[7]

Auch James Mackenzie, der „Epikureer"[8], der „bequeme Herr"[9], flieht aus der Realität. Er, der sich selbst den Wechselfällen einer Ehe nicht gewachsen fühlt, läßt sich nur unwillig in den Konflikt der Familie hineinziehen. Seit einer Indienreise - Asien symbolisiert hier wie bei Alice und Edward die Flucht aus der Realität - bekennt er sich zu einer quietistischen Philosophie, kämpft gegen ein

---

[1] H 364.
[2] Der Verlust des Ichs, die Regression, ist die Erlösungsvorstellung Alices, die bei Edward auf vehemente Ablehnung stößt (vgl.: Kap. II.2.6.).
[3] Vgl.: H 321.
[4] H 416.
[5] H 475.
[6] Freud spricht vom asozialen Charakter der Neurose, der darin begründet sei, daß sich der Neurotiker aus einer unbefriedigenden Realität in eine lustvollere Phantasiewelt flüchtet (vgl.: Freud, Sigmund: Totem und Tabu, Gesammelte Werke Bd. 9, a.a.O., S. 91/92).
[7] H 477.
[8] H 423.
[9] H 201.

„gefräßiges, unersättliches Ich", das „einzig und unverwechselbar"[1] sein will, und er plädiert für eine mimetische, regressive Versenkung des Menschen in einen allgemeinen Naturzusammenhang. Natur wird im „Hamlet" - anders als in der Amazonas-Trilogie - nicht direkt thematisiert, sondern es wird reflexiv auf sie Bezug genommen. „Es ist schön, Natur zu sein"[2], meint der Professor, und er propagiert die „Selbstaufgabe", das „Hinüberfließen zu dem anderen, zur Welt"[3]. Rationalität und Sprache verstellen den Zugang zu den Dingen, sie perpetuieren die Spaltung zwischen Subjekt und Objekt: „Man muß keine Worte zwischen sich und die Dinge kommen lassen. Die Worte, unsere Begriffe, alle diese festgefrorenen Urteile stören. Sie verhindern die Berührung mit den Dingen. Man muß dazu gelangen, die Worte wegzuräumen."[4]
Auch Mackenzie findet in dem „Ethiker" Edward seinen Antipoden. Dieser rebelliert gegen die Ausschaltung des Bewußtseins: „Er will mir gar resolut mein Bewußtsein nehmen. (...) Ich soll nur daliegen und die Dinge anstarren. Die Dinge soll ich bitten, in mich einzudringen. Warum soll der Schnee in mich eindringen? Um mich noch mehr zuzudecken?"[5] Edward grenzt die Natur geradezu aus seinem Leben aus: „Alter Freund, nasser Regen, da bist du draußen vor der Tür und wirst nicht eingelassen. Du bist verdammt.(...) Ich laß dich nicht ein, ich denke nicht daran mit dir Gespräche zu führen. Ich mich an dich verlieren, oh!"[6] Paradoxerweise tut er aber gerade das, was er verleugnet - ein Hinweis darauf, daß jede Leugnung der Natur immer schon mit ihrer Anerkennung dialektisch verbunden ist[7]. An anderer Stelle kommentiert der Protagonist die Lebensphilosophie seines Onkels nicht ohne Zynismus: „Und dann empfiehlt er, sich auf simple Weise vor sich selbst aus dem Staub zu machen, nämlich indem man sich in einen Kloben Holz verwandelt! (...) Ein Kloben Holz existiert bloß, unleugbar, und ist weder böse noch gut, noch hat er Gewissensbisse. Er fliegt auch ohne Furcht und Widerspruch in den Ofen. O selig, o selig, ein Brennholz zu sein. (...) Man macht das Bewußtsein und den Willen zu einer Krebswucherung am Dasein, so daß also der Heilungsversuch darin besteht, daß man sich in Bäume oder Tiere zurückverwandelt, Metamorphose nach rückwärts."[8]
In seinem letzten Roman stellt Döblin also eigene frühe naturphilosophische Vorstellungen noch einmal zur Disposition und nimmt Stellung in bezug auf die Polarität von regressiver Versenkung in einen anonymen Urgrund und einem

---

[1] H 280.
[2] H 203.
[3] H 203.
[4] H 205/6o.
[5] H 206.
[6] H 286.
[7] Der zitierte Monolog Edwards erinnert an den absurden Ausruf der Hauptfigur in Becketts „Endspiel", der über Gott flucht: „Der Lump! Er existiert nicht" (Beckett, Samuel: Werkausgabe Bd. 1, S. 134).
[8] H 285.

autonomen Ich, deren Vermittlung in seinen naturphilosophischen Schriften nie eindeutig gelöst schien.
Mackenzies „milde Therapie"[1], die letztlich aber auf einen Dezisionismus hinausläuft, ist - im Gegensatz zur Selbstanalyse Edwards - zum Scheitern verurteilt. Zu dieser Einsicht kommt Mackenzie selbst, der nicht dogmatisch an seiner Lebensphilosophie festhält, sondern immer wieder von Selbstzweifeln geplagt wird. „Eine fatale Einsicht, eine fatale Möglichkeit beschäftigte ihn: seine von alten indischen Lehrern erprobten und demonstrierten Gedanken könnten wirkungslos sein."[2] Er fühlt sich nun „wie ein Händler, der schlechte Ware anbieten will".[3] Am Schluß der Familientragödie sitzt er allein im Garten unter einem Baum und resümiert: „Einen Baum betrachten, weg vom Ich denken - sie können es nicht. Ich - auch nicht. Nein, ich kann es auch nicht. Ich mag es nicht."[4]

Anzumerken bleibt, daß Gordon und Mackenzie in ihrer Charakterstruktur eine große Affinität aufweisen und sich nicht ohne Grund zu einander hingezogen fühlen. Ein Verbindungsglied ist das männliche Bündnis gegen eine übermächtige und als zerstörerisch empfundene Weiblichkeit. Die beiden umfangreichen Geschichten, die Gordon und Mackenzie zu den Erzählabenden beitragen, ähneln sich daher in ihrer Aussage, insbesondere was die in ihnen dargestellte Dichotomie der Geschlechterrollen betrifft. Sowohl Jaufie als auch King Lear erweisen sich trotz der Verschiedenheit der Charaktere - als manipulierte Objekte von starken Frauen (Petite Lay, Rosamunde und Imogen), die letztlich alle Entscheidungen herbeiführen. Die Anerkennung der Allmacht der Natur, die in unterschiedlicher Form der Lebensphilosophie dieser beiden Protagonisten zugrunde liegt, korrespondiert hier wiederum mit der Vorstellung einer übermächtigen Weiblichkeit.

---

[1] H 279.
Diese Worte Mackenzies erinnern an den letzten Satz des „Wang Iun": „Stille sein, nicht widerstreben, kann ich es denn?" (Döblin, Alfred: Die drei Sprünge des Wang Iun, München 1960, S. 480.) Die chinesische Lehre des „wu wei", des Nichthandelns und Nichteingreifens scheitert auch hier. In seinem China-Roman demonstriert Döblin noch die Ohnmacht des Einzelnen gegenüber der Welt (Natur und Gesellschaft). Im „Epilog" distanziert sich Döblin rückblickend von der Verallgemeinerung dieser Maxime: „Sie (die Welt) rollt dennoch über ihn (Wang Iun) und seiner Freunde. Es ist bewiesen, in diesem Fall, sie ist stärker. Sonst ist nichts bewiesen" (SLW 308).
[2] H 401.
[3] H 461.
[4] H 468.

II.2.4.3. Zwischenresümee: Kriegsschuld und Familientragödie

Schuldig sind im Roman alle, aber das Ausmaß der Schuld ist doch ungleich verteilt. Die Selbststilisierung Gordons als Opfer entspricht weit mehr der im Roman dargestellten Realität als diejenige Alices. Bei der Darstellung Gordons steht die Tragik verfehlter Liebe und die Erlösungsbedürftigkeit im Vordergrund; es ist die „Tragödie eines wilden Ebers der keinen Gott fand, der ihn zähmte"[1]. Zwar sind auch Eskapismus und Defätismus Momente, die bei der Frage nach der Kriegsschuld eine Rolle spielen; Edwards Suche nach den Schuldigen führt aber von einer anfänglichen Rebellion gegen die väterliche Haltung zur Identifikation mit ihm und zu der Erkenntnis, daß die Mutter schuld (nicht nur) an der Familientragödie ist.

Die Darstellung der Rollenverteilung[2] zwischen Mann und Frau im Hamlet-Roman ist eindeutig. Die männlichen Protagonisten sind - in unterschiedlichem Maße - fähig, ihre Naturverfallenheit zu sublimieren, sie in der Kunst, in der Philosophie oder in der Radikalisierung einer (Selbst-)Aufklärung zu transformieren. Alice dagegen löst das Problem einerseits durch Verdrängung und eine zur Aufrechterhaltung der Verdrängung errichtete Abwehr, andererseits - nach der Zerstörung der Abwehrmechanismen - durch die Regression auf Natur. Rache, Haß und sexuelle Begierde werden nun unkontrolliert ausgelebt; in ihrer Salome-Identifikation wird sie zur Komplizin blinder Naturmächte. Aber nicht eine aus der Nähe zur Natur resultierende Stärke von Weiblichkeit wird geschildert, sondern eine Pathologie. Diesem Weiblichkeitsmuster entspricht auch die Beschreibung von Kathleen, der Gegenfigur zu Edward. Sie ist - im Gegensatz zu diesem - unfähig, durch Selbsterkenntnis aus dem Bann der Familie auszubrechen. Sie verläßt zwar das Elternhaus und heiratet; aber der verachtungsvolle Blick, den sie in Gegenwart Edwards auf ihren Gatten wirft und der paranoide Mordverdacht gegenüber ihrer Mutter verweisen auf ihr zukünftiges Schicksal: Sie hat den Wiederholungszwang nicht durchbrochen und wird in ihrer Ehe den Geschlechterkampf ihrer Eltern erneut reproduzieren.[3].

Aber abgesehen von den mysogynen Zügen, die sich in der Beschreibung andeuten, ist der für die Psychopathologie Alices zentrale Abwehrmechanismus der Projektion - der aber auch die Familienkonstellation im ganzen prägt - für die Frage nach der Kriegsschuld von zentraler Bedeutung.[4] Edward erkennt projizie-

---
[1] H 273.
[2] Vgl.: Kapitel I.6.
[3] Vgl.: Kapitel II.2.2.4, Anm.
  Selbst die Marienfigur in der Erzählung von Miß Virginia entspricht hinsichtlich der Aggressivität und der Rücksichtslosigkeit, mit der sie ihren Herrschaftsanspruch durchsetzt, dem hier entworfenen Weiblichkeitsbild.
[4] Hinzuweisen ist hier wiederum auf die Affinität des Döblinschen Denkens zu den Thesen der „Dialektik der Aufklärung". 1944 schreibt Horkheimer an Leo Löwenthal: „Den 'Thesen' (gemeint ist das Kapitel „Elemente des Antisemitismus" in der „Dialektik der Aufklärung",

rende Schuldzuweisungen als eine gängige und zu kritisierende Abwehrhaltung, in die die Menschen bei der Frage nach der Schuld fliehen: „Da hätten wir den Grund der Kriege. Erst sollen es Sitten sein, Moden, Gepflogenheiten, gewisse Anwandlungen, die von Zeit zu Zeit die Menschheit befallen. Vernebelung. Dann sollte es die Gesellschaft sein. Wer noch, was noch. Alles, alles nur nicht - ich! (...) Warum sagt das nicht: Ich bin's!, sondern zeigt mit dem Finger auf den Nebenmann oder erfindet eine Abstraktion, Sitten, die Gesellschaft?"[1] „Die Kriege? Der Grund der Kriege, was ist er? Der Abgrund der Feigheit und Verlogenheit."[2] Edward plädiert für Selbstreflexion, Trauer und Erinnerung, denn sonst geht der Krieg „in die Geschichtsbücher über"[3], während die Unheilsgeschichte der Zivilisation sich fortsetzt.

Das Insistieren auf die subjektiven Bedingungen von Destruktivität sollte man nicht als ein Plädoyer für die Ausblendung der Frage nach den gesellschaftlichen - den politischen und ökonomischen - Bedingungen, die zu diesem Krieg geführt haben, mißverstehen. Es ist eine Warnung vor Schuldzuweisungen, die von dem Prinzip der persönlichen Verantwortung suspendieren. Alice, die in ihrer Erzählung von der Mutter am Dom zu Naumburg in einer anklägerisch inszenierten Entlarvung die Vertreter der Kirche, die Industriellen und die Arbeiterführer als Mitverantwortliche für den Krieg identifiziert, hat gleichzeitig Recht und auch Unrecht. Daß es sich hier subjektiv um Rechtfertigungsphantasien handelt, in denen Alice als „Anklägerin", als „Polizei und Staatsanwalt"[4] auftritt, um von eigener Schuld abzulenken, sagt nichts aus über den objektiven Wahrheitsgehalt ihrer Anklagen.

Es stellte sich in der Forschung dennoch die Frage, ob es Döblin gelungen ist, das Problem der Kriegsschuld mit der geschilderten Familientragödie in glaubwürdiger Weise zu verbinden. Müller-Salget, einer der skeptischsten Kritiker des Döblinschen Spätwerkes, räumt zwar ein: „Auch wer die Ergebnisse von Döblins Ursachenforschung nur mit zwiespältigen Gefühlen betrachten kann, wird angesichts der unverändert oder vielmehr: gesteigert bedrohlichen Weltlage die Intensität seines Fragens nach den Ursprüngen der menschlichen Aggressivität

---

I.M) sollten wir einen Abschnitt über Projektion anfügen. Schließlich ist projizierte Aggression oder Destruktion der offenkundigste psychologische Gehalt des Antisemitismus" (Horkheimer, Max: Briefwechsel 1941-1948, Gesammelte Schriften Bd. 17, S. 550). 1946 heißt es in einem Brief an den Psychologen Paul Reiwald: „Auch ich glaube, daß uns die Begriffe der modernen Psychologie, insbesondere Projektion und Regression viel geholfen haben" (ebd. S. 752). Auch in den in Zusammenarbeit mit dem „Institut für Sozialforschung" von Ernst Simmel herausgegebenen Antisemitismusstudien (Anti-Semitism. A Social Disease, New York 1946) sind diese Abwehrmechanismen von zentraler Bedeutung.

[1] H 411.
[2] H 412.
[3] H 481.
[4] H 181.

sehr ernst nehmen müssen"[1]. Kiesel merkt kritisch an, daß „zwischen der globalen Katastrophe des Zweiten Weltkriegs und der Allisonschen Familientragödie ein Gefälle (liege), das den Sprung aus den Niederungen, in die der Familienstreit absinkt, zurück auf die Höhe, auf der die Ausgangsfrage nach der Verantwortung für den Krieg angesiedelt war, fast unmöglich erscheinen läßt".[2] Dagegen läßt sich einwenden, daß es gerade das Anliegen Döblins ist, vor Schuldzuweisungen an Kollektiv- oder Naturmächte zu warnen, die das Individuum entlasten. Er will die subjektiven, psychologischen Bedingungen aufzeigen, an die jede Kriegsdemagogie anknüpfen muß, um erfolgreich zu sein. Projektionen, wahnhaft paranoide Haßgefühle und Ohnmacht abwehrende Allmachtphantasien - psychologische Mechanismen, die im Roman in ihrer Genese und Tiefendimension geschildert werden - sind die Basis jeder xenophobischen und nationalistischen Ideologie; und diese sind - auch als kollektive Überzeugungen - nichts anderes als die wahnhaft verzerrten Realitätswahrnehmungen Einzelner.

II.2.5. Determinismus und Autonomie

„Gibt es den Menschen - ein denkendes freies Wesen? Es ist mir sicher, ich habe es erfahren: es steckt etwas in uns oder hinter uns, das läßt uns denken und dirigiert uns. (...) War ich also da? Frei, verantwortlich? War ich schuldig? Ich bewegte mich wie ein Schauspieler auf der Bühne, nach einem Textbuch, das ich nicht kannte, aber man soufflierte mir die Worte und Handlungen. Ein Aufsichtsrat über meiner Vernunft, hinter, unter der Vernunft, die ich kurioserweise für meine nahm. Und so muß auch Mutter getrieben sein. Auch bei ihr die dunkle Unter- und Übervernunft. Auch - bei Vater."[3]
Edward thematisiert hier - zweifelnd und ohne Antwort auf die Fragen - die zentrale Problematik des Hamlet-Romans: die Frage nach der Determination durch das Unbewußte, durch die dunkle „Unter- und Übervernunft", durch Es und Über-Ich, durch verdrängte triebabhängige und naturverhaftete Bestimmungen des Menschen. Döblin greift eine Metapher auf, die auch Freud benutzt,

---

[1] Müller-Salget, Klaus: „schärfer härter offener als früher"? Alfred Döblin auf der Suche nach den Wurzeln des Übels, in: Exil, Sonderband 1, Maintal 1987, S. 20.
[2] Kiesel, Helmuth: Literarische Trauerarbeit, a.a.O., S. 496.
[3] H 487.

um das Verhältnis von Ich und Es zu charakterisieren: Der Mensch „glaubt sich im Sattel, scheint zu reiten, später kommt es einem anders vor."[1]
„Die Wahrheit. Die Wahrheit des Menschen ist das Tier."[2] Diese Aussage begleitet leitmotivisch die Romanhandlung. Die Konfrontation des Menschen mit seiner Animalität drückt sich auch in den zahlreichen Tiermetaphern aus. Gordon ist der wilde Eber, mit dem sich gleichzeitig auch Edward identifiziert; Edward erkennt sich im Löwen wieder; ein Hund, ein Haustier, begleitet Alice wie ein Schatten, ein Geier besucht sie und krallt sich an ihr fest[3]. Auch die im Hause Allison versammelten Gäste können die animalischen Abgründe ihrer Existenz nicht verbergen: „Sie gingen auf glänzenden Schuhen und ließen ihre Stimmen hören. Ihre Kehlen vibrierten. Es sangen Vögel, Stiere brüllten. Tiergeschlechter lebten (...). In Lackschuhen, in Seidenstrümpfen schritten die Damen, die Herren - Dinosaurier."[4]

Dem immer wiederkehrenden Hinweis auf die Naturverfallenheit des Menschen korrespondiert die Bedeutung des Unbewußten als Motivationsbasis menschlicher Existenz. Döblin gebraucht häufig das impersonale Urteil, um auf die anonyme, überindividuelle Instanz des Unbewußten zu verweisen. „Es strahlte wie ein Befehl durch sie. Es machte sie augenblicklich zu seiner hinstürzenden, um Gnade flehenden Dienerin"[5], heißt es von Alice. Das unbewußte Erinnerungsbild, das Edwards Anfälle auslöst, wird durchgehend als „es" bezeichnet, bis sich in der Dachbodenszene mit einem konkreten Inhalt verbindet.

Eine konsequent deterministische Lebensphilosophie vertritt Gordon, der den Krieg zu einem unvermeidbaren Naturereignis erklärt. Wiederum rekurriert Döblin auf Tendenzen eigener naturphilosophischer Anschauungen, die oft eine Reduktion von Geschichte auf Naturgeschichte vermuten ließen[6]. Edward faßt Gordons deterministische Auffassung in dem Satz: „Also Geschichte unter Ausschluß des Menschen!"[7] zusammen. Gleichzeitig bezweifelt er aber die Gültigkeit dieser Maxime. Was er ihr entgegenstellt, ist die immer wieder von

---

[1] H 49.
   Freud schreibt, daß das Ich „im Verhältnis zum Es dem Reiter (gleicht), der die überlegene Kraft des Pferdes zügeln soll (...). Wie dem Reiter, will er sich nicht vom Pferd trennen, oft nichts anderes übrigbleibt, als es dahin zu führen, wohin es gehen will, so pflegt auch das Ich den Willen des Es in Handlung umzusetzen, als ob es der eigene wäre." (Freud, Sigmund: Das Ich und das Es, Gesammelte Werke Bd. 13, a.a.O., S. 253). Auch in den Vorlesungen greift Freud auf die Metapher von Roß und Reiter zurück (vgl.: Freud, Sigmund: Neue Folge der Vorlesungen zur Einführung in die Psychoanalyse. Die Zerlegung der psychischen Persönlichkeit, Gesammelte Werke Bd. 15, a.a.O., S. 83).
[2] H 527.
[3] Vgl.: H 498.
[4] H 399.
[5] H 466.
[6] Vgl.: Kap. I.3.
[7] H 153.

neuem zu stellende Frage nach dem Menschen: „Und wenn es den Menschen doch gäbe?"[1]
Aufschlußreich sind im Zusammenhang mit der Thematik von Determiniertheit und Naturverfallenheit Edwards Reflexionen über die Natur, die hier jede neoromantische Diktion, wie sie sich noch in den naturphilosophischen Schriften Döblins findet, vermissen lassen. Der Protagonist, der um seine eigene Autonomie kämpft, kann in der Gesetzmäßigkeit der Natur keine Harmonie erkennen. Er liest in einem naturwissenschaftlichen Buch über die Lebensweise der Spinnen und stellt fest: „Da haben wir die Natur, die herrliche, unschuldige, großartige Natur, die sie anbeten, weil sie alles so wunderbar gesetzmäßig und sogar schön hervorbringt (...). Eins lebt von der Vernichtung des andern. Die Kiefer, das Gebiß, die Zähne gehören zur Natur. Der Tod, nein, der Mord steckt tief in der Welt."[2] Aber ihm geht es nicht um äußere sondern um innere Natur; er fährt fort: „Und das fühlt man. Es dringt in uns selbst hinein. Man mißtraut sich. Es ist doch etwas am Menschen: er möchte davon los. (...) Man möchte davon weg und kann nicht."[3]
Auch der symbolische Gehalt der Bilder vom Meer[4], die sich im „Hamlet" finden, gibt Aufschluß über das Naturverhältnis. Das Meer ist eine zentrale Metapher, die - mit unterschiedlichem Vorzeichen - in Romantik, Willensmetaphysik und Lebensphilosophie auf die Verbundenheit des Menschen mit seinem vitalen Urgrund bzw. auf seine Verfallenheit an Natur und an naturhafte Determination verweist. Einerseits ist es das Symbol des dionysischen Lebensstromes, andererseits - wie bei Freud[5] und Schopenhauer[6] - Metapher für den lebensbedrohlichen Sog der Regression und die Gefahr der Auflösung der Individuation. Auf die ambivalente Beziehung Edwards zum Meer, das für ihn Symbioseängste und -wünsche symbolisiert, wurde bereits hingewiesen[7]. Im Proserpina-Mythos wird beschrieben, daß das Meer seine Quellen in der Unterwelt hat; es wird von den

---

[1] H 154.
[2] H 446.
[3] H 446.
[4] Vgl.: Kap. I.6.
[5] Freud greift eine Formulierung Romain Rollands auf, der im Zusammenhang mit Freuds Religionskritik auf ein „ozeanisches Gefühl" verwies, das der Mensch in der Religiosität suche und finde. Er analysiert dieses Gefühl als regressive Rückkehr zu einem undifferenzierten, primärnarzißtischen Zustand, in dem es noch keine Unterscheidung zwischen Innen- und Außenwelt gab, sondern beides im symbiotischen Erleben als Einheit erfahren wurde (vgl.: Freud, Sigmund: Das Unbehagen in der Kultur, Gesammelte Werke Bd. 14, a.a.O., S. 422-426).
[6] Schopenhauer entwirft das Bild des Menschen, der sich in einem auf dem tobenden Meer fahrenden Kahn befindet und der sich - mit „Grausen" - bewußt wird, daß er Teil dieses Meeres ist und untergeht, wenn ihn das „pincipium individuationis" nicht mehr trägt (vgl.: Schopenhauer, Arthur: Die Welt als Wille und Vorstellung, Züricher Ausgabe, Frankfurt/M. 1986, Bd. 1 S. 482).
[7] Vgl.: Kap.II.2.2.2.

Flüssen des Hades gespeist: „(...) das Wasser dieser Flüsse muß ins Meer fallen und sich mit dem Seewasser mischen; da entstehen dann die fürchterlichen tierischen Mißgestalten, die auf dem Meeresboden leben. Alles Ekle, Schleimige, alles Täuschende, das dem Meer anhängt, rührt daher, das Quallige, Schillernde, Lockende, Tötende."[1] Der vitale Urgrund speist sich also aus der „Unterwelt" und ist charakterisiert durch die verhängnisvolle Ambivalenz von Bedrohung und Verlockung.

Auf die Bedeutung der Sexualität, des Traumas und des Wiederholungszwanges als determinierende Faktoren menschlicher Existenz wurde bereits eingegangen. Es wurde aber auch gezeigt, daß nicht nur die Triebabhängigkeit Unfreiheit bedeutet, sondern auch ihre Verleugnung und Verdrängung, weil sie nur mit Hilfe (unbewußter) Abwehrmechanismen, durch Allmachtsphantasien, Projektionen und Abspaltungen aufrechterhalten werden können. „Der Mensch ist ein Tierwesen und ein Traumwesen; das Tierwesen hat die Wahrheit und die Wollust, das Traumwesen den Hochmut."[2] Daß das „Tierwesen" die Wahrheit habe, ist die Ansicht des gewissenlosen Hedonisten Raymond; daß die menschliche Existenz geprägt ist durch die Dichotomie von Tier und Traum, Triebhaftem und seiner Verleugnung, Natur und prometheischer Hybris ist das zentrale Thema des Hamlet-Romans. Gordon und insbesondere Alice schwanken zwischen der Apologie und der Verleugnung von Naturverfallenheit, ohne zu einer Vermittlung beider Extreme zu gelangen. Gordon rettet sich in einen Defätismus und rebelliert gleichzeitig gegen eine Degradierung zum „wilden Eber". Alice spaltet sich zunächst auf in zwei Personen. Später erklärt sie ihren Abstieg in die „Unterwelt", ihr Bekenntnis zu Sinnlichkeit und Amoralität, zu einem Akt der Befreiung. Auf dem Höhepunkt ihrer Hybris, erklärt sie, daß sie kein Gesetz in sich finde, und falls sie es finden würde, es bestimmt nicht dulden würde[3]. Es ist bezeichnend, daß diese Proklamation uneingeschränkter Autonomie zusammenfällt mit dem psychotischen Zusammenbruch, mit der Auflösung von ichgerechter Integration und Identität. Naturverfallenheit und deren Verleugnung bilden eine dialektische Einheit; letztlich sind beide Ursache für die Heteronomie menschlicher Existenz.

Die Darstellung und Lösung des Determinsmus-Problems im „Hamlet" wurde in der Forschung besonders kritisch beurteilt.[4] Klaus Müller-Salget stellt zutreffend

---

[1] H 314.
[2] H 529.
[3] H 525.
[4] Manfred Auer kritisiert, daß auch im Hamlet „Verbindliches (...) über den Problembereich 'Determiniertheit allen menschlichen Handelns oder Freiheit der Menschen?'" nicht ausgesagt werde (Auer, Manfred: Das Exil vor der Vertreibung, a.a.O., S. 143). Er sieht in Edwards Anerkennung der Naturabhängigkeit eine Inkonsequenz, weil dieser dadurch die zuvor abgelehnte Determinismus-These seines Vaters übernehme. Es handele sich allerdings nur um eine „scheinbare Gleichheit der Standpunkte" (ebd.), die nur verständlich sei, wenn man die erste Schlußversion (Edwards Entscheidung für das Kloster) zugrunde lege und das Deter-

fest, daß die umfassende Antithetik zwischen Determination und Verantwortlichkeit im Hamlet-Roman ein zentrales Themenmotiv darstelle[1]. Fragwürdig scheint mir hingegen die Feststellung, daß sich hier zwei Konzeptionen gegenüberstehen, die zu vermitteln dem Autor nicht gelungen sei und deren Widersprüchlichkeit er darum in eine antagonistische Erzählstruktur überführt habe. Abgesehen davon, daß Müller-Salget hier einen Anspruch an Döblin heranträgt, der seit Jahrhunderten die abendländische Philosophie beschäftigt, so läßt sich doch feststellen, daß sich Döblin durchaus um eine Vermittlung bemüht. Diese Vermittlung besteht in der Erkenntnis, daß jedes Wissen um die Grenze der Autonomie, diese Grenze gleichzeitig transzendiert; der Freiheitsspielraum des Menschen wird durch die Integration unbewußter und naturverhafter Determinanten in sein „Ich" erweitert. Die Rückführung auf anthropologische Konstanten, auf Sexualität und Aggressivität, in der Müller-Salget die Ursache für das nicht gelöste Problem des Determinismus sieht, wird dadurch nicht nur relativiert, sondern auch aufgehoben. Die Orientierung an einer Autonomievorstellung gerade angesichts der Erkenntnis umfassender Heteronomie impliziert eine ethische Forderung; darauf hat Döblin in seiner Auseinandersetzung mit Freud immer wieder hingewiesen[2].

Edward hat sich in einem langen und schmerzhaften Prozeß von den determinierenden Zwängen gelöst, die ihn aus dem Elternhaus und in Krieg und von da aus wieder zurück zu den Eltern getrieben haben. Allerdings wird die Freiheit, die Edward sich erkämpft, nicht positiv definiert; sie drückt sich - gleichgültig welche Schlußversion man zugrunde legt[3] - in einer prinzipiellen Offenheit für neue, nicht von der Vergangenheit vorstrukturierte Erfahrungen aus. Daß Edward das väterliche „Erbe" verschenkt, ist nicht nur Ausdruck einer neu gewonnenen

---

minismusproblem mit der religiösen Thematik in Verbindung setze. Dagegen läßt sich einwenden, daß die „scheinbare Gleichheit der Standpunkte" - auch unabhängig von der religiösen Thematik - genau auf den Unterschied verweist, daß Gordon das Bekenntnis zur Naturabhängigkeit affirmativ versteht, während Edward über die kritisch gewendete Erkenntnis der Determiniertheit zu einer - zumindest relativen - Autonomie gelangt.
Stefanie Moherndl merkt an, daß Döblins Auseinandersetzung mit dem Problem der menschlichen Unfreiheit sich letztlich auf das Aufwerfen von Fragen beschränke, das seine Stärke sei, während alle Antworten „Hilfsgrößen" blieben (vgl.: Moherndl, Stefanie: Hamlet oder Die lange Nacht nimmt ein Ende, a.a.O., S. 197).
[1] Vgl.: Müller-Salget, Klaus: „schärfer härter offener als früher?", a.a.O., S. 19/20.
[2] Vgl.: Kapitel I.4.
[3] Döblin hat den Schluß für die Veröffentlichung geändert: In der ersten Fassung trägt das Schlußkapitel den Titel „Bruder Theodorus". Nach dem Zusammenbruch der Familie zieht sich Edward in ein Kloster zurück. Dieser Schluß wurde von Döblin 1956 vor der Veröffentlichung auf Anregung des Ostberliner Verlages geändert. (Zur Entstehungs- und Editionsgeschichte vgl.: Graber, Heinz: Zum Text der Ausgabe, Nachwort zur zitierten Ausgabe des Hamlet Romans, S. 583-599.)
Die Existenz zweier Schlußversionen sollte man nicht überbewerten; sie verweist in erster Linie darauf, daß der Neubeginn Edwards inhaltlich unbestimmt bleiben kann.

sozialen Verantwortlichkeit, sondern auch Beweis dafür, daß er sich von der Vergangenheit, von seiner individuellen „Erbschaft" im übertragenem Sinn, endgültig befreit hat.

Der Protagonist ist die Romanfigur, die durchgehend am Ideal von Autonomie und authentischer Subjektivität festhält. Zwar ist auch er eine „pathologische Figur"; pathologisch ist er aber nicht deshalb, weil er am Anspruch auf Autonomie festhält[1], sondern die Pathologie ist die Ausgangsposition für das Eingeständnis der Heteronomie und den Kampf gegen dieselbe. Während noch im „Amazonas" alle durchgespielten Konstellationen eines Verhältnisses des Menschen zur inneren und äußeren Natur apologetisch entweder auf Regression oder auf Verleugnung von Naturverfallenheit verwiesen und eine Vermittlung zwar ersehnt aber nie erreicht wurde, zeigt die Charakterisierung Edwards, daß Döblin auf seinem Wege zum „Einzelmenschen" einen Schritt weitergegangen ist. Auch im „Hamlet" bleibt die Autonomievorstellung eine regulative Idee, deren Verwirklichung nicht zur Darstellung kommt; sie wird aber nicht - wie am Beispiel der Jesuiten im „Amazonas" demonstriert wurde - als verhängnisvolle Illusion entlarvt, sondern als notwendige Orientierung ausgewiesen. Daß Edwards weiterer Lebensweg nicht nur nicht dargestellt wird, sondern auch durch zwei verschiedene Schlußversionen angedeutet wird, verweist darauf, daß das Geschichte(n)erzählen hier endet, daß die Flucht in das Zitat, und in vorgegebene Identitäten, beendet ist[2].

Karl-Ludwig de Vries charakterisiert den Erkenntnisprozeß Edwards zutreffend als eine Entwicklung zum autonomen Subjekt, das - in einer dialektischen Verschränkung - „sich seiner selbst so gewiß ist, daß es seine Bedingtheit als Objekt, als ein Stück der Natur hinnehmen und souverän akzeptieren kann."[3] Diese Autonomie bleibt aber eine relative; sie konstituiert sich auf dem schmalen Grad zwischen Naturverfallenheit und Hybris, zwischen „Triebwesen" und „Traumwesen", als „Stück" und „Gegenstück" der Natur.

---

[1] Vgl.: Kapitel I.6. und I. 10.
[2] Vgl.: Kapitel II.2.4.
[3] Vries, Karl-Ludwig de: Moderne Gestaltelemente, a.a.O., S. 28.

II.2.6. Identität und Erinnerung

Die Frage nach der Identität, der Kontinuität eines Ich-Bewußtseins, bildet eine zentrale Problematik des Hamlet-Romans. Döblin thematisiert das Problem der literarischen Moderne, für die eine synthetisierende einheitliche Ich-Identität keine nicht mehr zu hinterfragende Selbstverständlichkeit darstellte. Wie schon einleitend erwähnt, besteht die enge Verbindung zwischen der Literatur der Moderne und der Psychoanalyse darin, daß beide Teil eines Diskurses sind, der authentische Subjektivität radikal in Frage stellt[1].

Alle Romanfiguren befinden sich - in unterschiedlichem Ausmaß - in einer Identitätsdiffusion[2]. Alice hat sich in einem Abspaltungsprozeß in zwei verschiedene Personen verwandelt, die sie auch äußerlich, durch eine Namensänderung und Verjüngungskur, voneinander separiert. Aber auch dieser psychotische Versuch der Rettung von Identität scheitert. Alices Identität wird fließend, verliert feste Formen. Es ist charakteristisch für Döblin, daß der Identitätsverlust metaphorisch als körperliche Desintegration beschrieben wird: „Sie hatte kein Fleisch und keine Knochen mehr an sich, alles an ihr war flüssig, geschmolzen und pulsierte."[3] Die Abschiedsbriefe, die Alice und Gordon schreiben, sind nicht unterzeichnet; Gordon hat seinen Namen, das äußerliche Kennzeichen seiner Identität, vergessen, und Alice vermeidet es, den Brief zu unterschreiben, weil sie nicht weiß, welchen Namen sie wählen soll. Die Kriegsneurose hat Edward orientierungslos gemacht und jedes Gefühl von Identität zerstört: „Mein Hirn ist zersprengt, pulverisiert zu Atomen, ich muß es wieder zusammensuchen."[4]

Gordon versucht wiederum, die Identitätsproblematik in seine Lebensphilosophie zu integrieren. „Ich mache mir nichts vor: ich bin noch nicht auf etwas gestoßen, was ich mein Ich nennen könnte. Sie haben mich den Lord Crenshaw genannt. Das sind wir alle. Man beherbergt vieles in sich, eine ganze Menagerie und von Zeit zu Zeit klebt man auf dieses Tier, von Zeit zu Zeit auf ein anderes Tier oder eine Gestalt das Etikett 'Ich' und läßt ihm den Vortritt, die Repräsentanz des Ganzen."[5] Gleich in zweifacher Weise wird die Identität in Frage gestellt: Nicht nur die Multiplität der Person wird konstatiert, sondern auch ihre Naturverfallenheit, die Nähe zum Animalischen.

Die Antinomie zwischen der Annahme eines autonomen Ichs und der Auffassung, daß dieses Ich nur eine Fiktion sei, sowie der Prozeß von Identitätszerstörung und -rekonstruktion stehen im Zentrum des Romans und werden insbesondere in den

---

[1] Hierzu und auch zu den folgenden Ausführungen vgl.: Düsing, Wolfgang: Erinnerung und Identität, a.a.O., S. 149-172.
[2] Der Terminus „Identitätsdiffusion" wurde von Erikson geprägt (vgl.: Erikson, Erik H.: Identität und Lebenszyklus, Frankfurt/M. 1966).
[3] H 499.
[4] H 131.
[5] H 74.

Binnenerzählungen thematisiert. In vielfältigen Spiegelungen werden immer neue Aspekte der Personen in ihrer verzerrten Selbstdarstellung und projizierenden Darstellung anderer deutlich. Dabei entsteht die Vieldeutigkeit nicht nur durch die entstellende Perspektivität des jeweils Erzählenden, sondern auch innerhalb einer einzelnen Geschichte treten die Romanfiguren in unterschiedlichen Masken auf. So wird in der Jaufie-Geschichte Gordons dieser sowohl durch Jaufie selbst als auch durch seinen Vater, den grauen Ritter, repräsentiert, während Alice als Jaufies Mutter und als Prinzessin von Tripoli, und hier nochmals in der doppelten Gestalt der idealisierten fernen Geliebten und der männermordenden Greisin, dargestellt wird. Durch das Auftreten von Doppelgängern (Imogen in der Lear-Geschichte) und das Motiv des Wechsels der Geschlechtsidentität (Petite Lay) wird der Eindruck einer Aufspaltung der Personen in unzählige Rollenidentitäten noch verstärkt. Die Erzählungen versinnbildlichen so auch immer den Kampf der Protagonisten um eine Integration und Einheit.

Explizit thematisiert wird die Identitätsproblematik in der Crenshaw-Geschichte und in dem Theaterstück. Lord Crenshaw, nach dem Gordon genannt wird, hat vergessen, wer er ist. In einem Bus fährt er von Endstation zu Endstation in der vergeblichen Hoffnung, seine Identität wiederzufinden. Später paßt er sich den ihm zugeschriebenen Rollenerwartungen an, er „griff rasch Suggestionen auf und spielte sich in eine Rolle ein"[1], bis er Realität und Fiktion nicht mehr zu unterscheiden vermag und eine Filmrolle als Identitätsangebot akzeptiert. Diese Geschichte greift Edward in dem von ihm inszenierten Theaterstück auf. Noch einmal tritt hier Gordon in seinen verschiedenen Rollen auf. Gleichzeitig spaltet er sich in zwei Personen, nämlich den Begleiter, der in immer wieder neuen Masken agiert, und den stummen, unbeweglichen und sich immer gleichbleibenden „schwarzen Herrn", der aber dem Publikum den Rücken zuwendet und so unerkennbar bleibt. Der Kontrast zwischen einem unveränderlichen, einheitlichen Ich, das sich allerdings dem Zuschauer nicht zu erkennen gibt, und einer fragmentierten Rollenidentität wird dadurch besonders herausgestellt. Daß dieses Ich sich nicht zu erkennen gibt, ist ein Hinweis darauf, daß auch im „Hamlet" der utopische Horizont des autonomen Subjekts im Bereich einer regulativen Idee verbleibt. Ihre Realisierung kommt nicht zur Darstellung; sie ist aber - im Unterschied zum Frühwerk -, durch die Wahrheitssuche Edwards als Forderung ständig präsent und bildet den ethischen Hintergrund, an dem die Lebensentwürfe der Romanfiguren gemessen werden.

Die Crenshaw-Geschichte und das Theaterstück, die wechselnden Masken und das unendliche Fahren im Kreise, das kein Ziel kennt und eine Wiederholung des immer Gleichen darstellt, sind eine Allegorie für die Romanhandlung, in der die Handelnden, befangen in ihrer Vergangenheit, unter einem Wiederholungszwang agieren und - wie Lord Crenshaw - immer wieder zum Ausgangspunkt zurückkehren. Die Welt wird zu einer Bühne, auf der immer wieder das gleiche Stück

---

[1] H 41.

aufgeführt wird; Edward kommentiert den Prozeß der Zuspitzung und Auflösung der Konflikte mit Metaphern aus dem Theaterbereich: „Ich wechsle nun auch die Szene. Hier habe ich auch gelebt, habe studiert, hatte ein Examen vor. Der Krieg kam. (...) Eine neue Bühne (...). Dann auf dem Pazifik die Bombe. Der Vorhang fällt für Jonny. Für mich ein neues Klingelzeichen. Ein neuer Akt."[1] Edwards Heilung, die Rekonstruktion seiner Identität, ist gleichbedeutend mit dem Verlassen der Bühne, dem Ausstieg aus dem Theaterstück. Er stellt fest, daß er nicht „im Spiel" war. „Wenn dies ein Theaterstück sein soll und Schicksale darstellen, meines ist nicht dabei, höchstens als das eines Mannes, der im Verlauf des Stückes überfahren wird."[2] Gleichzeitig distanziert er sich von dem Theaterstück, von der „Geschichte des Mannes, der in Los-Angeles in den Labrea-Bus einstieg und immer in der Runde fuhr und niemals ankam. Was mich anlangt, so ziehe ich jetzt das Theaterstück zurück. Wir fahren nicht in der Runde, nein, wir fahren nicht in der Runde."[3]

Alice dagegen treibt die Maskerade bis zu einem Punkt, an dem ihre Individualität zerstört wird. Sie „griff nach der Cremebüchse (...) und begann sich langsam das Gesicht einzureiben, wie ein Neger oder Indianer, der sich eine Maske anlegt, wenn er sich dem Dämon nähert (...). Auch balsamiert man Tote ein. (...) Augenblicklich verschlang sie der Schlaf."[4] Die Maske löscht ihre Persönlichkeit aus, liefert sie aus an die anonymen Mächte des Unbewußten, an die Dämonen, den Schlaf und den Tod.[5]

Fragt man nach der Ursache der defizitären Identität der Protagonisten, so stellt man fest, daß alle in ihrer Vergangenheit befangen sind, daß sie unter Traumata und deren Wiederholungen leiden, an einer Vergangenheit, die nicht ins Ich und in das Gegenwartsbewußtsein integriert werden kann. Die Bedeutung der unabgeschlossenen Vergangenheit drückt sich auch im Erzählmodus aus. Von Vergangenem wird hier nicht direkt - oder nur in seltenen Fällen - berichtet, sondern es wird in halluzinatorischen Bildern, zwanghaften Wiederholungen und in den erzählten Geschichten vergegenwärtigt. Der eigentliche Zeitraum der Handlung ist - ebenso wie der Handlungsort - dagegen streng eingegrenzt, so daß der Eindruck einer ständig reproduzierten Simultaneität von Gegenwart und Vergangenheit entsteht. Der Eindruck der Simultaneität wird verstärkt durch die gewählten Erzähltempi, durch den Wechsel vom Plusquamperfekt zum Imperfekt (epischen Präteritum), durch den unvermittelten Übergang vom Imperfekt in das

---

[1] H 485/86.
[2] H 572.
[3] H 571.
[4] H 503.
[5] In „Unser Dasein" werden Ohnmacht, Schlaf und Tod als die „drei Zufluchten" bezeichnet: „Ohnmacht, Schlaf, Tod sind dicht beieinander. Das vor sich selbst oder vor andern fliehende Individuum hat die Wahl zwischen den drei Zuständen" (UD 297). Diese Flucht in das „Glück des Nichtseins" (UD 298) wird als Regression interpretiert, die dann notwendig erscheint, wenn ein „Übermaß von Leiden" (ebd.) keinen anderen Ausweg zuläßt.

Präsens des inneren Monologs oder auch durch das völlige Fehlen einer Zeitorientierung in Sätzen ohne Verb[1].
Die Vergangenheit ist prinzipiell unabgeschlossen, es gibt keine „Zerstörung der Gedächtnisspur", sondern nur eine Verdrängung, bei der alles „irgendwie erhalten bleibt und unter geeigneten Umständen (...) wieder zum Vorschein gebracht werden kann."[2] Besonders deutlich wird dies in der Beschreibung der Gäste der Geburtstagsfeier im Hause Allison - eines Mikrokosmos, der als Spiegelbild der Gesellschaft insgesamt betrachtet werden kann. Die Besucher haben sich mit alten Kostümen bekleidet, die sie Schale um Schale umgeben, wie eine Zwiebel. „Sie machten Gesten: Es offenbarte sich die Gesellschaft, ihre Heimat, ihr Haus, ihre Vergangenheit - waren sie es? Die Schulen, die sie besucht hatten, die Eltern, die sie verzärtelt oder vernachlässigt hatten, (...) auf ihnen lasteten die Kostüme von Jahrtausenden, Jahrhunderten, Jahrzehnten."[3] Sie wandeln im Haus umher, „verhüllt, maskiert, mit Haut überzogen, aus der Haare sprossen, so wie die Vergangenheit aus ihnen quoll".[4] In kurzen assoziativen Einschüben werden an dieser Stelle gleichzeitig historische Ereignisse wie die Zerstörung Karthagos, die Bartholomäusnacht und der Erste Weltkrieg vergegenwärtigt, tauchen Reminiszenzen an eine Urgeschichte alter Erdperioden, Sintflut und Paradiesgarten auf. Die Gegenwart reicht tief in einen vergangenen Urgrund hinein; die „Drachen der Urzeit"[5] sind nicht ausgestorben.
Auch Edward hat das Problem einer die Gegenwart determinierenden Vergangenheit erkannt: „Was ist denn die Gegenwart? Fällt die Gegenwart jeden Tag frisch vom Himmel? Ein Baum im Garten hat Blätter und Äste und Blüten: Kann jedes einzelne Blatt von sich sagen: Ich bin, und bin das Blatt? Aber es wächst an einem Baum, und zu den Bäumen gehören noch unten die vielen jungen und alten Wurzeln, der mächtige Stamm, die Borke. So vieles gehört dazu. Jedes Blättchen

---

[1] Vgl.: Roth, Walter: „Döblinismus", a.a.O., S. 89-90.
Roth weist auch darauf hin, daß durch die immer wieder aufgenommenen Leitmotive - wie er am Beispiel des „Schreckensbildes" des Bombenangriffs und der Dachbodenszene demonstriert - „die Gegenwart als gesättigt mit Vergangenheit und hineinwirkend in die Zukunft dargestellt" (ebd. S. 94) werde. Anzumerken ist allerdings, daß die Zukunft im Roman gleichbedeutend mit der Vergangenheit ist, weil die geschilderte Entwicklung regredient verläuft und vom Wiederholungszwang diktiert ist. Wenn Bombenangriff und Dachbodenszene als Wiederholungen des Kindheitstraumas interpretiert werden, so bleibt die „Natur dieses Lebenszusammenhanges" nicht so „dunkel", wie Roth meint (ebd. S. 95).
[2] Freud, Sigmund: Das Unbehagen in der Kultur, Gesammelte Werke Bd. 14, a.a.O., S. 426.
[3] H 398.
[4] H 399.
[5] „Keiner der angeblich überwundenen Irr- und Aberglauben der Menschheit, von dem nicht Reste heute unter uns fortleben, in den tieferen Schichten der Kulturvölker oder selbst in den obersten Schichten der Kulturgesellschaft. (...) Manchmal könnte man zweifeln, ob die Drachen der Urzeit wirklich ausgestorben sind" (Freud, Sigmund: Die endliche und die unendliche Analyse, Gesammelte Werke Bd. 16, a.a.O., S. 73).

ist zugleich Wurzel und Stamm und Ast, die ganze Vergangenheit."[1] Aber die Vergangenheit ist weitgehend unbewußt, nur sichtbar an den Spuren, mit denen sie die Gegenwart prägt: „Wie ein Stein, der in einen Teich fällt: er sinkt und ist nicht mehr sichtbar, aber er wirft oben weiter Ringe."[2]
Die Vergangenheit bzw. Resonanz oder Erbschaft werden wiederum sowohl als individuelles, ontogenetisches als auch als phylogenetisches Phänomen thematisiert. Je anonymer die Romangestalten sind (z.B. die Gäste der Teegesellschaft), desto bedeutungsloser werden individuelle Züge und desto stärker sind sie charakterisiert durch ein allgemeines Eingebundensein in eine Natur- und Gattungsgeschichte. Ein Hinweis auf die archaische Erbschaft findet sich auch in der Anmerkung Döblins, der Gegenstand des Hamlet-Romans sei die Schuld der Väter - nicht die des Vaters[3]. Diese Kommentierung erinnert an Freuds Goethe-Reminesenz im Zusammenhang mit dem phylogenetischen Erbe: „Was du ererbt von deinen Vätern hast, erwirb es, um es zu besitzen."[4] Freuds archaische Fundierung des Ödipuskomplexes und der damit verbundenen Schuldproblematik wird durch Döblins Rekurs auf die Erbsünde-Problematik bei Kierkegaard noch verstärkt.[5]
Bei den Protagonisten insbesondere bei Edward, aber auch bei Gordon und Alice konkretisiert sich Vergangenheit als eine Geschichte der früheren Erfahrungen und eine Rekonstruktion der erlittenen Traumatisierungen. Dadurch kann der Wiederholungszwang durchbrochen werden; erst im „Kampf um die Erinnerung"[6]

---

[1] H 309.
[2] H 29.
[3] Vgl.: SLW 402.
[4] Freud Sigmund: Totem und Tabu, Gesammelte Werke Bd. 9, a.a.O., S. 190.
[5] Edward referiert Kierkegaard und stellt als zentrales Problem die Erbsünde heraus als „die nicht wegzuwischende Schuld, die zu unserem Wesen gehört" (H 174). Ihr ist sich der Mensch intuitiv schon immer bewußt, so daß das Gewissen auch die Funktion hat, diese Schuld vor sich selbst zu verbergen. „Davonrennen vor der Sündhaftigkeit, vor dem unerträglichen Druck der Erbschuld. Warum sucht man so wild? Um zu verbergen, daß man schon etwas gefunden hat" (H 174). Döblin bezieht sich hier insbesondere auf Kierkegaards Schrift „Der Begriff Angst", in der das Thema der Erbsünde ausführlich erörtert wird. (Zur Bedeutung Kierkegaards für Döblin vgl. auch: Kapitel I.7. Anm. und II.2.3. Anm.)
Die Bedeutung Kierkegaards steht nicht im Widerspruch zu einer psychoanalytischen Orientierung. Auch Freuds philo- und ontogenetische Ableitung der Schuldproblematik kann als eine zwar säkulare, aber radikale Lehre von der Erbschuld interpretiert werden (vgl.: Kapitel I.7). In seinem Vortrag „Wir und der Tod" verweist Freud auf die überragende psychologische Bedeutung der Erbsündenlehre. Er merkt dort an, das das Judentum sich vielleicht deshalb als Weltreligion „disqualifiziert" habe, weil es „diese dunklen Erinnerungen der Menschheit sorgfältig zur Seite geschoben" habe (Freud, Sigmund: Wir und der Tod, Anhang zu Nitzschke, Bernd: Freuds Vortrag vor dem Israelitischen Humanitätsverein „Wien" des Ordens B'nai B'rith: Wir und der Tod, in: Psyche Nr. 2, 1991. S. 136).
[6] So lautet der Titel eines in die Psychoanalyse einführenden Werkes von Alexander Mitscherlich (Mitscherlich, Alexander: Der Kampf um die Erinnerung. Psychoanalyse für fortgeschrittene Anfänger, München 1975).

eröffnet sich die Möglichkeit einer Erfahrung von Authentizität und Identität.
In bezug auf die Identitätsproblematik gibt es im Roman allerdings zwei gegenläufige Bewegungen. Bei Edward besteht anfangs ein Vakuum, das eine Einbruchstelle des Unbewußten markiert und ihn anfällig macht für Fremdbestimmung und Rollenzuweisungen durch andere (Alice). Identität konstituiert sich hier durch das Ersetzen immer größerer Teile der ins Unbewußte verdrängten Vergangenheit durch bewußte Erinnerung. Gesundheit, und das heißt in diesem Fall Identität als Ausdruck der synthetisierenden und integrierenden Funktion des Ichs, ist abhängig von einer möglichst vollständigen Rekonstruktion der Erinnerung, von einer Aufhebung der Amnesie, die durch Traumatisierung und Verdrängung verursacht wurde. Schon im „Ich über der Natur" hatte Döblin in der Erkenntnis das Potential zur Überwindung des mythischen Banns der Vergangenheit gesehen: „Wer erkennt, weiß, saugt Kräfte auf, nimmt wahres und darum starkes Leben an sich, und er kann nicht umhin, auch so zu erscheinen im zerstreuten, durchkreuzten, zeitlichen Ablauf. (...) Die Krümmung, Verzerrung wird geringer, sie wird für den Erkennenden gleich Null. Die Zeit bleibt bestehen, aber die Verlorenheit in der Zeit hört auf."[1] Hatte Döblin in seinen naturphilosophischen Schriften diese „Verlorenheit in der Zeit" noch als eine Resonanz, ein Nachklingen einer bis in einen anorganischen Urgrund zurückreichenden Geschichte der Menschheit, z.T. affirmativ als Ausdruck einer umfassenden Einheit von Mensch und Natur gewertet, so stellt im Hamlet-Roman dagegen die Unabgeschlossenheit der Vergangenheit uneingeschränkt eine Bedrohung für die Freiheit und Identität des Menschen dar.
Für Edward gibt es allerdings keine allgemeingültige Wahrheit, sondern nur eine individuelle. „Er wird seine Wahrheit finden", meint der Arzt, denn „gibt es eine andere Wahrheit?"[2] Das bedeutet, daß die Rekonstruktion der Vergangenheit auch die Stiftung von Vergangenheit umfaßt, daß es nicht allein um den Aufweis historischer Wahrheit, sondern auch um die Herstellung individueller Sinnzusammenhänge und einer als ein Kontinuum empfundenen Lebensgeschichte geht. Wenn sich Edward am Ende des Romans als Fötus fühlt, der erst im Entstehen ist, so bedeutet dies nicht eine neuerliche Regression, sondern für ihn hat die Vergangenheit ihre determinierende Kraft eingebüßt, er ist nicht länger Erbe, sondern selbst auch ein Neubeginn.[3] Nun ist er fähig, sich der Außenwelt zu öffnen: „Ich begegne Menschen, ich nehme an ihren Dingen teil. Dieses ungeheure Leben, diese Masse, an mich, an den Menschen, an sein Inneres gebunden, endlich wurde ich ihrer ansichtig und stelle mich ihr, als ein Stück von ihr."[4] Diese Öffnung wurde ermöglicht durch die Errichtung stabiler Ich-Grenzen, die

---

[1] IüN 221.
[2] H 213.
[3] Vgl.: Moherndl, Stefanie: Alfred Döblin: Hamlet oder Die lange Nacht nimmt ein Ende, a.a.O., S. 133-148.
[4] H 573.

Voraussetzung dafür sind, daß die Spannung einer Dialektik von Innen- und Außenwelt und von Phantasie und Realität bewältigt werden kann, ohne das eigene Ich zu gefährden. Döblin kommentiert den (revidierten) Romanschluß in diesem Sinn: „Jetzt erst tritt Edward selbst in Erscheinung. Es ist kein Grund anzunehmen, daß er sich von der Welt abwendet (...). Im Gegenteil: jetzt in ihm ein ungewohnter glücklicher und freudiger Ton, jetzt auch in ihm (...) ein Wille zur Aktivität. Er wird weltoffen."[1] Edward gelingt nach seiner Heilung das, was einem Menschen wie Lord Crenshaw, der sich selbst nicht als Einheit, d.h. als ein von der Außenwelt abgegrenztes Kontinuum, erfährt, als äußerste Bedrohung erscheinen muß.

Der Weg der Erinnerung ist aber auch ein Weg des Abschieds, der in einem Prozeß von Trauerarbeit bewältigt werden muß[2]. Trauerarbeit leistet Edward nicht nur in bezug auf die Ablösung von den familiären Bindungen, sondern auch in bezug auf seine im Krieg gefallenen Freunde. Er zelebriert nicht nur die Erinnerung an die Toten, sondern besucht nach dem Zusammenbruch der Familie die Eltern des gefallenen Jonny, um ihnen bei der Verarbeitung des Verlustes ihres Sohnes zu helfen.

Erinnerung, Trauerarbeit und Individuation stehen im Kontrast zu Vergessen, Erlösungsbedürftigkeit und Regression. Hier wird der Gegensatz zwischen Edwards Identitätssuche und Alices Flucht in die Regression besonders deutlich. Alice schildert den Hades mit seinen Höllenqualen und die elysischen Gefilde, in denen die Erlösung im Vergessen liegt. „Der selige Lethefluß. Wer von seinem Wasser trank, vergaß das Leid (...) und wußte auch nicht mehr von sich. Das war das letzte Glück, das ihm das Lethewasser gab: er wußte nicht mehr von sich - es gab ihn nicht mehr -, das Wasser hatte ihn von sich erlöst."[3] Edward akzeptiert diese Erlösungsvorstellung nicht: „'Nur wer sein Ich verloren hatte, betrat das Elysium?'" fragt er und kommentiert: „' Oh, ist das trübe, ist das schrecklich, ist das hoffnungslos.'"[4]

Anders als bei Edward verläuft die Entwicklung bei Gordon und Alice. Ausgangspunkt sind hier „falsche Identitäten", die im Verlauf der Handlung destruiert werden. Aus ihrer Sicht wird die heilende Wahrheitssuche Edwards daher als ein Prozeß der Zerstörung empfunden. Edward ist der „wilde Eber", der das empfindliche Gleichgewicht der gegenseitigem Rollenzuschreibungen, der Projektionen und Masken zusammenbrechen läßt: „Wie ein Steinschlag war es über

---

[1] SLW 501.
[2] Helmuth Kiesel bezeichnet die Trauer Edwards zunächst als eine - im Freudschen Sinn - pathologische, merkt dann aber zu recht an, daß im Hamlet-Roman ein weiteres Mal, „die scheinbar pathologisierende Wirkung intensiver Trauer vorgeführt (wird), umso deutlicher aber die tatsächlich pathologisierende Wirkung vermiedener oder verweigerter Trauerarbeit" (Kiesel, Helmuth: Literarische Trauerarbeit, a.a.O., S. 493).
[3] H 319.
[4] H 319/20.

die Familie Allison gekommen."[1] Auf dieser Ebene läßt sich der Handlungsverlauf daher auch nicht mehr als Rekonstruktionsprozeß von beschädigter Identität beschreiben, sondern als eine Zerstörung der Hybris, durch die das falsche Selbstbild von Gordon und Alice in unterschiedlicher Form geprägt ist.

Den beiden gegenläufigen Bewegungen in bezug auf die Identitätsproblematik entspricht die Aufsplitterung in zwei verschiedene Romanschlüsse, die in der Forschung auf besonders viel Kritik und widersprüchliche Beurteilungen gestoßen ist[2]. Der Abschluß der Handlung auf der Ebene Edwards erscheint konsequent: Nach der Rekonstruktion der Vergangenheit und der Aufdeckung der Wahrheit hat für ihn „die lange Nacht" ein Ende: „Ein neues Leben begann."[3] Die Auflösung des Konfliktes auf der Ebene von Gordon und Alice wurde als eine - erzählerisch mißlungene, weil unvermittelte - Einführung christlichen Gedankengutes und einer entsprechenden Erlösungsvorstellung gewertet. Es wurde jedoch übersehen, daß der Konflikt nicht gelöst, sondern an seinen Ausgangspunkt zurückgeführt wird. Alice kehrt zurück zu ihrer adoleszenten Religiosität, sie übernimmt wieder die Theodora-Rolle, die im Romanverlauf als Selbststilisierung und Idealisierung entlarvt wurde und versucht Gordon zu „retten". Gordon wird nicht „gerettet", sondern er kapituliert: „Und weil sie nicht nachließ, sprach er die Worte (das Gebet, I.M.) mit ihr."[4] Eine Versöhnung findet nicht statt: „Sie lagen im Tode nicht auf demselben Friedhof."[5]

---

[1] H 570.
[2] Steinmann und Grand werten den als christlich motiviert interpretierten Schluß auf der Ebene von Alice und Gordon positiv als einen durch Sühne errungenen Weg zu Selbsterfahrung und wahrer Liebe (vgl.: Steinmann, Alfred: Isolation und Öffnung, a.a.O., S. 134/35; Grand, Jules: Projektionen, a.a.O., S. 48 und S. 188). Auch Bauer sieht in der „Befreiung zu karitativer Liebe", die allerdings im Sterben verwirklicht wird, einen Hinweis auf das „Einbrechen göttlicher Gnade" (vgl.: Bauer, Werner M.: Gegensatz und Ambivalenz, a.a.O., S. 328/28), Düsing meint dagegen, daß die Wandlung zu einem neuen Ich bei Alice und Gordon und die verklärende Darstellung ihres Todes durch die unvermittelte Einführung christlichen Gedankengutes nur unzureichend motiviert sei (vgl.: Düsing, Wolfgang: Erinnerung und Identität, a.a.O., S. 171). Auch Auer merkt kritisch an, daß es überzeugender gewesen wäre, „die Lösung nicht darin zu suchen, eine Seite der schizophrenen Seelenstruktur Alices sich durchsetzen zu lassen, sondern darin, einen Ausgleich zu finden, der vielleicht auch eine Integration der Edward-Ebene ermöglicht hätte" (Auer, Manfred: Das Exil vor der Vertreibung, a.a.O., S. 133). Stefanie Moherndl interpretiert den Schluß auf der Ebene von Alice und Gordon zwar auch als im Tod realisierte Versöhnung (vgl.: Moherndl, Stefanie: Alfred Döblin: Hamlet oder Die lange Nacht nimmt ein Ende, a.a.O., S. 28/29), sie weist aber zu recht auch auf die ironische Distanz des Erzählers hin, die der Beschreibung der Versöhnung und des Todes von Gordon und Alice inhärent sei (ebd. S. 164).
[3] H 573.
(Zur Problematik der verschiedenen Schlußversionen vgl.: Kapitel II.2.5. Anm.).
[4] H 562.
[5] H 569.

„Jedes Buch endet mit einem Fragezeichen. Jedes Buch wirft am Ende einem neuen den Ball zu."[1] So äußerte sich Döblin in einem autobiographischen Rückblick; und in bezug auf den Hamlet-Roman meinte Döblin, daß er eine neue, eine dritte Reihe seiner Epen einleiten könnte. „Aber einmal endet alles Fragen."[2]

---

[1] SLW 311.
[2] Ebd.

Schluß

Im ersten Teil der Arbeit wurde aufgezeigt, daß die Gemeinsamkeit der anthropologischen Vorstellungen von Döblin und Freud in der Tatsache begründet ist, daß beide die Naturabhängigkeit des Menschen betonen, gleichzeitig aber diese Determination nicht im Sinne einer positivistisch verengten, naturwissenschaftlichen Begrifflichkeit formulieren. Sie verbinden dieses „Eingedenken der Natur im Subjekt" mit einer aufklärerischen Intention, die das Ziel hat, die Grenze der Autonomie des Menschen aufzuzeigen, um dadurch diese Grenze gleichzeitig zu transzendieren.

Bei Döblin deutet sich schon in den naturphilosophischen Schriften als Konsequenz aus der Einsicht in die Dichotomie menschlicher Existenz ein melancholisches Grundthema an: das Leiden des Menschen an der Individuation und die daraus resultierende Sehnsucht nach Regression und Unmittelbarkeit. Diese Thematik erweist sich als grundlegend für das literarische Spätwerk. Dabei darf nicht vergessen werden, daß das Exilwerk Döblins eine Auseinandersetzung mit dem Faschismus ist; seine Frage nach den „Wurzeln des Übels" muß man als Frage nach den Ursachen dieses historisch unvergleichlichen Zivilisationsbruches verstehen. Gerade die Verbindung des melancholischen Grundthemas mit der Frage nach dem Faschismus macht die Besonderheit der späten Romane aus. Döblin gelingt es in einmaliger Weise aufzuzeigen, an welche subjektiven Bedingungen faschistische Demagogie anknüpfen konnte, um erfolgreich zu sein. Die literarische Darstellung - die Suggestivkraft der poetischen Sprache, die zum Medium der Darstellung der symbiotischen und regressiven Sehnsüchte des Menschen wird -, erweist hier ihre Überlegenheit gegenüber einem theoretischen Diskurs. Der Leser wird in unmittelbarer Weise mit der Verführungskraft dieser Wünsche konfrontiert, und die Gefahr eines Einbruchs des Irrationalen wird so in eindrucksvoller Weise vergegenwärtigt. Diese Tatsache macht es verständlich, warum Kritiker und Leser z.T. mit Abwehr reagierten und die aufklärerische Absicht Döblins ignorierten oder in ihr Gegenteil umdeuteten: Sie mußten sich vor der Erkenntnis dieser allgegenwärtigen Gefahr schützen.

Zu fragen bleibt, was Döblin der Verführung durch das Irrationale als Korrektiv entgegensetzen konnte. Im „Amazonas" verwirft er alle regressiven Erlösungshoffnungen und entlarvt gleichzeitig die Beherrschung von innerer und äußerer Natur als verhängnisvolle Illusion. Im „Hamlet" geht er auf dem Wege zum „Einzelmenschen" weiter. Er rekonstruiert die Genese destruktiver menschlicher Beziehungen aus intrapsychischen Konflikten und unbewußten Phantasmen, und er demonstriert gleichzeitig, daß diese Mechanismen in globalem Ausmaß wirksam sind. Es wird aber auch ein „Heilungsprozeß" beschrieben, in dem sich der Protagonist aus seiner neurotischen Verstrickung befreit. Allerdings bleibt auch hier die Autonomievorstellung eine regulative Idee. Die Offenheit des Schlusses belegt das; auch die erste Schlußversion - Edwards Entscheidung für das Kloster

- ist schlüssig: Er benutzt seine errungene (relative) Autonomie, um sich (freiwillig) der übergeordneten Macht der Kirche zu unterstellen.

Freud sah die Aufgabe einer psychoanalytischen Aufklärungsarbeit letztlich darin, „hysterisches Elend in gemeines Unglück zu verwandeln"[1]. In ähnlicher Weise thematisiert Döblin das Problem der Autonomie: Die Freiheit des Menschen erweist sich dadurch, daß er sich seine Unfreiheit eingestehen kann. Die Frage, ob als letzte Konsequenz der Weg in die Religiosität zwingend ist, bleibt - auch im letzten Werk Döblins - offen. Deutlich ist hingegen, daß alle innerweltlichen Erlösungsvorstellungen den Menschen nur tiefer in Naturabhängigkeit hineinführen.

---

[1] Freud, Sigmund: Zur Psychotherapie der Hysterie, Gesammelte Werke, a.a.O., Bd. 1, S. 312.

Literatur

A. Schriften von Döblin (in Klammern die verwendeten Abkürzungen)

1. Innerhalb der „Ausgewählten Werke in Einzelbänden", in Verbindung mit den Söhnen des Dichters herausgegeben von Walter Muschg, weitergeführt von Heinz Graber, Olten und Freiburg im Breisgau 1960 ff.

Unser Dasein, 1964. (UD)
Hamlet oder Die Lange Nacht nimmt ein Ende, 1966. (H)
Reise in Polen, 1968.
Briefe, 1970.
Schriften zur Politik und Gesellschaft, 1972. (SPG)
Der deutsche Maskenball von Linke Poot / Wissen und Verändern, 1972.
Der unsterbliche Mensch. Der Kampf mit dem Engel. Religionsgespräche, 1980. (RG)
Jagende Rosse / Der schwarze Vorhang und andere frühe Erzählwerke, 1981.
Kleine Schriften 1, 1985. (KS I)
Schriften zu Leben und Werk, 1986. (SLW)
Amazonas, Romantrilogie, 1988. (A I, A II, A III)
Schriften zu Ästhetik, Poetik und Literatur, 1989. (SÄPL)
Kleine Schriften 2, 1990. (KS II)
Kritik der Zeit: Rundfunkbeiträge 1946-1952, 1992. (RB)

2. Andere Ausgaben und Aufsätze

Gedächtnisstörungen bei der Korsakoffschen Psychose, Inaugural-Dissertation, Albert-Ludwig Universität Freiburg, Berlin 1905.
Über einen Fall von Dämmerzuständen, in: Allgemeine Zeitschrift für Psychiatrie und psychologisch-gerichtliche Medizin 65, Berlin/Leipzig 1908, S. 136-139.
Zur perniziös verlaufenden Melancholie, in: Allgemeine Zeitschrift für Psychiatrie und psychologisch-gerichtliche Medizin 65, Berlin/Leipzig 1908, S. 361-365.
Aufmerksamkeitsstörungen bei Hysterie, in: Archiv für Psychiatrie und Nervenkrankheiten 45, Berlin 1909, S. 464-488.
Zur Wahnbildung im Senium, in: Archiv für Psychiatrie und Nervenkrankheiten 46, Berlin 1910, S, 1043-1061.

Blick auf die Naturwissenschaft, in: Die Neue Rundschau 1923, Bd. 2, S. 1132-1138.
Soll man die Psychoanalyse verbieten, in: Weser-Zeitung vom 28.7.1925.
Die Seele vor dem Arzt und dem Philosophen. Schriften zur Psychoanalyse, in: Vossische Zeitung vom 28.11.1926.
Im Buch - zu Haus - auf der Strasse. Vorgestellt von Alfred Döblin und Oskar Loerke, Berlin 1928.
Das Ich über der Natur, Berlin 1928 (IüN).
Die Psychoanalyse. Zu einer deutschen Kritik, in: Die Zukunft, Nr.8 vom 24.2., Straßburg/Paris 1939.
Unterwelt - Oberwelt. Revision literarischer Urteile; in: Das Goldene Tor 1947, Heft 6, S. 487.
Unsere Sorge der Mensch, München 1948.
Sigmund Freud zum 70. Geburtstag, in: Döblin, Alfred: Die Zeitlupe, Olten 1962, S. 80-88.
Aufsätze zur Literatur, Olten 1963. (AzL)
Die drei Sprünge des Wang-Iun. Chinesischer Roman, München 1970.
November 1918 4 Bände München 1978.
Babylonische Wandrung, München 1982.
Schicksalsreise, München 1986.
Das Land ohne Tod, Frankfurt 1992.

B. Literatur zu Döblin

Auer, Manfred: Das Exil vor der Vertreibung. Motivkontinuität und Quellenproblematik im späten Werk Alfred Döblins, Bonn 1977.
Baacke, Dieter: Erzähltes Engagement - Antike Mythologie in Döblins Romanen, in: Text+Kritik, Heft 13/14, München 1972, S. 27-39.
Balve, Johannes: Ästhetik und Anthropologie bei Alfred Döblin. Vom musikphilosophischen Gespräch zur Romanpoetik, Wiesbaden 1990.
Bauer, Werner: Gegensatz und Ambivalenz. Überlegungen zu Alfred Döblins Roman 'Hamlet oder Die lange Nacht nimmt ein Ende', in: Sprachkunst. Beiträge zur Literaturwissenschaft, Jahrg. 6, Wien 1975, S. 314-329.
Blume, Jürgen: Die Lektüren des Alfred Döblin. Zur Funktion des Zitats im Novemberroman, Frankfurt a.M./Bern/New York/Paris 1991.
Brüggen, Hubert: Land ohne Tod. Eine Untersuchung zur inneren Struktur der „Amazonas-Trilogie" Alfred Döblins, Frankfurt a.M./Bern/New York/Paris 1987.

Busch, Arnold: Faust und Faschismus: Th. Manns Doktor Faustus und A. Döblins November 1918 als exilliterarische Auseinandersetzung mit Deutschland, Frankfurt/M. 1984.

Düsing, Wolfgang: Erinnerung und Identität. Untersuchungen zu einem Erzählproblem bei Musil, Döblin und Doderer, München 1982.

Elm, Ursula: Literatur als Lebensanschauung. Zum ideengeschichtlichen Hintergrund von Alfred Döblins "Berlin Alexanderplatz", Bielefeld 1991.

Elshorst, Hansjörg: Mensch und Umwelt im Werk Alfred Döblins, München 1966.

Epkes, Gerwig: „Der Sohn hat eine Mutter gefunden..." Die Wahrnehmung des Fremden in der Literatur des 20. Jahrhunderts am Beispiel Chinas, Würzburg 1992.

Erhardt, Jacob: Alfred Döblins Amazonas-Trilogie, Worms 1974.

Flotmann, Ulrich: Über die Bedeutung der Medizin in Leben und Werk Alfred Döblins. Inaugural-Dissertation, Münster 1976

Grand, Jules: Projektionen in Alfred Döblins Roman „Hamlet oder Die lange Nacht nimmt ein Ende", Bern/Frankfurt/M. 1974.

Gutschik, Rosemarie: „Realität" und „Dynamik" im Werk Alfred Döblins, Tübingen 1976.

Hecker, Axel: Geschichte als Fiktion. Alfred Döblins "Wallenstein" - eine exemplarische Kritik des Realismus, Würzburg 1986.

Huguet, Louis: Bibliographie Alfred Döblin, Berlin/Weimar 1972.

Illberg, Werner: Optimismus trotz alledem. Alfred Döblin: „Hamlet oder Die lange Nacht nimmt eine Ende", in: Neue Deutsche Literatur, Heft 3, Berlin 1957, S. 141-146.

Keller, Otto: Brecht und der moderne Roman. Auseinandersetzung Brechts mit den Strukturen der Romane Döblins und Kafkas, Bern/München 1975.

Keller, Otto: Döblins Montageroman als Epos der Moderne, München 1980.

Kiesel, Helmuth: Literarische Trauerarbeit. Das Exil- und Spätwerk Alfred Döblins, Tübingen 1986.

Kleinschmidt, Erich: Döblin-Studien I und II, in: Jahrbuch der Deutschen Schillergesellschaft 26, Stuttgart 1982, S. 383-427.

Klymiuk, Georg W.: Kausalität und moderne Literatur. Eine Studie zum epischen Werk Alfred Döblins (1904-1920), Bern 1984.

Kobel, Erwin: Alfred Döblin. Erzählkunst im Umbruch, Berlin/New York 1985.

Koopmann, Helmut: Der klassisch-moderne Roman in Deutschland. Thomas Mann, Alfred Döblin, Hermann Broch, Stuttgart/Berlin/ Köln/Mainz 1983.

Kort, Wolfgang: Alfred Döblin. Das Bild des Menschen in seinen Romanen, Bonn 1970.

Kreutzer, Leo: Alfred Döblin. Sein Werk bis 1933, Stuttgart 1970.

Kuttnig, Beat: Die Nietzsche-Aufsätze des jungen Alfred Döblin. Eine Auseinandersetzung über die Grundlagen von Erkenntnis und Ethik, Bern 1995.

Links, Roland: Alfred Döblin. Leben und Werk, Berlin 1965.
Lüth, Paul: Alfred Döblin als Arzt und Patient, Stuttgart 1985.
Mader, Helmut: Sozialismus- und Revolutionsthematik im Werk Alfred Döblins mit einer Interpretation seines Romans „November 1918", Frankfurt/M. 1977.
Marshall, Maria F.: Die Bedeutung des Individuationsproblems in Alfred Döblins Werk, Bryn Mawr College 1970.
Mayer, Dieter: Alfred Döblins Wallenstein. Zur Geschichtsauffassung und zur Struktur, München 1972.
Minder, Robert: „Die Segelfahrt" von Alfred Döblin, in: Kreuzer, Helmut (Hg.): Gestaltgeschichte und Gesellschaftsgeschichte, Stuttgart 1969, S. 461-486.
Minder, Robert: Alfred Döblin zwischen Osten und Westen, in: ders.: Dichter in der Gesellschaft, Frankfurt/M. 1972, S. 175-213.
Moherndl, Stefanie: Alfred Döblin: Hamlet oder Die lange Nacht nimmt ein Ende, Graz 1963.
Müller-Salget, Klaus: Alfred Döblin. Werk und Entwicklung, Bonn 1972.
Müller-Salget, Klaus: Alfred Döblin im Exil, in: Literatur und Germanistik nach der „Machtübernahme". Colloquium zur 50. Wiederkehr des 30. Januar 1933, herausgegeben von Beda Allemann, Bonn 1983, S. 118-142.
Müller-Salget, Klaus: Neuere Tendenzen in der Döblin-Forschung, in: Zeitschrift für Deutsche Philologie 103, 1984, S. 263-277.
Müller-Salget, Klaus: „schärfer härter offener als früher"? Alfred Döblin auf der Suche nach den Wurzeln des Übels, in: Exil, Sonderband 1, Maintal 1987, S. 13-23.
Muschg, Walter: Ein Flüchtling. Alfred Döblins Bekehrung, in: ders.: Die Zerstörung der Deutschen Literatur, München o.J., S. 87-111.
Mutschler, Friedrich: Alfred Döblin. Autonomie und Bindung. Untersuchungen zu Werk und Person bis 1933, Frankfurt/M. 1993.
Neumann, Harald: Leben, wissenschaftliche Studien, Krankheiten und Tod Alfred Döblins, St.Michael 1982.
Pott, Wilhelm Heinrich: Literarische Produktivität. Untersuchungen zum ästhetischen Verfahren bei Arno Holz, Alfred Döblin, Bertholt Brecht und Alexander Kluge, Frankfurt/M. 1984.
Prangel, Matthias: Alfred Döblin, 2. neubearbeitete Auflage, Stuttgart 1987.
Qual, Hannelore: Natur und Utopie. Weltanschauung und Gesellschaftsbild in Alfred Döblins Roman „Berge Meere und Giganten", München 1992.
Reuchlein, Georg: „Man lerne von der Psychiatrie": Literatur, Psychologie und Psychopathologie in Alfred Döblins „Berliner Programm" und „Die Ermordung einer Butterblume", in: Jahrbuch für Internationale Germanistik, Bern/Frankfurt a.M./New York/ Paris 1991, S. 10-68.
Ribbat, Ernst: Die Wahrheit des Lebens im frühen Werk Alfred Döblins, Münster 1970.

Riley, Anthony W.: Christentum und Revolution. Zu Alfred Döblins Romanzyklus „November 1918", in: Frühwald, Wolfgang und Schieder, Wolfgang (Hg.): Leben im Exil, Hamburg 1981, S. 91-102.

Roth, Walter: „Döblinismus", Zürich 1980.

Schäffner, Wolfgang: Die Ordnung des Wahns. Zur Poetologie psychiatrischen Wissens bei Alfred Döblin, München 1995.

Schmidt-Henkel, Gerhard: Der Dichter als Demiurg: Alfred Döblin, in ders.: Mythos und Dichtung, Bad Homburg/Berlin/Zürich 1967, S. 156-187.

Schröter, Klaus: Alfred Döblin in Selbstzeugnissen und Bilddokumenten, Reinbek 1978.

Schuster, Ingrid (Hg.): Döblin im Spiegel der zeitgenössischen Kritik, Bonn/München 1973.

Sebald, Winfried Georg: Der Mythus der Zerstörung im Werk Döblins, Stuttgart 1980.

Serke, Jürgen: Alfred Döblin. Ein Ketzer wird Katholik, in: ders.: Die verbrannten Dichter, Frankfurt/M. 1980, S. 232-250.

Sölle, Dorothee: Realisation. Studien zum Verhältnis von Theologie und Dichtung nach der Aufklärung, Darmstadt 1973.

Sperber, George Bernard: Wegweiser im „Amazonas". Studien zur Rezeption, zu den Quellen und zur Textkritik der Südamerika-Trilogie Alfred Döblins, München 1975.

Stauffacher, Werner (Hg.): Internationale Alfred Döblin Kolloquien Basel 1980 - New York 1981 - Freiburg 1983, Bern 1986.

Stauffacher, Werner (Hg.): Internationale Alfred Döblin Kolloquien Marbach a.N. 1984 - Berlin 1985, Bern 1989.

Stauffacher, Werner (Hg.): Internationale Alfred Döblin Kolloquien. Münster 1989 - Marbach a.N. 1991, Bern 1993.

Stegemann, Helga: Studien zu Alfred Döblins Bildlichkeit. „Die Ermordung einer Butterblume und andere Erzählungen", Bern 1978.

Steinmann, Adolf: Alfred Döblins Roman „Hamlet oder Die lange Nacht nimmt ein Ende". Isolation und Öffnung, Zürich 1971.

Tebbe, Krista und Jähner, Harald: Alfred Döblin zum Beispiel. Stadt und Literatur, Berlin 1987.

Thomann Tewarson, Heidi: Alfred Döblin. Grundlagen seiner Ästhetik und ihre Entwicklung 1900-1933, Bern 1979.

Tomczak, Frauke: Mythos und Alltäglichkeit am Beispiel von Joyces "Ulysses" und Döblins „Berlin Alexanderplatz". Ein Versuch zur Rekonstruktion moderner Poetiken, Frankfurt/M. 1992.

Vries, Karl-Ludwig de: Moderne Gestaltelemente im Romanwerk Alfred Döblins und ihre Grundlagen, Hamburg 1968.

Weyembergh-Boussart, Monique: Alfred Döblin. Seine Religiosität in Persönlichkeit und Werk, Bonn 1970.

Wichert, Adalbert: Alfred Döblins historisches Denken, Stuttgart 1978.
Wolf, Thomas: Die Dimension der Natur im Frühwerk Alfred Döblins, Regensburg 1993.
Xu, Xuelai. Zur Semantik des Krieges im Romanwerk Alfred Döblins, Regensburg 1992.
Zalubska, Cecylia: Döblins Reflexionen zur Epik im Spiegel ausgewählter Romane, Poznah 1980.
Zeller, Bernhard (Hg.): Alfred Döblin 1878/1978. Eine Ausstellung des Deutschen Literaturarchivs im Schiller-Nationalmuseum Marbach am Neckar, Marbach a.N. 1978.

C. Andere (zitierte) Literatur

Adorno, Theodor W.: Minima Moralia, Frankfurt/M. 1980.
Adorno, Theodor W.: Ästhetische Theorie, Frankfurt/M. 1973.
Adorno, Theodor W. und Horkheimer, Max: Dialektik der Aufklärung, Frankfurt/M. 1971.
Altenhofer, Norbert: Die exilierte Natur. Kulturtheoretische Reflexionen im Werk Heines, in: Brackert, Helmut und Wefelmeyer, Fritz (Hg.): Naturplan und Verfallskritik. Zu Begriff und Geschichte der Kultur, Frankfurt/M. 1984, S. 180-211.
Anselm, Sigrun: Vom Ende der Melancholie zur Selbstinszenierung des Subjekts, Pfaffenweiler 1990.
Anz, Thomas: Gesund oder krank? Medizin, Moral und Ästhetik in der deutschen Gegenwartsliteratur, Stuttgart 1989.
Beckett, Samuel: Endspiel, Werkausgabe Bd. 1, Frankfurt/M. 1976.
Benjamin, Walter: Über die Sprache überhaupt und über die Sprache des Menschen, in: ders.: Angelus Novus, Ausgewählte Schriften 2, Frankfurt/M. 1988, S. 9-26.
Binswanger, Ludwig: Freuds Auffassung des Menschen im Lichte der Anthropologie, in: ders.: Ausgewählte Vorträge und Aufsätze Bd. 1, Bern 1947, S. 159-189.
Bloch, Ernst: Erbschaft dieser Zeit, Frankfurt/M. 1977.
Bloch, Ernst: Poesie im Hohlraum, in: ders.: Literarische Aufsätze, Frankfurt/M. 1984, S. 117-134.
Britting, Georg: Prosa 1930-40. Lebenslauf eines dicken Mannes, der Hamlet hieß, München 1961.

Cremerius, Johannnes (Hg.): Freiburger literaturpsychologische Gespräche Bd. 9, Zur Psychoanalyse der literarischen Form(en), Würzburg 1990.

Cremerius, Johannes: Dichter auf der Analysencouch, in: Götz, B. (Hg.): Verschwiegenes Ich, Pfaffenweiler 1993, S. 9-22

Düe, Michael: Askese und Ekstase bei Freud, in: Psyche Nr. 5 1993, S. 407-424.

Ellmann, Richard: James Joyce, Frankfurt/M. 1979.

Erdheim, Mario: Die gesellschaftliche Produktion von Unbewußtheit. Eine Einführung in den ethnopsychoanalytischen Prozeß, Frankfurt/M. 1982.

Erikson, Erik H.: Identität und Lebenszyklus, Frankfurt/M. 1966

Fenichel, Otto: Zur Kritik des Todestriebes, in: ders.: Aufsätze Bd. 1, Olten 1979, S. 361-371.

Ferenczi, Sándor: Ohne Sympathie keine Heilung. Das klinische Tagebuch von 1932, herausgegebem von Judith Dupont, Frankfurt/M, 1988.

Freud, Sigmund: Gesammelte Werke, London 1940-52, Frankfurt/M. 1968.

Freud, Sigmund: Brief an Schnitzler vom 14. Mai 1922, in: „Die Neue Rundschau" Nr. 66 (1955), S. 100.

Freud, Sigmund : Aus den Anfängen der Psychoanalyse. Briefe an Wilhelm Fließ. Abhandlungen und Notizen aus den Jahren 1887-1902, Frankfurt/M. 1962.

Freud, Sigmund: Selbstdarstellung. Schriften zur Psychoanalyse, Frankfurt/M. 1971.

Freud, Sigmund und Zweig, Arnold: Briefwechsel, Frankfurt/M. 1984.

Freud, Sigmund: Wir und der Tod, Anhang zu Nitzschke, Bernd: Freuds Vortrag vor dem Israelitischen Humanitätsverein „Wien" des Ordens B'nai B'rith: Wir und der Tod (1915). Ein wiedergefundenes Dokument, in: Psyche Nr. 2 1991, S. 97-142.

Freud, Sigmund und Binswanger, Ludwig: Briefwechsel 1908-1938, herausgegeben von Gerhard Fichtner, Frankfurt/M. 1992.

Goethe, Johann Wolfgang: Wilhelm Meisters Lehrjahre, Sämtliche Werke herausgegeben von Peter Boerner, Bd. 16, München 1962.

Gockel, Heinz: Mythos und Poesie. Zum Mythosbegriff in Aufklärung und Frühromantik, Frankfurt/M. 1981.

Grünbaum, Adolf: Die Grundlagen der Psychoanalyse. Eine philosophische Kritik, Stuttgart 1988

Habermas, Jürgen: Erkenntnis und Interesse, Frankfurt/M. 1968.

Heidelberger, Michael: Die innere Seite der Natur, Gustav Theodor Fechners wissenschaftlich-philosophische Weltauffassung, Frankfurt/M. 1993.

Heinrich, Klaus: Parmenides und Jona, Frankfurt/M. 1966.

Heinrich, Klaus: Arbeiten mit Ödipus. Der Begriff der Verdrängung in der Religionswissenschaft. Dahlemer Vorlesungen Bd. 3, Frankfurt a.M./Basel 1993.

Hesse, Hermann: Die Welt der Bücher. Betrachtungen und Aufsätze zur Literatur, Frankfurt/M. 1977.

Hoche, Alfred: Die Geisteskranken in der Dichtung, München/Berlin 1939.

Horkheimer, Max: Ernst Simmel und die Freudsche Philosophie, in: Görlich, Bernhard u.a. (Hg.): Der Stachel Freud. Beiträge und Dokumente zur Kulturismus-Kritik, Frankfurt/M. 1980, S. 139-148.
Horkheimer, Max: Zur Kritik der instrumentellen Vernunft, Frankfurt/M. 1985
Horkheimer, Max: Briefwechsel 1913-1936, Gesammelte Schriften Bd. 15, Frankfurt/M. 1995.
Horkheimer Max: Briefwechsel 1937-1940, Gesammelte Schriften Bd. 16, Frankfurt/M. 1995.
Horkheimer, Max: Briefwechsel 1941-1948, Gesammelte Schriften Bd. 17, Frankfurt/M. 1996
Jacob, Heinrich Eduard: Stationen dazwischen, Berlin-Köpenick 1993.
Jones, Ernest: Das Problem des Hamlet und der Ödipus-Komplex, in: Schriften zur Angewandten Seelenkunde, Heft 10, Leipzig/Wien 1911.
Jones, Ernest: Sigmund Freud. Leben und Werk, München 1984.
Jung, Carl Gustav: Gesammelte Werke, Olten/Freiburg 1966 ff.
Kaiser-El-Safti, Margret: Der Nachdenker. Die Entstehung der Metapsychologie Freuds in ihrer Abhängigkeit von Schopenhauer und Nietzsche, Bonn 1987.
Kant, Immanuel: Kritik der Urteilskraft, Werkausgabe herausgegeben von Wilhelm Weischedel, Bd. 10, Frankfurt/M. 1977.
Kemper, Werner: Werner Kemper, in: Pongratz, Ludwig (Hg.): Psychotherapie in Selbstdarstellungen, Bern 1973.
Kerényi, Karl: Romandichtung und Mythologie. Ein Briefwechsel mit Thomas Mann, Zürich 1945.
Kierkegaard, Sören: Entweder-Oder, Jena 1913.
Kierkegaard, Sören: Die Krankheit zum Tode, Reinbek 1962.
Kierkegaard, Sören: Der Begriff Angst, Gütersloh 1981.
Klein, D.B.: Jewish Origins of the Psychoanalytic Movement, Chicago/London, 1985
Kris, Ernst: Probleme der Ästhetik, in: Psyche 24. Jahrg. 1970, S. 841-880.
Kris, Ernst: Die ästhetische Illusion. Phänomene der Kunst in der Sicht der Psychoanalyse, Frankfurt/M. 1977.
Kris, Ernst und Kurz, Otto: Die Legende vom Künstler. Ein geschichtlicher Versuch, Frankfurt/M. 1980.
Kurz, Gerhard: Traum-Schrecken. Kafkas literarische Existenzanalyse, Stuttgart 1980.
Mann, Thomas: Gesammelte Werke in 13 Bänden, Frankfurt/M. 1974.
Mann, Thomas: Die Stellung Freuds in der modernen Geistesgeschichte, in: ders.: Freud und die Psychoanalyse, Frankfurt/M. 1991, S. 30-53.
Marcuse, Herbert: Triebstruktur und Gesellschaft, Frankfurt/M. 1984.
Marquard, Odo: Transzendentaler Idealismus, Romantische Naturphilosophie, Psychoanalyse, Köln 1987.

Marquard, Odo: Zur Bedeutung der Theorie des Unbewußten für eine Theorie der nicht mehr schönen Künste, in: Die nicht mehr schönen Künste. Grenzphänomene des Ästhetischen, herausgegeben von Hans Robert Jauß, Allach 1968, S. 374.

Meng, Heinrich: Leben als Begegnung, Stuttgart 1971.

Mitscherlich, Alexander: Der Kampf um die Erinnerung. Psychoanalyse für fortgeschrittene Anfänger, München 1975.

Nietzsche, Friedrich: Die Geburt der Tragödie. Kritische Studienausgabe herausgegeben von G. Colli und M. Montinari, Bd. 1, München 1980.

Nunberg, Hermann und Federn, Ernst (Hg.): Protokolle der Psychoanalytischen Vereinigung, Frankfurt/M. 1972-1981.

Rank, Otto: Das Inzestmotiv in Dichtung und Sage, Leipzig 1912.

Reich, Wilhelm: Der masochistische Charakter, in: Internationale Zeitschrift für Psychoanalyse 18 (1932), S. 303-351.

Reif, Wolfgang: Zivilisationsflucht und literarische Wunschträume Der exotische Roman im ersten Viertel des 20. Jahrhunderts, Stuttgart 1975.

Ricoeur, Paul: Die Interpretation. Ein Versuch über Freud, Frankfurt/M. 1974.

Rohde-Dachser, Christa: Expeditionen in den dunklen Kontinent. Weiblichkeit im Diskurs der Psychoanalyse, Berlin 1991.

Shakespeare, William: Hamlet, übersetzt von August Wilhelm Schlegel, Stuttgart 1966.

Schivelbusch, Wolfgang: Intellektuellendämmerung. Zur Lage der Frankfurter Intelligenz in den zwanziger Jahren, Frankfurt/M. 1985.

Schmid Noerr, Gunzelin: Das Eingedenken der Natur im Subjekt. Zur Dialektik von Vernunft und Natur in der Kritischen Theorie Horkheimers, Adornos und Marcuses, Darmstadt 1990.

Schmitt, Wolfram: Das Modell der Naturwissenschaft in der Psychiatrie im Übergang vom 19. zum 20. Jahrhundert, in: Berichte zur Wissenschaftsgeschichte, herausgegebem von Fritz Krafft, Weinheim 1983, S. 89-101.

Schopenhauer: Die Welt als Wille und Vorstellung, Zürcher Ausgabe, herausgegeben von Arthur Hübscher, Bd.1-4, Zürich 1977.

Schultz-Venrath, Ulrich: Ernst Simmels psychoanalytische Klinik „Sanatorium Schloß Tegel GmbH" (1927-1931). Beitrag zur Wissenschaftsgeschichte einer psychoanalytischen Psychosomatik, Universität Witten/Herdecke 1992.

Schur, Max: Sigmund Freud. Leben und Sterben, Frankfurt/M. 1977.

Simmel, Ernst: Psychoanalyse und ihre Anwendungen. Ausgewählte Schriften, herausgegeben von Ludger M. Hermanns und Ulrich Schultz-Venrath, Frankfurt/M. 1993.

Szondi, Peter: Thomas Manns Gnadenmär von Narziß, in: ders.: Schriften II, Frankfurt/M. 1978, S. 235-243.

Taubes, Jacob: Religion und die Zukunft der Psychoanalyse, in: Psychoanalyse und Religion, herausgegeben von Eckart Nase und Joachim Scharfenberg, Darmstadt 1977, S. 167-175.

Wolff, Uwe: Der erste Kreis der Hölle: Der Mythos im Doktor Faustus, Stuttgart 1979

HAMBURGER BEITRÄGE ZUR GERMANISTIK

Band 1 Jörg Schönert / Harro Segeberg (Hrsg.): Polyperspektivik in der literarischen Moderne. Studien zur Theorie, Geschichte und Wirkung der Literatur. Karl Robert Mandelkow gewidmet. 1988.

Band 2 Marie Franz: Die Darstellung von Faschismus und Antifaschismus in den Romanen von Anna Seghers 1933 bis 1949. 1987.

Band 3 Jan Christoph Meister: Hypostasierung - die Logik mythischen Denkens im Werk Gustav Meyrinks nach 1907. Eine Studie zur erkenntnistheoretischen Problematik eines phantastischen Oeuvres. 1987.

Band 4 Liane Dornheim: Vergleichende Rezeptionsgeschichte. Das literarische Frühwerk Ernst Jüngers in Deutschland, England und Frankreich. 1987.

Band 5 Uwe Laugwitz: Albert Ehrenstein. Studien zu Leben, Werk und Wirkung eines deutsch-jüdischen Schriftstellers. 1987.

Band 6 Hans-Harald Müller / Wilhelm Schernus (Hrsg.): Theodor Plievier. Eine Bibliographie. Bearbeitet von Hans-Harald Müller und Wilhelm Schernus. 1987.

Band 7 Rudolf Brandmeyer: Heroik und Gegenwart. Goethes klassische Dramen. 1987.

Band 8 Isabella Claßen: Darstellung von Kriminalität in der deutschen Literatur, Presse und Wissenschaft 1900 bis 1930. 1988.

Band 9 Irene Bayer: Juristen und Kriminalbeamte als Autoren des neuen deutschen Kriminalromans: Berufserfahrungen ohne Folgen? Ein Vergleich der Kriminalromane des Juristen Fred Breinersdorfer, des Juristen Stefan Murr und des Kriminalbeamten Dieter Schenk mit den Kriminalromanen der Autoren Richard Hey, Felix Huby, -ky und Friedhelm Werremeier. 1989.

Band 10 Andreas Schäfer: Rolle und Konfiguration. Studien zum Werk Max Frischs. 1989.

Band 11 Christa Hempel-Küter: Die kommunistische Presse und die Arbeiterkorrespondentenbewegung in der Weimarer Republik. Das Beispiel "Hamburger Volkszeitung". 1989.

Band 12 Klaus Jarchow: Bauern und Bürger. Die traditionale Inszenierung einer bäuerlichen Moderne im literarischen Werk Jeremias Gotthelfs. 1989.

Band 13 Hans-Jürgen Krug: Arbeitslosenliteratur. Eine Bibliographie. 1990.

Band 14 Corinna Dahlgrün: Hoc fac, et vives (Lk 10,28) - *vor allen dingen minne got*. Theologische Reflexionen eines Laien im *Gregorius* und in *Der arme Heinrich* Hartmanns von Aue. 1991.

Band 15 Hans-Harald Müller / Wilhelm Schernus (Hrsg.): Leo Perutz. Eine Bibliographie. 1991.

Band 16 Detlef Langer: Freud und "der Dichter". 1992.

Band 17 Christa Hempel-Küter: Die KPD-Presse in den Westzonen von 1945 bis 1956. Historische Einführung, Bibliographie und Standortverzeichnis. 1993.

Band 18 Ulrike Schupp: Ordnung und Bruch. Antinomien in Heimito von Doderers Roman *Die Dämonen*. 1994.

Band 19 Jonas Peters: "Dem Kosmos einen Tritt!" Die Entwicklung des Werks von Walter Serner und die Konzeption seiner dadaistischen Kulturkritik. 1995.

Band 20 Boshidara Deliivanova: Epos und Geschichte. Weltanschauliche, philosophische und gattungsästhetische Probleme in den Epen von Nikolaus Lenau. 1995.

Band 21 Armin Göbels: Das Verfahren der Einbildung. Ästhetische Erfahrung bei Schiller und Humboldt. 1994.

Band 22 Oliver Hallich: Poetologisches, Theologisches. Studien zum *Gregorius* Hartmanns von Aue. 1995.

Band 23 Jens-Peter Schröder: Arnolds von Lübeck *Gesta Gregorii Peccatoris*. Eine Interpretation, ausgehend von einem Vergleich mit Hartmanns von Aue *Gregorius*. 1997.

Band 24 Ingrid Maaß: Regression und Individuation. Alfred Döblins Naturphilosophie und späte Romane vor dem Hintergrund einer Affinität zu Freuds Metapsychologie. 1997.

Andrea Melcher

Vom Schriftsteller zum Sprachsteller?

Alfred Döblins Auseinandersetzung mit Film und Rundfunk (1909-1932)

Frankfurt/M., Berlin, Bern, New York, Paris, Wien, 1996. 242 S.
Europäische Hochschulschriften: Reihe 1, Deutsche Sprache und Literatur.
Bd. 1553
ISBN 3-631-49153-0 br. DM 69.--*

Alfred Döblin zählt zu den wohl avanciertesten Autoren des deutschen Kaiserreiches und der Weimarer Republik. Schon früh hat er den "Einbruch" der neuen Medien in die Literatur reflektiert und genutzt. Themen dieser Untersuchung sind Döblins Radiotheorie sowie seine praktischen Erfahrungen beim Erproben des neuen Mediums. Dargestellt wird ferner Döblins Auseinandersetzung mit Kino und Film. Wie Döblin die "filmische Wahrnehmung" sprachlich umsetzt, wird exemplarisch anhand seines 1924 erschienenen Romans Berge Meere und Giganten analysiert.
Aus dem Inhalt: Theorie des Kinos · Filmmusik · Kino als Flucht · Film als Kunst · Filmkritik · "Kinostil" · Schnitt- und Montagetechniken · Außenschau · Bewegte Bilder · Radiotheorie · Rundfunkbeiträge · Hörspiel

Frankfurt/M · Berlin · Bern · New York · Paris · Wien
Auslieferung: Verlag Peter Lang AG
Jupiterstr. 15, CH-3000 Bern 15
Telefon (004131) 9402131
*inklusive Mehrwertsteuer
Preisänderungen vorbehalten